MESSIÁNICO

Sebastián Fest
Alexandre Juillard

MESSIÁNICO

**LIONEL MESSI:
LA VERDADERA
HISTORIA DEL MEJOR**

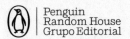

Primera edición: marzo de 2023

Impreso en Colombia - *Printed in Colombia*

ISBN: 978-84-666-7353-2
Depósito legal: B-2.966-2023

Compuesto en Comptex&Ass., S. L.

A todos los periodistas
que quieren trabajar y no pueden

CAPÍTULO 1

Fiesta

Imaginemos esto: somos adolescentes, nuestros padres se van de viaje y nos dejan al cuidado de la casa. Hay jardín, piscina y mucho espacio. Invitamos a todos: a nuestros amigos, a los amigos de nuestros amigos, a los amigos de los amigos de nuestros amigos. A todo aquel que se te cruce en Instagram. Y a una cantidad de gente que ni siquiera sabíamos que invitamos.

¿El resultado? En esa noche de fiesta puede pasar de todo: desde destrozos hasta muertes.

Traslademos esa situación a una fiesta autogestionada que termina convocando a cinco millones de personas en una de las veinte áreas urbanas más grandes del planeta. Una celebración con los poderes políticos ausentes y una suerte de acuerdo tácito entre un grupo de deportistas y sus seguidores: vamos a recorrer las calles, vamos a celebrar juntos, vamos a vernos a los ojos.

Vamos a ser felices.

El acuerdo se incumple parcialmente, porque casi nadie puede ver a los deportistas, tampoco el trofeo conquistado.

Así y todo, en términos comparativos no pasa nada demasiado grave: dos delirantes saltan desde un puente al interior del autobús que transporta al equipo. Uno aterriza junto a los jugadores, en tanto que el otro falla y se estrella contra el asfalto.

Hay disturbios y destrozos al final de la noche, el principal monumento de la ciudad es vandalizado, toneladas de basura cubren las calles y la policía se lleva un par de docenas de detenidos.

Qué éxito de fiesta, por favor.

Estamos hablando de Argentina, Lionel Messi y la selección de fútbol que se consagró tricampeona del mundo el 18 de diciembre de 2022 en Doha, Qatar.

¿Cómo es que la muy comprensible frustración de la gente no se tradujo aquel 20 de diciembre de luminoso inicio de verano en un estallido de rabia y violencia, como tantas otras veces en la historia del país?

Alcanzaba con que el uno por ciento de cinco millones de personas perdiera el control para que se desatara una tragedia. Cinco millones de personas: más del diez por ciento de la población del país siguiendo a los campeones del mundo.

Es por eso por lo que se puede decir que, en términos comparativos, no pasó nada. Y si no pasó nada, buena parte de la explicación pasa por Messi.

El estilo del capitán de la selección nacional, tan diferente al de Diego Maradona, implica una nueva era para Argentina. Una nación enloquecida por el fútbol, una sociedad que no se explica sin ese deporte.

El domingo 18 de diciembre y el martes 20, los dos días de festejos masivos en Buenos Aires, el ambiente era de pura alegría, de alegría sin límites, de gente que se alegraba de estar alegre, en una especie de *loop* auto-sustentable que se explica fácilmente en un país harto de crisis y de malas noticias.

Messi no le dijo a nadie que la tenía "adentro", Messi no se cebó con el color de piel del hombre que le metió tres goles a Argentina y casi le quita el trofeo, Messi no tomó la capa que le regaló el emir de Qatar para hacerla un bollo y tirarla al costado del escenario.

Lo único extraño que hizo Messi fue lanzar un "bobo, andá payá". Enternecedor. Pretender que eso lo "maradonizó" es solo comprensible desde la intensidad del deseo por sobre la realidad. Y desde la obsesión por creer que solo Maradona explica Argentina, que Argentina solo puede ser como Maradona. Sin Maradona es imposible (e indeseable) entender Argentina, pero la tercera década del tercer milenio confirmó que con Maradona solo ya no alcanza.

Ese Messi tranquilo, que abraza a sus hijos y juega con ellos, ese Messi que adora a su esposa, caló en el corazón y la psiquis de los argentinos: se puede ser un ídolo planetario en el deporte más popular del mundo y ser así. No hace falta pelearse con el Papa, George Bush y la FIFA, no hace falta idolatrar a Fidel Castro y Hugo Chávez. Alcanza con ser un buen chico que juega al fútbol.

Sí, hubiera sido deseable que, desde su categoría de ídolo sin límites y de gigantesca influencia, Messi moviera algo públicamente en favor del futbolista iraní Amir Nasr-Azadani, condenado a muerte por el régimen de Teherán. Al fin y al cabo, los dos acababan de competir en el mismo torneo. Messi también podría haber hecho algún gesto ante la fobia de los qataríes contra cualquier cosa que recordara a un arcoíris.

Sí, podría. Pero eso es, otra vez, probablemente pretender demasiado de Messi. Alejado de la idea de Argentina como potencia que por décadas impregnó al octavo país más grande del mundo, y de la que Maradona era devoto, Messi es un hijo de la crisis del 2001 que intenta hacer lo que hace lo mejor posible. Y no mucho más. En su caso, una enormidad: nadie juega (¿jugó?) al fútbol como él.

Ese Messi tranquilo tuvo un efecto positivo en la fiesta de inexistente organización. Él no había prometido nada, no había arengado y encendido a las masas. Solo se subió al bus con el "viajero" (una botella plástica cortada por la mitad y con alcohol) en las manos y mostró reflejos rápidos en dos ocasiones para impedir que cables que cruzaban de lado a lado en los populosos suburbios de Buenos Aires se le clavaran en el cuello a él y a varios de sus compañeros.

Ese muy modesto autobús, indigno de la hazaña deportiva que se celebraba, vio a los futbolistas argentinos insolados y bastante más que entonados. Y a Claudio Tapia, el presidente de la Asociación del Fútbol Argentino (AFA), pasado de tragos, según señalaron varios testigos. En ese autobús sucedieron cosas extrañas: Alejandro "Papu" Gómez, uno de los campeones mundiales, arrojó billetes a los aficionados.

En otro momento, Emiliano "Dibu" Martínez, el arquero héroe de la final ganada por penales ante Francia, apareció con un muñeco con el rostro de Kylian Mbappé. Como si fuera un bebé, lo acunaba. Messi lo vio, pero no dijo nada. En Francia también lo vieron, y dijeron de todo. Martínez, un arquero que cualquier equipo querría tener en los momentos decisivos, es también el elemento más polémico de la selección: así como te salva de la derrota en una final del Mundial estirando una pierna, te hunde en conflictos diplomáticos con frecuencia, con salidas de tono insólitas.

Lo interesante fue que pese a los billetes que volaban, al muñeco de Mbappé y al fracaso del recorrido del bus, los argentinos que tomaron las calles optaron por comportarse como ciudadanos razonables y entender que la fiesta, de tan grande, no podía ser perfecta.

Muchos niños lloraron y muchos padres se desesperaron, pero la conclusión, al final, fue que lo importante, más que ver al trofeo y los jugadores, era estar ahí. Todos juntos siendo parte de una fiesta que reunía a gente muy diferente, pero con la camiseta argentina como prenda de unión.

No hacía falta que fuera una fiesta perfecta, alcanzaba con que fuera la fiesta de sus vidas.

Superados por el desborde popular, los jugadores no pudieron seguir con el desfile en el autobús descapotable y terminaron subiendo a dos helicópteros para recorrer durante unos minutos los cielos de la ciudad.

No era el plan, pero todas esas semanas fueron un aprendizaje para un pueblo que lleva décadas subido a la soberbia de creerse especial, reflejo de aquellos años dorados que se esfumaron. Por algo la Argentina no es, en América Latina, precisamente el pueblo más querido. Los aires de superioridad de su gente lo han impedido históricamente.

Pero claro que el argentino tiene algo especial. Pueblo afectuoso y apasionado, sacó adelante una fiesta que no entra en la historia de Argentina, sino del mundo: nunca antes un país celebró con tanta masividad, alegría y pasión un título de la Copa del Mundo.

La FIFA, maravillada, hizo buen uso de las históricas imágenes, que le sumaron valor y relevancia a su producto.

No es casual que Argentina obligue a escribir guiones y despierte admiración: además del mejor futbolista del mundo, los argentinos son "dueños" de un Papa (Francisco), de una reina (Máxima), e incluso de Rafael Grossi, el hombre que en ese 2022 sacudido por la guerra hablaba con Vladimir Putin y Volodimir Zelenzky (muy pocos lo hacían) para evitar que la atroz guerra en Ucrania desembocara en un desastre nuclear.

Esa tierra en el sur de Sudamérica es lugar de pasiones sin límites, como bien sabe Chris Martin, el líder de Coldplay, que también en ese 2022 quedó boquiabierto con los argentinos: tocó diez veces en Buenos Aires. Ninguna otra ciudad se acercó siquiera a esa cifra.

Hubo otro fenómeno sorprendente que dejó Qatar 2022: brasileños, chilenos, uruguayos, paraguayos, mexicanos y muchos otros pueblos de la región estuvieron mayoritariamente a favor de Argentina y felices con el triunfo ante Francia. Aquellas palabras de Mbappé diciendo que el fútbol sudamericano es inferior al europeo dieron pie a un sentimiento de unión.

Todo hubiera sido probablemente más difícil de haberse tratado de la Argentina de Maradona, que, como buen argentino hijo de su tiempo, crecía desde la mordacidad, la ironía y el enfrentamiento.

Messi crece desde un puñado de palabras y poco más. Lo saben también en el Morro do Dendé, una zona humilde de Salvador de Bahía, Brasil, donde antes de la final sus habitantes pintaron sus calles de celeste y blanco. Fue días antes de que Pelé, el primer gran ídolo planetario del fútbol, se despidiera a los 82 años. Dos años antes, Maradona lo había hecho a los sesenta.

Brasil albiceleste: impensable en la época del "rei" y de "D10s". Algo solo reservado a un Messías.

CAPÍTULO 2

La sorpresa

Lionel Andrés Messi sonrió como suele hacerlo cuando a la sorpresa le suma algo de vergüenza: cabeza levemente gacha, ojos algo achinados, hoyuelos marcados, labios mordidos y un fugaz gesto de negación. Parado con los brazos pegados a la espalda y diminuto en el círculo central del impactante Camp Nou, Messi comprobó en esa calurosa noche de agosto que había un rosarino más astuto —¿más valiente?— que él de cara a la hinchada del Barcelona. Ahí tenía a un compatriota capaz de hacer lo que él había evitado durante media vida al borde del Mediterráneo. Gerardo "Tata" Martino acababa de hablar en catalán en público, detalle siempre apreciado en el complejo microcosmos de la segunda ciudad española. A Messi lo aman en Barcelona, y cuando se conoció una encuesta en la que un dos por ciento de los hinchas del Barça aseguró detestar al argentino, la hilaridad fue general en la ciudad. Un reportero de televisión pasó todo el día intentando encontrar algún representante de ese dos por ciento. Fracasó. ¿Odiar a Messi? Por Dios, si es gracias a él que el club vive sus mejores años. Eso sí, no le pidan a Messi que hable en catalán. Sólo una vez lo hizo, impulsado por la situación límite de estar completa e irremediablemente borracho.

El repertorio catalán de Martino fue modesto —"Bona nit" (buenas noches) y "moltes graciès a tots" (muchas gracias a todos)—, pero exacto y oportuno, porque se estaba presentando ante un club en el que muchos miraban con desconfianza a su nuevo entrenador. Por no conocerlo, claro, pero en buena parte también por llegar "de fuera". Y, aunque suene extraño, por ser argentino.

Ajeno a las peculiaridades de la compleja realidad de los españoles y a los meandros identitarios catalanes, aquel 2 de agosto de 2013 el fútbol argentino celebraba un triunfo tan importante como sutil, una situación incomparable, porque tanto la gran estrella como el entrenador del mejor equipo del mundo eran propios. Es cierto que César Luis Menotti ya había dirigido treinta años antes a un Barcelona en el que la gran figura era un argentino, Diego Maradona. Pero hasta ahí llegan los paralelismos: Maradona no brilló con la azulgrana y Menotti no logró éxitos importantes con el equipo. En aquellos años ochenta en los que España vivía eufórica sus primeros tiempos de democracia y la novedad de un gobierno socialdemócrata, el Barcelona era un equipo aún acomplejado. No había Copas de Europa en sus vitrinas y el victimismo era su combustible vital desde hacía décadas. Nada que ver con el éxito y la atracción mundial del Barcelona en ese 2013 en el que los españoles, hundidos en una tremenda crisis, despreciaban a buena parte de su clase dirigente.

En la recta final hacia el Mundial de Brasil 2014, la

cita de su vida, Messi era ya mejor jugador del planeta por cuarto año consecutivo y con perspectiva de varios más. Un ídolo sin fronteras. Si durante décadas el término "Maradona" saltaba automáticamente en los más apartados rincones del mundo ante la mención de "Argentina", los taxistas de Moscú, los camareros de Sydney, los surfistas californianos y hasta los niños jugando al fútbol en las playas de Brasil habían modificado en los últimos años la ecuación: "¿Argentina? ¡Messi!". Y todos sonreían al evocar al "10" del Barcelona y la selección albiceleste.

Tanto como sonreían Martino y Messi, tanto como celebraban los hinchas en esa dulce y cálida noche de felicidad en Barcelona, muy diferente de la dura, durísima, de apenas 17 días antes.

Una y media de la madrugada del miércoles 17 de julio de 2013 en el sombrío parking del Camp Nou. Sandro Rosell se vence ante el volante. El presidente del Barcelona estaba golpeado por lo que acababa de escuchar y abrumado por lo que se le venía encima. El entrenador de su equipo, Tito Vilanova, acababa de confirmarle que, a partir de ese momento, luchar contra el cáncer pasaba a ser su absoluta prioridad. El drama humano era innegable, la necesidad de conseguir un técnico de nivel a sólo tres semanas del inicio de la Liga española, también.

Sin embargo, Rosell no daría muchas vueltas: si la clave de su éxito era un argentino, la solución radicaba en traer otro más.

El nombre de Horacio Cartes no le dice nada, absolutamente nada, a los hinchas del Barcelona, pero en esos días de julio en que se preparaba para asumir como presidente de Paraguay tuvo algo de tiempo para ayudar también a cambiar la historia del club español.

"Presidente, quiero hablar con el Tata. Deme su teléfono, por favor", sostiene Rosell que le dijo a Cartes.

Ambos estaban unidos por los negocios desde hacía años. Fue en 2001 que Rosell, por entonces director de Nike para Sudamérica, cedió a las insistentes llamadas de Cartes y lo visitó en Asunción. El futuro presidente de Paraguay quería que Nike vistiera a su equipo de fútbol, el modesto Libertad. Y arriesgó para convencer: "Si no ganamos nada en los próximos dos años te pago toda la ropa que hayan destinado al equipo". Rosell no pudo negarse. Libertad ganó cinco títulos seguidos en tres años y a fines de 2013 seguía siendo el único equipo paraguayo vestido por la codiciada marca estadounidense.

Entre aquel Libertad de 2001 y el Barcelona de 2013, un entrenador como hilo conductor: Martino.

El gran momento había llegado. A sus espaldas, un Camp Nou rugiente, feliz de ver a su equipo por primera vez en la nueva temporada y con los espectadores aún felices en el final del verano. Al frente, un equipo de estrellas, un equipo con campeones de Europa y del mundo. Con Messi, y ahora también con Neymar.

El panorama del que disfrutaba Martino hubiera desestabilizado a más de uno. Cualquier mortal se regodearía unos cuantos segundos disfrutando de lo que la noche ofrecía en el inicio de ese amistoso por el Trofeo Joan Gamper ante un Santos que sería triturado por 8-0. Pero Martino es diferente. Lo primero que hizo el argentino en esa noche de calor intenso fue pisar la línea de cal con sólo uno de sus pies apenas se inició el partido y obsesionarse por unos instantes con quitar un papelito que bailaba al ritmo de una leve brisa dentro del campo de juego. Un rato antes había tocado esa misma línea de cal para santiguarse. El fútbol será trabajo, entrenamiento, planificación y talento, pero sigue teniendo sus ritos, su costado supersticioso e inexplicable.

Vestido con un pantalón azul oscuro y una chaqueta celeste, Martino había despejado ya la primera incógnita de muchos hinchas del Barça y periodistas que siguen al equipo.

"¡No ha venido con chándal!", decían en las gradas del Camp Nou. "Chándal", en España, es la palabra para lo que en la Argentina se define como buzo y pantalón deportivos. En un Barcelona que durante los cuatro años de Josep Guardiola al mando había transformado el área técnica en una pasarela de moda, el detalle no era menor.

En aquel partido Martino ya demostró que lo que dice, lo hace: si días antes había marcado la necesidad de recuperar cierta intensidad perdida por el equipo, esa noche —más allá de la endeblez del Santos— la "presión alta" funcionó a las mil maravillas. Y fue Messi, cómo no, quien le abrió el camino en el nuevo club al ex entrenador de Newell's y de la selección paraguaya. A los siete ya había robado una pelota en el sector izquierdo del área y marcado el 1-0. Era el primer gol de una nueva y larga serie, la mejor forma en que Messi podía ayudar a su compatriota. Rosarinos ambos, contra lo que se pensó en un inicio, contra lo que el propio Martino dijo en Rosario antes de volar rumbo a España, el "10" no hizo *lobby* personal para que el ex técnico de Newell's llegara al Barça. Lo que no quiere decir, claro, que no lo festejara.

Obsesionados con lo identitario, el "gen Barça", el "ADN Barça" y las supuestas ventajas de que la mayor parte de los jugadores y el cuerpo técnico sean "de casa", muchos integrantes de lo que en el Fútbol Club Barcelona se conoce como "el entorno" se quedaron pasmados al confirmarse que Martino dirigiría al Barcelona. Se quebraban los años de holandeses como Johan Cruyff, Louis van Gaal o Frank Rijkaard, de españoles-catalanes como Guardiola y Vilanova, y se entraba en terreno desconocido. Los temores entre muchos seguidores del Barcelona eran variados, e incluían la posibilidad de que el equipo perdiera "la identidad" y abjurara de su principal característica, la de ser el dueño de la pelota y hacer con ella hasta lo impensable. Paralelamente, los circunspectos catalanes estaban discretamente horrorizados ante la posibilidad de que un argentino se instalara en el centro de sus vidas y les propusiera el desafío de palabras nuevas, sintaxis arriesgada y reflexiones interminables día tras día. Y eso que Guardiola, a su manera, ya había intentado —y logrado— que se enamoraran de las palabras, del discurso, de la imagen. Pero Guardiola no era argentino, no los amenazaba con hablarles hasta el fin de los tiempos. Y buena parte de las veces se dirigía a ellos en catalán. Muchos recordaban aún a Menotti y a Maradona —argentinos hasta la médula ambos aunque mundos opuestos a la hora de hablar—, pero la referencia más cercana era la de Marcelo Bielsa, un técnico de moral casi calvinista, pero demasiado extenso, minucioso, profundo y enrevesado en su discurso para el gusto del español medio. Más allá de su fútbol, quizás ése sea otro detalle que suma para la devoción que los catalanes sienten por Messi: casi no habla, es el menos argentino de los argentinos.

Por eso Martino fue una grata sorpresa para todos aquellos que nunca lo habían escuchado. "Su discurso no tiene nada que ver con la prosa seductora y tan genuinamente argentina de Menotti, por ejemplo, y desde luego representa la antítesis de la muchas veces incomprensible verborrea de Bielsa", comentó *Mundo Deportivo* que, con más de cien años, es uno de los periódicos deportivos más antiguos del mundo.

Martino, en efecto, tomó a todos con el paso cambiado: en su primera rueda de prensa sorprendió a un auditorio colmado respondiendo como si, en vez de argentino, fuera alemán. Rara vez llegó al minuto en sus respuestas, pero se preocupó siempre por analizar todo aquello que se le había preguntado y, si creía olvidarse de algo, se disculpaba y pedía que le repitieran parte de la pregunta. De esas primeras semanas en el nuevo puesto se destaca una frase que lo muestra conciso, claro y firme a la vez: "Soy nuevo en la Liga, no en el fútbol". En semanas posteriores habría otras. "Soy un entrenador que no es de la casa ni es holandés", dijo tras los primeros cuestionamientos de los medios. Lejos de asustarse, en su primer clásico ante el Real Madrid, que ganó 2-1, sacó a Andrés Iniesta en el segundo tiempo para poner a Alex Song. Y lo explicó sin anestesia: "Sí, fue un cambio defensivo, y si hace falta lo volveré a hacer".

"El Tata habla muy claro", admitiría Cesc Fábregas, que cuando llegó el argentino fantaseaba con dejar el Barcelona e irse al Manchester United. "Ni se me ocurre no contar con el jugador", diría Martino tras aquel 8-0 sobre el Santos. "Tuvimos una charla, muy breve. Bah… charla. En realidad hablé yo."

Cesc se quedaría en el Barcelona y se convertiría en uno de los mejores jugadores en los primeros compases de la "era Tata", que sucedía a la "era Tito". Unos primeros compases en los que el equipo conquistaría la Supercopa de España sufriendo ante el Atlético de Madrid de Diego Simeone y ganaría sus partidos con una mezcla de buen juego, vértigo, dudas y generosas dosis de angustia. Las alarmas se encendieron pronto en la conservadora Barcelona.

Jordi Costa, articulista de *La Vanguardia*, tomó una frase en la que Martino pedía a sus jugadores "hacerse fuerte en los balones divididos y las segundas jugadas", y advirtió del peligro que se cernía. "Chirría que el entrenador de Xavi, Iniesta, Messi o Neymar espere de ellos que se conviertan en especialistas de la segunda jugada, porque va contra la naturaleza de la plantilla que tiene entre manos."

Martino no pareció hacerle demasiado caso al consejo, porque su equipo, sin decirlo pero en los hechos, comenzó a alejarse de algunos dogmas de los cinco años previos. Dogmas llevados a extremos llamativos, como cuando la página web del club destacó en un titular que el equipo había tenido la pelota más tiempo que el Bayern… durante aquella derrota de 4-0 ante los alemanes en Munich en el partido de ida de la semifinal de la Liga de Campeones.

Y ni siquiera era cierto que todos estuviesen alarmados. Víctor Valdés, el notable arquero titular del Barcelona, admitió que durante años intentó convencer a Guardiola y Vilanova de la conveniencia de marcar al hombre en algunas jugadas de pelota parada. Martino llegó y le dio lo que quería, un sistema "mixto", mucho más flexible y pragmático.

Lo mismo sucedió con Gerard Piqué, joven emblema del equipo que, pese a ser catalán al cien por ciento, se atrevió a rebatir que todo lo "de casa" sea mejor que lo que llega "de afuera". Piqué, central de gran porte y esposo de Shakira, le apuntó nada menos que al "tiki-taka", orgullo del Barcelona y de la selección española en el último lustro.

"Tras varios años con entrenadores de la casa, primero con Pep y después con Tito, quizás acabamos con exasperar nuestro estilo de juego hasta el punto en que nos encontramos siendo esclavos del sistema, de ese estilo", le dijo Piqué a Filippo Ricci, corresponsal en España de *La Gazzetta dello Sport*. Y fue más allá: "Ahora ha llegado el Tata, que viene de afuera, que comparte la misma idea del fútbol, la de la posesión del balón, pero que nos está mostrando opciones diferentes. Se trata de algo muy positivo porque nos ofrece variantes. Cuando nos presionan, hacer un par de pases largos no es negativo, sirve para cambiar el juego, oxigenar, evitar que nos aplasten y nos dejen sin salida". La conclusión fue obvia: "Es normal intentar desarrollar ideas nuevas, variaciones: después de tantos años los adversarios obviamente saben cómo atacas, cómo te mueves".

Una semana después de las audaces reflexiones de Piqué, el fútbol le dio en cierta forma la razón, porque el Barcelona batió 4-0 al Rayo Vallecano y, por primera vez en 315 partidos —cinco años y cuatro meses—, no fue el dueño de la pelota. La web del Barcelona determinó que la posesión fue ganada por el Rayo por un ajustado

51-49, aunque la de la Liga de Fútbol Profesional invirtió el reparto en un 52-48 a favor de los catalanes. Lo cierto es que había que remontarse a la derrota por 4-1 del 7 de mayo de 2008 en el Santiago Bernabéu ante el Real Madrid para encontrar a un rival del Barcelona ganándole la pelota. Aquello fue con el holandés Frank Rijkaard al mando, antes del inicio de la "era Guardiola".

Paco Jémez, técnico del Rayo, dijo entender las razones por las que Martino había decidido liberarse del dogma de la posesión: "Exime de hacer esfuerzos a determinados jugadores para que estén frescos cuando reciben: antes presionaban todos". Jémez se refería a Messi y Neymar, las dos grandes estrellas en la ofensiva.

Martino llegó, sin dudas, con ideas claras y personalidad a Barcelona, aunque todo dependería, como casi siempre en el fútbol, del oxígeno que los resultados le dieran. El argentino conocía al dedillo las virtudes y defectos del Barcelona desde mucho antes de convertirse en su entrenador, pero ya no estaba en una mesa de café rosarino con los amigos, sino al mando de la nave. Eso sí: bien acompañado por dos de esos amigos de fútbol y café, su asistente Jorge Pautasso y el preparador físico Elvio Paolorosso.

En aquellas primeras semanas de vértigo, que incluyeron una gira por Noruega, Alemania, Palestina, Israel, Malasia y Tailandia, así como encuentros con primeros ministros, presidentes y princesas, Martino recibió un enfático apoyo de Josep María Casanovas, editor del diario *Sport* que semanas antes se había jugado a favor del ex futbolista Luis Enrique, un candidato que según Rosell nunca fue la primera opción para suceder a Vilanova. A esa altura, Casanovas era todo elogios para Martino: "Un tipo con personalidad que no tiene dos caras, que dice cosas razonables y que trata a los jugadores con naturalidad y respeto. Nada que ver con el estilo Guardiola. Viene de otra escuela y tiene su propio librillo. Tito Vilanova fue un continuador y el Tata es un renovador". Y no era todo: "[Es un] soplo de aire nuevo en el vestuario. Messi ha dejado de ser intocable en las alineaciones. Las rotaciones son obligadas. Cesc tiene más libertad de movimientos. Neymar ha entrado en el equipo como uno más a pesar de su fama. De Martino nos gusta su naturalidad, su sencillez, su equilibrio. Les dice a los jugadores lo que luego dirá a la prensa y no pasa nada. Mejor dicho, sí que pasa, pasa que gana credibilidad, ya que estamos cansados de los técnicos que tienen un discurso de cara a la galería que no tiene nada que ver con lo que luego hacen en el vestuario".

Algo receloso en el inicio ante tantas conferencias de prensa —entre tres y cuatro por semana, frecuencia habitual en Europa—, Martino se fue sintiendo progresivamente cómodo. Sin quererlo, redujo al mínimo la presencia del catalán en esos contactos con la prensa, imposibilitada ahora de hablar con uno de los "suyos" y obligada a preguntar en español y a recibir la respuesta en "argentino". Así, a Martino le llevó un tiempo entender que el director deportivo del Barcelona, el hombre que lo llamó para ficharlo, se llamaba Andoni Zubizarreta, y no "Ándoni", como se empeñó en decir durante días, con inexistente tilde en la "a".

Así, pronto entendería que no siempre conviene hablar sin filtro, mucho menos si el objetivo es el archirrival Real Madrid. No conviene opinar que "los números que se mueven" en el fichaje del galés Gareth Bale, en torno a los cien millones de euros, son "una falta de respeto para el mundo en general".

Martino iría aprendiendo cómo lidiar con los medios en un equipo donde cada palabra, cada gesto, cada detalle son analizados con microscopio en diarios, radio, televisión, blogs y redes sociales.

Por eso no opinaría sobre Cristiano Ronaldo, convertido en el jugador mejor pago del mundo —21 millones de euros netos al año, según *El País*—, ni mucho menos sobre el *look* a mitad de camino entre Zoolander y Clark Kent por el que optó el portugués en septiembre de 2013 para firmar el contrato que lo vincula hasta 2018 con el Real Madrid. Al menos en ese aspecto, Cristiano se situaba momentáneamente por encima de Lionel Messi, ese rival al que siempre tiene en la mira.

No, donde Martino —un fino "10" en sus años de jugador— está verdaderamente cómodo es en la cancha, con la visera de la gorra protegiéndole la nuca y el silbato colgando del cuello durante los entrenamientos. Tiene a Neymar, tiene a Iniesta, tiene a Xavi, tiene a Messi. Y, sobre todo, se tiene fe, mucha fe. Se lo dijo a Rosell una tarde disfrutando del aroma del Mediterráneo en el final del plácido verano catalán: "De aquí me sacarán con los pies para delante". No fue con los pies para adelante, no se llegó a semejante circunstancia. Pero menos de un año más tarde, Martino estaba fuera del Barcelona. Se fue amargado, porque rozó un título de Liga que algunos de sus jugadores, por momentos, no parecían realmente querer. El Barcelona no había sido lo que Martino esperaba. Y Martino tampoco lo que quería era el Barcelona, suponiendo que el club realmente lo supiera.

CAPÍTULO 3

El shock

Molesto, quisquilloso. Messi tiene, a veces, esos días. Y el que los sufrió como nadie durante cuatro años fue Guardiola. Sentado, como siempre, en el primer asiento del autobús, el técnico escrutaba la pequeña pantalla con algo de desconcierto. Al lado, su íntimo amigo Manel Estiarte, oro olímpico y mundial en waterpolo y en esos años al frente de las relaciones externas del Fútbol Club Barcelona. La lectura del breve SMS le produjo a Estiarte el mismo efecto que al ex "4" del Barcelona: sacudida, desconcierto y una breve risa incrédula. Sin decirse nada, los dos amigos se dieron cuenta del peligro de ese mensaje de texto que acababa de enviar el mejor futbolista del mundo.

España vivía el otoño de 2009, segunda temporada de Guardiola al frente del equipo, y el autobús encaraba el camino de regreso tras un partido de la Liga. Los que relatan el momento difieren en cuanto a las palabras exactas, pero coinciden en el espíritu del mensaje que el argentino le envió a su entrenador: "Bueno, veo que ya no soy importante para el equipo, así que...".

Una vez más, Messi se escudaba tras un teléfono móvil. Aunque en los últimos tiempos fue evolucionando, para él seguirá siendo más fácil ir a la pantalla que decir las cosas. La pelota y el teclado de su móvil son, en cierta forma, los dos universos más "messiánicos". No importaba que estuviera en el mismo autobús y sólo unos pocos asientos más atrás de Guardiola y Estiarte. Que sea tímido, que le cueste comunicarse, no quiere decir que Messi no sea ambicioso, e incluso inconscientemente despótico a la hora de imponer su categoría. Y en esos días se sentía doblemente acorralado, incómodo en la errática selección argentina, pero también —y no era la primera vez— en el club español. En el vestuario del Barcelona hay una frase que define el modo en que se mueve el mejor futbolista del mundo: "No es dictador, pero sí se hace notar a su manera". Messi sabe que no hay nadie mejor que él, sabe que influye en el equipo como ningún otro jugador. Y aquel día en el autobús volvió a hacerlo. La aparición del sueco Zlatan Ibrahimovic, un fichaje en el que Guardiola se había empecinado, había sido una mala noticia para él. Messi lo intuyó primero y lo confirmó después. Tenía una deuda de gratitud con Guardiola, un hombre al que en 2008 no conocía tanto, pero que se lo había ganado con una de las primeras decisiones que tomó como técnico: torcerle el brazo al club para que le permitiera al argentino jugar con la albiceleste los Juegos Olímpicos de Pekín, de los que se llevaría el oro. Sí, Messi le debía una a Guardiola, pero la sutil presión (¿amenaza?) viajó desde su teléfono móvil hacia el del técnico porque esta vez había peligro. Era claro. Messi venía de un par de partidos sin brillo e Ibrahimovic estaba jugando bien. Se complicaba el proyecto del argentino, esa vida plácida en el Barcelona en la que no debía luchar para ser el líder, y el centro de todas las cosas, porque todos se lo reconocían sin que lo tuviera que pedir. Con "Ibra", no, con el sueco era diferente. El argentino se las arreglaría en la "era Guardiola" para imponerse como referencia del ataque ante depredadores del área como el camerunés Samuel Eto'o, un hombre con el que no tenía mala relación, y se fagocitaría amablemente a Bojan Krkic, que terminaría en la Roma muy enojado con el entrenador del Barcelona. Lo mismo que a Eto'o le sucedería en sus inicios al chileno Alexis Sánchez y al español David Villa un par de temporadas después. "No intentes competir con Messi", fue el mensaje que le llegó a Villa desde las alturas del club. Y en la parcela deportiva se lo explicaron con más detalle: "Mira, David, si tú quieres triunfar en el Barça, sobre todo no te compares con Messi. En nada. Ni en regatear, ni en goles. No lo hagas". Pese al consejo, Villa hizo en los primeros compases de su aventura en el Barça lo que le salía del alma, lo propio del muy buen futbolista que es. Hizo lo que no podía evitar: jugar como si fuera la gran figura del equipo. "Lo intentó, pero tras cuatro entrenamientos lo entendió", recuerdan hoy satisfechos en el club, convencidos de que el lugar de Messi es único, de que el argentino es un intocable. Tiempo después, el propio Villa desmenuzó con minuciosidad su admiración por Messi durante una entrevista con Luis Martín, periodista de *El País*. "Es excepcional. El míster lo dijo: de Leo no se habla, hay que verlo. Yo no he visto en mi vida algo semejante: cada día crees que ya no se puede superar, que ya lo has visto todo, y a la mañana siguiente hace otra. Es un tipo muy humilde al que no se le ha subido el éxito a la cabeza [...]. Hay un Messi compañero excepcional que se gana nuestro cariño no sólo por lo que nos da en el campo, sino también, y más importante, por cómo comparte en el vestuario, por cómo es." El ex delantero del Valencia no duda en admitir que jugar con Messi no sólo facilita ciertas cosas: también las complica.

"Es un jugador que exige mucho al que está a su lado porque siempre tienes que estar atento. A veces, parece imposible que te vea y él te ha visto. Debes estar preparado para lo imposible cuando juegas con Leo porque, además, no es lo que él hace, es lo que hace hacer a los demás. Mete un montón de goles, pero genera muchísimas más cosas al equipo: baja, abre espacios, tiene un último pase sensacional, es generoso... Es una maravilla jugar a su lado. Sinceramente, jugar al lado de Leo me ha mejorado. Mire, yo sé que el día de mañana, cuando salgan imágenes de Leo y yo aparezca cerca, podré decir: 'Yo jugué con Leo Messi'. Es un privilegio."

Lo fue, seguramente, pero tampoco fueron años sencillos para Villa, que tras fracturarse la tibia de la pierna izquierda en la final del Mundial de Clubes de 2011 nunca volvió a ser el mismo en el Barcelona. A ciertas tensiones con Messi, que más de una vez le recriminó con ademanes claros que no le pasara la pelota, se le sumó la sensación de que en el club ya no lo querían. Si estuvo un año más fue como gesto a un hombre que había tenido mala fortuna. Pero al final se fue, y lo hizo de forma asombrosa: el Barcelona pagó cuarenta millones de euros para fichar a Villa —el máximo goleador histórico de la selección española— en 2010 y se desprendió de él por 2,1 millones y asegurándose cinco como máximo en función de la permanencia del delantero en el equipo de Diego Simeone. El Barcelona, eso sí, dejaba de pagar los diez millones de euros anuales de salario que iban a los bolsillos del "Guaje". En cierta forma, un ahorro para financiar el sueldo de Neymar, el nuevo compañero de Messi en el ataque, el hombre del fichaje de cifras enigmáticas que entró al equipo cobrando 17 millones de euros. Más que Messi, aunque el desequilibrio fue corregido en cuestión de semanas.

¿Es un privilegio jugar con Messi? Ni siquiera es necesario plantear la pregunta, y el mismo Ibrahimovic terminaría reconociéndolo cuatro temporadas después de aquellos meses de tensión.

Pero en aquel 2009 el talentoso y potente gigante sueco de origen bosnio veía las cosas de otra manera, porque había llegado a Barcelona como el segundo mayor fichaje de la historia, 69 millones de euros. Con un ego proporcional a esa cifra y a su talento, el ariete estaba dispuesto a triunfar y se convirtió pronto en un cuerpo extraño en el vestuario del Barça. Había pedido cobrar lo mismo que Messi y quería jugar en el centro del ataque. "¡No tienes huevos! Te cagas con Mourinho", asegura el delantero que le gritó a su técnico poco después de la derrota ante el Inter de Mourinho en las semifinales de la Champions League. La frase es de la autobiografía de Ibrahimovic, y el jugador la sitúa en un partido ante el Villarreal en mayo de 2010 en el que fue suplente y sólo jugó los minutos finales. Ibrahimovic admite abiertamente que el hecho de que Guardiola optara por Messi para el centro del ataque desencadenó su salida del club: "Prefería contentarlo a él, a mí no me valoraba".

Guardiola no sólo sabe de fútbol: tampoco come vidrio. Teniendo a Messi, ¿iba a confiar en un jugador que admite haber ido con su auto a más de 300 kilómetros por hora para dejar atrás a la policía? El único detalle es que fue Guardiola quien se empecinó con el fichaje de "Ibra". El sueco asegura que el francés Thierry Henry, que después del Barcelona se fue al New York Red Bulls, tampoco era feliz con Guardiola:

—Henry me dijo: "Hola, Zlatan, ¿te ha mirado hoy?".

—No, ¡pero he visto su espalda!

—Enhorabuena, estás progresando.

En aquella autobiografía se burla, además, de algunos compañeros: "Messi, Iniesta y Xavi eran como estudiantes que iban a la escuela a obedecer sin protestar". Ibrahimovic en estado puro, aunque con el tiempo él también cambiaría. "Ya no tengo problemas con Guardiola, he aprendido desde aquellos años en el Barcelona", diría a la revista alemana *11 Freunde* en febrero de 2013, ya como jugador del París St. Germain. "Aprendí a tener paciencia, antes lo quería todo de inmediato. Crecí, estoy casado y tengo dos niños maravillosos. Así, automáticamente, uno se tranquiliza", aseguró el jugador que de adolescente robaba bicicletas para llegar a los entrenamientos. Pero Ibrahimovic tiene tantos centímetros de altura —195— como ego. Así, tras lamentarse de que el boxeo no forme parte del fútbol, confiesa su admiración por Muhammad Ali y deja una afirmación llamativa: "Yo soy el más grande después de Ali". "¿Incluso por delante de Messi?", le pregunta el periodista a un "Ibra" que toda su vida idolatró a Diego Maradona. "Eso, que lo digan los aficionados. Lo importante es que yo crea en mí mismo. Eso también lo aprendí de Ali."

Sólo es cuestión de tiempo, el fútbol termina poniendo siempre a cada uno en su lugar. Y es probable que Xavi sea excesivamente elegante al asegurar que Messi no tuvo nunca ningún problema con los "9" que desfilaron por el Barça, pero así se lo explicó en 2011 al periodista chileno-alemán Javier Cáceres en una entrevista para el *Süddeutsche Zeitung*: "Ibra realmente no encajaba del todo. Un gran futbolista, bendecido por un talento brutal, pero quizás algo estático para nuestro juego". Las cosas con Ibrahimovic fueron para Guardiola bastante más difíciles que con Eto'o, al que hizo jugar en una banda tanto en el histórico 2-6 del 2 de mayo de 2009 en el Bernabéu como en la final de la Liga de Campeones en Roma semanas después. Eto'o no dijo nada, aceptó la orden, aunque no le gustara. Tan poco le gustaba que en un partido ante el Betis se negó a obedecer la orden de Guardiola de jugar por la banda. El camerunés buscó el centro y encontró el gol. Fuera de sí, Eto'o fue al banco a gritarle el gol a su técnico, que entonces le bajó el pulgar. Tenía razones para exaltarse Eto'o, porque fue con dos goles suyos, uno a seis minutos del final, que el Barcelona remontó la desventaja de 2-0 en el campo del Betis. Pero el detalle de que uno de los primeros en celebrar con él fuera Bojan, otro de los "fagocitados" por la inabordable grandeza de Messi, fue una pequeña premonición. Era febrero de 2009 y el argentino recién entró a jugar en el minuto 57 en lugar del bielorruso Alexander Hleb, un mediocampista ofensivo que meses después se iría al Stuttgart y tres años más tarde jugaba en el Krylia Sovetov Samara de la Liga rusa. Hleb titular: eran otros tiempos. Pronto nadie dudaría de que la solución era Messi. Siempre.

Que aquel 6-2 para la historia sucediera un 2 de mayo tenía su costado paradójico: fue el mismo día en que, 201 años antes, los madrileños se levantaron contra José Bonaparte, conocido popularmente como "Pepe Botella" y hermano de Napoleón Bonaparte. Si en 1808 Madrid se liberó del dominio francés, aquel 2009 el club que encarna como ninguno la grandeza deportiva de la capital española se inclinó ante lo que durante un buen tiempo sería una verdadera "dictadura" futbolística por parte del archirrival catalán. En ese partido, que implicó una humillación de proporciones atómicas para el Real Madrid, Guardiola probó a Messi por primera vez en la opción de "falso 9" o "delantero falso". La sorpresa fue mayúscula para el Madrid dirigido por Juande Ramos, un entrenador que quedó tan golpeado tras el partido, que buscó explicar lo inexplicable y salió aun peor parado: "No ha sido un baño". Los dos goles de Messi, los dos de Henry, el de Puyol y el último, en el que un central como Piqué puso con una jugada de fantasía las cifras finales, le quitaban razón a Ramos: fue un baño de fútbol del Barcelona al Real Madrid. La libertad de Messi en el centro del ataque marcaría por siempre al Barça de Guardiola, pero en aquellos meses de 2009 el argentino como "falso 9" era sólo una excepción, un recurso puntual o sorpresa envenenada para el rival. Guardiola dudaba entre lo que le pedía el instinto y la razón

—situar a Messi en una zona en la que recibiera más pelotas que "escondido" a la derecha, donde tampoco colaboraba en la recuperación del balón— y el hecho de que el hábil y potente Ibrahimovic estaba para ser aprovechado como ariete. Aquel SMS de Messi en el inicio de la temporada 2009-2010 le hizo ver al entrenador las luces rojas de peligro, aunque también le ayudara el hecho de que el sueco perdió rápidamente la paciencia y se convirtiera en el rebelde del grupo, aseguran aquellos con acceso al vestuario del club. "Yo sé jugar así, voy a jugar así, de delantero centro", le dijo al entrenador, abriendo una distancia que ya nunca se achicaría. A la siguiente temporada Ibrahimovic estaba fuera del Barcelona. ¿Había vuelto Messi a ganar desde el silencio? El sueco cree que no. "Todo empezó bien, pero después él comenzó a hablar", explicaría años más tarde el delantero durante una entrevista con la CNN. "Messi quería jugar en el medio, no de extremo, por lo que el sistema cambió de un 4-3-3 a un 4-5-1. Yo fui el jugador sacrificado y ya no dispuse de la libertad en el campo que necesito para tener éxito." Ibrahimovic siempre podrá decir que durante un año formó parte del Barcelona de Messi, pero la experiencia fue para él más amarga de lo que hubiera imaginado. Guardiola, que insistió para que el Barça fichara al sueco, debió tragarse su orgullo, pero salió ganando. Ibrahimovic también se lo tragó, pero perdió. Por eso tuvo especial valor lo que dijo horas antes de medirse en abril de 2013 al Barcelona de Messi y Tito Vilanova por la ida de los cuartos de final de la Liga de Campeones: "Messi es el mejor jugador del mundo. Al Balón de Oro le deberían dar su nombre".

Los grandes futbolistas saben cuándo hay otro aún más grande que ellos. Por eso también hay que darle crédito al gigante sueco: quizás sea cierto lo que dice, quizás Messi le ganó la partida con algo más que gestos y mensajes de texto, quizás habló claramente con Guardiola del tema. No se lo puede descartar, porque los años en los que Messi sólo hablaba a través de la pelota estaban llegando a su fin.

CAPÍTULO 4

¿Fin de ciclo?

"La diferencia fundamental está en la motivación. Unos han ganado dos campeonatos de Europa, un campeonato del mundo y no sé cuántas Champions."

Abril de 2013, primavera en Nueva York y Guardiola le explica a su interlocutor, el cocinero Ferrán Adriá, las que son a su entender las claves del hundimiento del Barcelona. Así lo recordó el chef, fresca aún la paliza de 4-0 que los azulgrana habían sufrido en el Allianz Arena de Munich por las semifinales de la Liga de Campeones. Aún estaba por llegar la segunda parte de la debacle en dos actos, una derrota por 3-0 en el Camp Nou que sellaría con números de pesadilla aquella eliminatoria. ¿Fin de ciclo? El debate inundó Barcelona, y el argumento de muchos para negar final alguno fue que los ciclos sólo se terminan si se renuncia a una idea, a una filosofía de juego. No había señales de que el Barcelona bajo el mando de Vilanova, hasta 2012 el "número dos" de Guardiola, quisiera cambiar su estilo. Otra cosa era, sí, que en los momentos clave de la temporada y ante los rivales más fuertes, el Barcelona 2012-2013 hubiera fracasado. Adiós con paliza en la semifinal de la Champions y despedida sin actitud ni fútbol en la misma instancia de la Copa del Rey ante el Real Madrid de José Mourinho. Tan rara había sido la temporada, que el único título, el de la Liga española, fue celebrado por los barcelonistas en el sofá de sus casas: se trató del 1-1 del Espanyol y el Real Madrid, que un sábado de mayo por la noche les dio la cuarta Liga en cinco años. Y al día siguiente lo celebrarían… ¡en Madrid! Fue el Atlético de Madrid, en el Vicente Calderón, el anfitrión de los campeones. Todo un anticlímax, a tal punto que la misma noche en que se confirmó el título de Liga, apenas mil personas salieron a celebrarlo en la fuente de Canaletas, el sitio habitual de los festejos "culés". Días después un par de cientos de miles de personas salieron a las calles de Barcelona a celebrar aquella Liga tan extraña, un campeonato en el que los dos grandes del fútbol español viven marcados por un "síndrome autodestructivo", según la aguda definición del por entonces columnista de *El Mundo* David Gistau, fallecido en 2020. "Ya sólo vale ganar la Champions. Quedarse por debajo de eso es un fracaso, porque los equipos son demasiado caros y prestigiosos como para no aceptar esa medida de exigencia. Y porque la Liga, en la percepción de las hinchadas grandes, se ha convertido en un enojoso vagar por carreteras secundarias que dispersa esfuerzos y sólo recobra sentido en los superclásicos." En el mismo sentido fue Santiago Segurola, pluma ineludible para el análisis del deporte español: "Cada vez está más claro que los dos equipos utilizan dos velocidades. Una en

España. Otra en Europa. ¿Pero se puede cambiar de velocidad cuando la rutina doméstica permite ganar y golear a medio gas? Probablemente no. Es curioso, pero los dos más beneficiados por la intolerable desigualdad quizás comienzan a observar el peligro del desequilibrio que ellos mismos han provocado en España". Un desequilibrio que pagaron en la Champions: con Barcelona y Real Madrid en semifinales, tanto en 2012 como en 2013 se habló de una "final española". Las dos veces se fueron eliminados y miraron la final por televisión. Un fracaso en toda regla para los dos equipos, aunque por diferentes razones.

Obsesionado con ganar su décima Copa de Europa y abrumado por un inicio fulgurante del Barcelona de Vilanova, el Real Madrid había despreciado el título de campeón español y apostado todo al europeo. No era para menos: tres meses después de iniciada la Liga, el Barcelona ya le sacaba 13 puntos, y estaba incluso cuatro por debajo del Atlético de Madrid. Era como si los jugadores hubiesen recibido una inyección de motivación extra: no es Guardiola, somos nosotros; sin Guardiola podemos jugar igual o mejor que antes. Y el Barcelona de Vilanova ya no era exactamente el de Guardiola, porque el equipo se había vuelto algo más vertical y vertiginoso. Recibía más goles que antes, pero si le metían dos, devolvía con tres; si eran cuatro, convertía cinco. Esa diferencia de puntos se mantendría e incluso crecería tras conocerse en enero de 2013 una noticia que golpeó duro al club y a los jugadores: Vilanova tenía que instalarse en Nueva York para tratarse un cáncer, debía someterse a quimioterapia y radioterapia. Así, por una extraña carambola de la vida, el pasado inmediato y el presente del Barça coincidían en Nueva York. Guardiola se había mudado a la gran manzana para darse el lujo de un año sabático, ver otra gente, recorrer otras calles, respirar otra cultura. Se había dejado ver por la Copa Ryder de golf, el Abierto de tenis de Estados Unidos o la NBA. Sus días discurrían suaves, llevando a sus hijos al colegio, pasando horas despreocupado junto a su mujer en el Central Park y, de repente, un Vilanova amenazado por el cáncer aparecía a unos centenares de metros de su casa. Todo un problema, porque Guardiola había dejado de hablarle a su hasta hace poco íntimo amigo, según coincidieron en afirmar todos los "guardiolistas" y "antiguardiolistas" que siguieron los vaivenes de la relación, dato confirmado por los propios protagonistas. Guardiola vio sólo una vez a Vilanova en Nueva York, añaden, pero no durante aquellas siete semanas consecutivas que pasó atendiéndose en el Memorial Sloan-Kettering Cancer Center. Ni siquiera lo llamó por teléfono, algo que sí había hecho durante un partido ante el Valencia con su amigo ya en Nueva York, en una de sus primeras incursiones en los Estados Unidos para tratar su enfermedad. Aquella vez, como tantas otras, necesitaba de su sabiduría táctica, asegurarse de que veía el partido tal como su "número dos".

¿Por qué Guardiola cortó toda relación con aquel amigo de la adolescencia con el que todos los lunes se juntaba en La Masía a darse un banquete intercambiando embutidos de sus respectivos pueblos? En aquel grupo estaban también Jordi Roura —que sustituiría a Vilanova durante su ausencia— y Aureli Altimira, preparador físico. Le habían dado forma a una peña bautizada "els golafres", que en catalán significaba "los glotones".

El distanciamiento entre Pep y Tito venía siendo un rumor insistente en Barcelona, hasta que un día, ya regresado de Nueva York y vencedor de una de sus batallas contra la enfermedad, Vilanova le dio carta de verdad: "Con Pep somos amigos íntimos desde pequeños, estuvimos juntos en La Masía y hemos vivido una etapa espectacular e irrepetible. Es verdad que, con la distancia, las relaciones se enfrían". Podría haber optado por una salida elegante, pero no lo hizo, eligió oficializar el distanciamiento, y lo hizo no sin ironía, porque si algo no hubo durante aquellas semanas en Nueva York fue distancia. En aquellos días posteriores a la eliminación ante el Bayern, los "guardiolistas" buscaban explicar qué le sucedía al tantas veces impecable Pep con su (¿ex?) amigo íntimo: "A Guardiola no le gustó que, antes de hacerle el funeral, su segundo ejerciera de primero. Hubo un bautizo en vez de un funeral". Aunque semanas después tendría una despedida apoteósica en el Camp Nou, era en cierta forma la segunda vez que Guardiola protagonizaba una salida un tanto en falso del equipo de su corazón: cuando se despidió como jugador, los violentos "Boixos Nois" eran los señores de un estadio indiferente y semivacío. La salida no soñada a la que se refiere el amigo del ex "4" del Barcelona es la de aquel abril de 2012 en el que el club confirmó que Guardiola se iba y, en la misma rueda de prensa, anunció a Vilanova como su sucesor, que era exactamente lo que Guardiola había pedido que no se hiciera. Quería separar las cosas y tener "su" momento, una despedida en la que no compartiera protagonismo. Aquella fue además, una conferencia de prensa a la que insólitamente faltó Messi. El club explicaría que hubo una confusión, pero resultó difícil de creer. Más tarde se distribuiría una foto en la que entrenador y jugador se abrazaban en un entrenamiento, pero aquella ausencia era perfectamente coherente con el desgaste de las relaciones en un grupo en el que hombres como Cesc y Piqué habían dejado de hablarle a su entrenador. Unos días antes de confirmarse el adiós de Guardiola, el Real Madrid le había ganado al Barça 2-1 ante cien mil atónitos espectadores en el Camp Nou. Hacía siete clásicos que los blancos no batían a su archirrival y cuatro años que no lo lograban en el Camp Nou. En el vestuario Guardiola, al que a veces se acusaba de sobreactuar y de ser una hidra que por momentos oficiaba simultáneamente de entrenador, preparador físico, director técnico, presidente y relaciones públicas, se acercó a decirle algo a Messi. El argentino no quiso escucharlo: "Lo que tendrías que haber hecho es armar un equipo para ganar, no el que hiciste".

Como se ve, Messi, a veces, habla. Meses después el argentino confirmaría en una entrevista con *El Gráfico* su distanciamiento del hombre que mejor lo entendió y más paciencia le tuvo desde que se convirtiera en profesional en el Barcelona.

—¿Seguís hablando con Guardiola?

—No, no hemos hablado más.

—¿Ves posible a Guardiola dirigiendo alguna vez a la selección argentina?

—No lo creo, en la Argentina no se permitiría un técnico que no fuera argentino.

Con pocas palabras, Messi decía mucho.

Guillem Balagué, periodista español afincado en el Reino Unido, también asegura que José Mourinho fue otra de las razones para que Guardiola se alejara. "Hablando con Pep, cuando le preguntas por José Mourinho le cambia el gesto, el lenguaje corporal. Sube una barrera. Se le notaba que no estaba muy cómodo hablando de él. Los clásicos, para él, para Pep, habían dejado de ser una cosa agradable. Pep me reconoció que Mourinho había conseguido lo que quería: desestabilizarlo emocionalmente hasta tal punto que no disfrutaba de su profesión", dijo Balagué en el programa televisivo *Punto Pelota* antes de entrar en el análisis de lo que sucedió en aquel vestuario en tensión: "Su adiós tiene que ver con reciclar una plantilla que él mismo había creado a partir del cariño. Tener que desprenderse de algunos jugadores y buscar nuevos en un club, en un país [se refiere a Cataluña] donde se sentía un símbolo, todo eso era difícil. Tenía que encontrarse con el Pep persona porque todo eso era demasiado". Y una intimidad para demostrar que Guardiola no es de hierro: "Llegado su segundo año como entrenador del Barcelona, Guardiola llamó a un entrenador de la Premier League para preguntarle: 'Si tienes tensiones con un jugador, ¿qué haces? ¿Echas al jugador o te vas tú?'. Pep tuvo la respuesta que no quería: 'Tienes que echarlo'".

Frases y datos que permiten entender mejor una de las escasas frases que dejó Guardiola para explicar su salida del Barça: "Era el momento de irme. Si no, acabaríamos haciéndonos daño".

Meses después de aquel adiós, en enero de 2013, Guardiola volvió a verse con el Barcelona. Estaba nominado al mejor entrenador del año 2012 en la gala del Balón de Oro. El premio recaería finalmente en Vicente del Bosque, seleccionador español. El otro ternado, Mourinho, entrenador del Real Madrid, prefirió no aparecer, y meses después lanzaría una estrambótica denuncia de manipulación de la votación. El paso de Guardiola por Zurich tenía su dosis extra de morbo, como bien destacó Francesc Perearnau en *Mundo Deportivo*: "A quienes fueron testigos de la gala del Balón de Oro en Zurich les sorprendió la atmósfera gélida y distante entre Pep y los siete jugadores que viajaron, entre ellos Messi, elegidos en el mejor once del año".

Ese día de principios de año en Zurich se concentran en un mínimo espacio múltiples estrellas del fútbol, ex jugadores, entrenadores, presidentes de clubes y periodistas. No tienen más remedio que cruzarse, saludarse e incluso hablarse. Así es que a veces se dan situaciones un tanto insólitas.

"Presidente", dijo un correcto Guardiola estrechándole la mano a Florentino Pérez, el presidente del Real Madrid. A Emilio Butragueño, el legendario ex jugador y en los últimos años director de Relaciones Institucionales del club blanco, le dedicó un saludo a corta distancia, más informal, como si ya se hubiesen visto. El último integrante del trío era el portugués Jorge Mendes, agente de Cristiano Ronaldo y Mourinho. Con una sonrisa de oreja a oreja, Mendes chocó su mano con la de Guardiola. No fue un saludo recto y formal: lo hizo con eufórico ímpetu y con la mano en posición elevada, tal como se saludan dos buenos amigos, dos "personas" de gran confianza. Mendes siguió de largo y el rostro de Guardiola, durante unos instantes, reflejó todo su desconcierto.

Podría decirse que el adiós de Guardiola al Barcelona fue un ejercicio de sabiduría, y que el distanciamiento con Vilanova tuvo más que ver con una cuestión de egos. Pero no todos piensan así. "Yo he hablado con los dos", explica Joan Laporta, el hombre que presidió el Barcelona durante siete años —entre 2003 y 2010, antes de regresar en 2012— y que en 2008 apostó por un Guardiola de muy escasa experiencia como entrenador. Junto a él llegaba Vilanova como "número dos". Laporta da a entender que Guardiola se sintió traicionado por los restantes integrantes de la peña "la comilona". "Que el equipo de Pep no lo hubiera acompañado, que él se fuera solo... Esto sorprendió. Era un equipo que Pep había formado y defendido mucho, soy testigo directo de que si alguna cosa anteponía Pep a sus intereses eran los de su equipo." Hablando del sí de Vilanova al Barcelona, Estiarte diría algo similar en declaraciones al diario *Sport*: "Nos sorprendió". En aquella primavera turbulenta en lo económico y social en España ya era sabido por todos que Guardiola había decidido instalarse en el país más potente de Europa para dirigir a su club más rico, el Bayern Munich. Que fuera precisamente el Bayern el que eliminara al Barcelona le añadía más morbo a la situación, aunque un intimísimo amigo que vio con Guardiola en Nueva York aquel 4-0 de Munich confirmó lo que el técnico no podía decir: Pep quería que ganara el Barça. Lo quería aunque estuviera distanciado de Vilanova, lo deseaba aunque con muchos de sus ex jugadores ya no se hablara. Laporta no tiene dudas acerca del futuro de Vilanova, Roura y Altimira en caso de no haber asumido el control del Barcelona. "Pep se los habría llevado al Bayern, ¡claro! Cuando Pep me contó en Nueva York que aceptaba la oferta del Bayern fue como si lanzara un mensaje al mundo del fútbol: 'A mí no me compra un magnate con dinero, yo apuesto por un proyecto serio, un club con tradición y directivos capacitados'".

Aquella noche de Munich, antes de la debacle, Zubizarreta fue abordado por un periodista. "Andoni, ¿qué sabe de Guardiola? ¿Sabe dónde verá el partido?" El director deportivo del Barcelona respiró hondo y sólo dijo: "Dejad a Pep en paz". Lo repetiría hasta tres veces antes de cerrar una puerta e irse.

Días más tarde, mientras Laporta hablaba en su despacho de abogado, un sexto piso de la imponente Avenida Diagonal de Barcelona, Guardiola disfrutaba de una gira latinoamericana, una serie de charlas en Bogotá y Buenos Aires por las que en conjunto cobraría cientos de miles de euros. Su prestigio era enorme, aquel flacucho cabezón del que algún técnico se burló abiertamente el primer día que pisó La Masía era un referente mundial. Ese éxito, según Laporta, generaba envidias, en especial entre la directiva de Rosell, que durante un año y medio fue su vicepresidente y luego lo sucedería al frente del Barça. "Se han portado muy mal con Pep Guardiola, con una manera de actuar infantil, por detrás, nunca dando la cara. Lo trataban, con sorna, del profeta, el mesías. 'Fíjate', decían: 'Ahora ya ha hablado el Dalai Lama'". Comparar a Guardiola con el Dalai Lama puede arrancarle una sonrisa a cualquiera, porque es una maldad con cierto leve asidero. Aunque las distancias en cuanto a derrotero vital entre un ex futbolista y el exiliado líder del budismo tibetano sean siderales, los dos son calvos, los dos tienen un hablar pausado, los dos son especiales. Con esa voz suave y ronca, con su insistencia en ser "diferente", dotar de poesía y profundidad al discurso futbolero, Guardiola se convirtió pronto en líder, en único. ¿En el Dalai Lama del fútbol? Quizás el propio Guardiola no lo vea como un título a rechazar.

Probablemente resulte difícil entender que un club se sienta incómodo por tener un técnico ganador o que ese técnico ganador se aleje de su "número dos" y amigo por cuestiones de egos. Pero cosas parecidas sucedieron entre Johan Cruyff y Carles Rexach, entre Jürgen Klinsmann y Joachim Löw o entre Mourinho y André Villas-Boas. Forma parte de la vida, los mejores amigos pueden de un día para el otro convertirse en seres ajenos. En parte porque entre amigos se cuentan muchas confidencias, porque tu (ex) amigo sabe de demasiadas cosas, cosas que ahora preferirías no haber contado. Es lo que parece haberle sucedido al columnista español Salvador Sostres, que compartía extensos almuerzos y cenas con Guardiola y disponía así de información de primera mano sobre ese hombre que sólo daba ruedas de prensa y jamás una entrevista. Si se hace caso a lo que escribió Sostres, la salida de Guardiola del Barcelona fue bastante tormentosa. Casi una película de gánsteres. Así dice Sostres que le habló Guardiola a Rosell: "Me iré sin hacer ruido, sin hacer declaraciones, sin dar entrevistas y sin escribir libros. Pero si tú y tus amigos me jodéis, a mí o a los míos, hablaré todo lo que tenga que hablar y ya sabes que querrán escucharme". Algo es seguro: el Dalai Lama no habla así.

No, Guardiola no es el Dalai Lama. Aquellos que comparten momentos de distensión y confianza con él destacan que el técnico es muy malhablado, una máquina de soltar "tacos", que es como los españoles llaman a las malas palabras. Obsesivo de la planificación y el control, el entrenador encaja bien en una historia que circula por Barcelona: la de invitar a cenar, en los inicios de su trabajo en el Barcelona, a los dueños de las principales discotecas de la ciudad. Quería, aseguran, cerrar un pacto para que le contaran qué jugadores se movían por la noche, cuánto tiempo pasaban en las discotecas, qué bebían y cuánto.

No se sabe si existió y, en todo caso, en qué quedó ese supuesto intento de pacto de Guardiola con los dueños de la noche, pero el espionaje a jugadores fue un hecho en aquellos años. Un claro ejemplo es el de Gerard Piqué, exitoso y apuesto jugador que fue objeto de un intenso seguimiento. Según gente que tuvo acceso a los informes, en ellos se reflejaba que el central destinaba enormes cantidades de dinero a sus partidas de póquer en Internet, también que armaba "timbas" con otros jugadores del equipo. Incluso que, contra lo que podría pensarse, no siempre salía: más de una vez se quedaba hasta las seis de la madrugada en su casa hablando con chicas por teléfono. Un joven como tantos otros.

Años después de aquel espionaje cuya dimensión nunca se terminó de calibrar y que en Cataluña fue moda, porque no sólo afectó a figuras del Barcelona, Piqué aparecería en Las Vegas. Gorra azul de los New York Yankees, camiseta blanca, gafas oscuras y auriculares dorados, el central del Barcelona buscaba pasar inadvertido en las Series Mundiales de Póquer, parte de sus vacaciones de 2013, ya casado con Shakira y padre de Milan. Mientras Piqué mostraba su destreza en el póquer en la ciudad del juego, en Europa se incubaba una crisis que sacudiría al Barcelona.

"Pep declara la guerra" y "Guardiola al ataque" fueron dos de los titulares de primera plana. El hombre que llegó a ser un mesías para los barcelonistas rompía amarras con su club. Fue un jueves 11 de julio en el Lago di Garda, sede de la concentración de verano del Bayern Munich. En cuatro minutos y cuarenta segundos Guardiola lanzó un ataque furibundo a los dirigentes del Barça, pero también puso en situación incómoda a Vilanova, su (¿ex?) amigo.

"En este año me fui a seis mil kilómetros para que me dejaran en paz y tranquilo, y no lo he conseguido", dijo en referencia a sus meses en Nueva York. "El presidente no ha cumplido su palabra."

Ante el desconcierto de los periodistas y la televisión alemana, que no estaban preparados para que Guardiola hablara en catalán, el ex entrenador del Barcelona avanzó en su enojo hasta lanzar otra frase que sería objeto de larga polémica: "Utilizar la enfermedad de Tito para hacerme daño es algo que no olvidaré nunca". Y enseguida aseguró que sí se había visto con Vilanova en Nueva York, y que si no se repitió ese encuentro, no fue por su culpa.

La dureza del mensaje de Guardiola contribuyó a difuminar un anuncio que, por sí solo, hubiese sido en circunstancias normales el centro de una polémica lo suficientemente grande en Barcelona: Pep se llevaba a Thiago Alcántara. El mediocampista al que desde hacía años se veía como relevo natural de Xavi Hernández, aunque no jugaran exactamente igual, se iba al Bayern. Era Guardiola el que se lo llevaba. Y se trataba del hermano de Guardiola, Pere, el representante de Thiago, el mismo que había negociado la rebaja de la cláusula de rescisión de 90 a 18 millones de euros. El Bayern se llevaría a Thiago por 25.

Las acusaciones de Guardiola a Rosell y las referencias a Vilanova oficiaron —en opinión de muchos en Barcelona— de "cortina de humo" para el "caso Thiago". Durante unos días no se habló de otra cosa.

El columnista Sostres, ex amigo de Guardiola (ya sin dudas, al menos por un tiempo), se vio reivindicado y tituló "Déjame en paz" un artículo referido a la rueda de prensa en el idílico paraje del norte del Italia. "Verdad hay una sola, y ayer Pep la confirmó punto por punto", sintetizó Sostres, que cerró atacando una vez más a su antiguo compañero de confidencias: "Conoce todos los trucos del cinismo para comportarse como un egoísta, hacer que sus adversarios parezcan los tíos más miserables del mundo y quedar él como un ángel inmaculado y extrapuro".

Los ataques de Sostres a Guardiola no quedarían en eso, porque el "culebrón catalán" crecería en forma asombrosa.

Cuatro días después de que el ex entrenador del Barcelona sacudiera a todos, llegó la respuesta de Rosell: "Cuando se hace una declaración así se debe demostrar y no es demostrable porque no es verdad. Ningún miembro de la junta directiva utilizaríamos nunca la enfermedad de Tito ni la de nadie para hacer nada. Ya es suficientemente grave la propia enfermedad. Por eso no lo entiendo".

Todo un desmentido a Guardiola, aunque fue la reacción de Vilanova, un día más tarde, lo que elevó el llamativo ida y vuelta a un verdadero drama.

"Todo el año he intentado evitar temas personales y centrarme en temas futbolísticos, a la gente no le interesan esos temas personales. Pero escuché las declaraciones de Pep y creo que no estuvo acertado. Debo reconocer que me sorprendió. No creo que nadie de la junta haya aprovechado mi enfermedad para atacarme. Tanto mi familia como yo estamos encantados con el trato de todo el mundo en el club, nos han ayudado lo máximo posible [...]. Se han preocupado mucho de mí; mis amigos se han preocupado mucho, mucho de mí. Incluso hay gente que ha cogido un avión para ir a Nueva York a visitarme."

Podía ser suficiente, pero Vilanova fue bastante más allá y respondió directamente a una de las afirmaciones más delicadas de Guardiola: "Preferiría no entrar en temas personales, pero él habló de mí. Con Pep nos vimos en una visita de dos días, pero después, cuando me operaron y estuve más de dos meses de tratamiento, entonces no nos vimos y no fue por mi culpa". Y entonces llegó lo que se vivió como un golpe de nocaut: "Es mi amigo y le necesitaba, pero quizás pensó que en ese momento no tenía que estar a mi lado. Él actuó así, yo seguramente hubiera actuado de otra forma". Por si no quedaba claro: "El que estaba solo e ingresado y necesitaba apoyo era yo".

En medio de esa enrarecida atmósfera ya todo era posible, incluso que un Sostres sediento de protagonismo combinara su habitual misoginia con un tan reciente como furioso "antiguardiolismo" para darle forma a un artículo de esos que dejan al lector boquiabierto: "A Guardiola, para entenderle, hay que pensar en femenino. No me meto en su vida sexual, que ni la conozco más allá de que está casado y tiene tres hijos, ni me importa. Lo que digo es que en Guardiola, y sobre todo en su modo de relacionarse con el mundo, predomina su parte sinuosa, su parte serpenteante, su parte femenina. Por eso sus broncas son siempre indirectas, siempre retorcidas, y él trata siempre de aparecer como haciéndose la tonta en medio de una orgía".

El Barcelona, estaba claro, se complicaba la vida sin necesidad, se hundía en una telenovela de guión impensable y dejaba cada vez más lejos en el recuerdo aquellos años en los que Guardiola y Vilanova eran uña y carne, dos amigos hechos el uno para el otro. Por eso Messi pasó de largo cuando se le preguntó por el tema: "Es una cosa que pasó entre ellos dos, que declararon ellos, que dijeron lo que tenían que decir, pero sólo ellos saben qué pasó, la verdad...".

Fue inteligente Messi en aquel miércoles de verano al gambetear el asunto. A esa altura Rosell sabía lo que el "10" aún ignoraba. Dos días más tarde, un viernes a las ocho y media de la noche, el presidente soltaba la bomba: Vilanova dejaba de ser el entrenador del Barcelona para dedicarse de lleno a curarse el cáncer.

Mientras Rosell leía con cuidado el anuncio junto a un demudado Zubizarreta, Vilanova se subía a su auto y abandonaba en soledad la Ciudad Deportiva del Barcelona. No era un filme de Hollywood, era real. Tanto, que a menos de un mes del inicio de la temporada había que buscar un nuevo entrenador.

Ni André Villas-Boas, ni Michael Laudrup, ni Ronald

Koeman, ni Luis Enrique: fue Martino, desconocido para la inmensa mayoría de los españoles y fino "10" de Newell's en los años ochenta y noventa, exitoso seleccionador de Paraguay —la selección que estuvo a un paso de dejar afuera de Sudáfrica 2010 a la España que sería campeona mundial— y campeón en la Liga de aquel país. El "Tata" Martino venía de sacar campeón a Newell's en la Argentina y de alcanzar las semifinales de la Copa Libertadores, el equivalente a la Champions League europea, exhibiendo un juego de amor por la pelota. El mismo amor del Barça. Contra la opinión —y por momentos campaña— de unos cuantos medios catalanes, el elegido fue Martino, que antes de volar a Barcelona reconoció lo que parecía obvio: "No tengo dudas de que Messi y su padre han tenido gravitación". Alfredo Relaño, el director de *As*, opinó que, con esa infidencia, "a Martino se le escapó la tortuga", al tiempo que mencionó "cierta desconfianza que existe" en España "hacia los argentinos" como un aspecto a tener en cuenta por el nuevo entrenador. Messi, que en una red social calificó de "linda sorpresa" la elección de Martino —¿un intento por desmentir los rumores de su implicación en el asunto?—, completó el insólito cuadro: treinta años después de un Menotti que llegó con el aura de campeón mundial para dirigir a Maradona, otro argentino y rosarino desembarcaba en el Camp Nou para sacar lo mejor del Maradona del tercer milenio. Y algo quedaría claro casi de inmediato: con Martino todo sería mucho más "aburrido", porque el fútbol volvería a tomar el centro de la escena desplazando a las acusaciones cruzadas y las columnas explosivas.

En esas horas, Guardiola —que nueve meses antes había dado a través de su hermano Pere el sí a la posibilidad de dirigir a la selección de Brasil, sueño velozmente frustrado— tenía otras cosas en mente: afinar al Bayern para un amistoso de verano ante un Barcelona ya sin su —pese a todo— amigo Tito. Seguramente golpeado por el rumbo que habían tomado las cosas, tres días antes de aquel partido pidió en la ciudad alemana de Mönchengladbach mantener "a nivel personal" el tema de su relación con Vilanova. Y añadió algo que a muchos les sonó absolutamente lógico, aunque tardío: "Como siempre debió haber sido".

Tres meses después de aquello se tomaría un avión privado de Munich a Barcelona para charlar durante casi cuatro horas con Vilanova, que en sus escasísimas apariciones públicas en medio de semanas de durísimo tratamiento contra el cáncer había mostrado una delgadez y palidez extremas.

Messi tenía aún en la memoria los tiempos felices de Vilanova y Guardiola, dos hombres que lo marcaron en dos momentos fundamentales de su vida futbolística: la adolescencia y la adultez.

No había que ir muy atrás en el tiempo para recordar esos momentos, esos años en los que el fútbol era el centro de todo el debate y en que Guardiola era un semidiós. Lo tenía bien presente otro de los hombres clave en aquellos años.

Así como Guardiola es único en su visión del fútbol, en su manera de transmitirla y en sus obsesiones al frente de los equipos, Dani Alves también es especial como jugador. No sólo porque en sus mejores momentos fue fundamental para el Barcelona y porque conformó una gran sociedad con Messi: también porque habla sin pelos en la lengua. Embutido en unos pantalones verde pradera y con lentes de sol, en una tarde abril de 2013 el brasileño no elude la comparación entre Guardiola y Vilanova, ya públicamente distanciados. "El trabajo sigue siendo el mismo. Tito era el brazo derecho de Pep a la hora de hacer las cosas; la idea ya la tenía, sólo que ahora cambió de puesto, de silla, pero el trabajo es el mismo."

"¿Usted qué destacaría de la personalidad de Vilanova?" Alves le clava la mirada a Noelia Román, la periodista que lo interroga. "Destacaría que no es tan detallista, tan al milímetro de todo…" El lateral no encuentra la palabra: "No es tan…". "¿Pesado?", lo ayuda Román. "¡Exacto! Pero cada cual tiene su idea, y todas son respetables y tienen su valor. Los números hablan por sí solos."

Ser "pesado" puede tener muchos costados positivos. Implica también ser perseverante, tomarse muy en serio a uno mismo, su trabajo y a los demás. Laporta, aunque lo conoce, no pudo evitar sorprenderse al entrar en el piso neoyorquino de Guardiola. "Lo vi estudiando a tope, tenía la mesa llena de libros en alemán. Aluciné, porque es un idioma muy complicado, y Pep estaba haciendo el esfuerzo. Además se llevaba al profesor de alemán por todos lados en Nueva York. Es impresionante, las ganas que tiene Pep de aprender siempre me han impresionado." El objetivo de Guardiola tenía tintes de hazaña: dar en alemán su primera rueda de prensa en el Bayern. Una cosa es saber catalán y español o hablar razonablemente bien el inglés y el italiano. Meterse ya pasados los cuarenta con la lengua de Goethe, en cambio, refleja una personalidad especial, encaja con las obsesiones, testarudez y audacia vital reflejadas también en una frase que deja otro muy cercano amigo a Guardiola, una frase que jura que le escuchó decir al técnico con absoluta convicción: "Mi meta es hacer dinero suficiente para que puedan vivir muy bien tres generaciones de Guardiolas".

CAPÍTULO 5

El equipo excelso

"El éxito de un entrenador depende del manejo del ego de los futbolistas", teorizó alguna vez Guardiola. Podría haber añadido que también depende de que el entrenador sepa controlar el suyo, porque en los banquillos suele haberlo, y de sobra. Lo cierto es que si Guardiola se mide en función de sus propias palabras, el éxito es total. El ex "4" del Barcelona logró la cuadratura del círculo durante sus exitosísimas cuatro temporadas en el club: sus formas y sus palabras fueron casi siempre exquisitas y coherentes con un perfil de modestia, no siempre natural, lo que no impedía que su figura generara más atención que las de muchos de sus jugadores. Era protagonista, pero no se lo podía acusar de querer serlo. Hubo excepciones, claro, como aquello del "puto amo" referido a Mourinho o sus insistentes ironías en el tramo final de la Liga 2011-2012, cuando algunos arbitrajes discutibles y sus propias dudas acerca de si seguir o no como entrenador le hicieron perder, por momentos, ciertas formas, cierta elegancia y el aura de semisantidad que lo adornaba. Pero todo eso no dejan de ser detalles: la clave del paso de Guardiola por el Barcelona, gran parte de la explicación de los 14 de 19 títulos ganados está en su relación con Messi, en cómo entendió enseguida lo que tenía entre manos. Mucho mejor que el holandés Frank Rijkaard, su predecesor. Guardiola se ganó el respeto y la atención del mejor jugador del mundo, un joven que, si el fútbol no existiera, no podría vivir. Messi ama jugar, pero también hablar del juego, algo a lo que se entregaba en largas charlas sobre táctica con Xavi y Guardiola. De ahí que Xavi dijera en una entrevista con el diario alemán *Süddeutsche Zeitung* que "hay muchos equipos que juegan muy bien, aunque no sepan exactamente por qué, donde las cosas son más bien una casualidad". No es lo que sucedió en el Barça de Guardiola que explicaba todo "muy didácticamente", incluso en exceso. "La clave de todo —dice Xavi— es siempre la pregunta de dónde se van a producir situaciones de superioridad numérica de jugadores para liberarle espacios a otros. Pep [Guardiola] nos lo dice antes de cada partido: la superioridad hoy va a ser aquí, o allí o allá. Y acierta siempre." Esa entrevista del periodista chileno-alemán Javier Cáceres se hizo un par de meses después del 3-1 del Barcelona sobre el Manchester United en la final de la Liga de Campeones 2011 jugada en Wembley. Xavi considera aquel partido y el 5-0 de noviembre de 2010 ante el Real Madrid como los dos mejores del equipo. "Fue una maravilla de partido, el Manchester United no tuvo ni siquiera la posibilidad de ser peligroso, dominamos todo el partido, excepto los últimos veinte minutos, en los que ellos tuvieron un par de situaciones. Pero ya no creían que fuera posible, se veía en sus caras, en sus gestos. Hasta Wayne Rooney se me acercó y me dijo: 'No hay nada que podamos hacer, nada'. Y… ¡hostia!, ver algo así ante un equipo como el Manchester, al que habíamos derrotado dos años antes en la final y que quería tomarse revancha… ¡Uauh!" Xavi ve la jugada antes de recibir la pelota y tiene todo el partido, a sus compañeros y rivales en la cabeza. También —o sobre todo— a Messi. "Cuando me doy cuenta de que hace cinco minutos que no toca la pelota me digo que no puede ser, que dónde está", explica moviendo la vista de izquierda a derecha. "Y cuando lo encuentro hago que se me acerque, le digo 'ven, ven aquí'. Él es un delantero, y los delanteros a veces desconectan, como si estuvieran en off. Y más de una vez se enoja porque no recibe la pelota tan frecuentemente como querría. Pero cuando se acerca a nosotros en el mediocampo vuelve a ser feliz, entonces puede tocar la pelota, una, dos, tres veces, y entonces se da la vuelta e inicia una jugada de ataque… El tío es una bomba. No vi en mi vida un jugador de esa calidad. No hablo de Pelé y Maradona, tampoco de Di Stéfano o Cruyff. De ellos no vi diez partidos seguidos, pero Messi es el mejor del mundo en cada partido, ¡en cada partido!" Xavi puede parecer discreto y amante del perfil bajo, lo que no quita que tenga sus opiniones. Se la dio, por ejemplo, al diario español *El Mundo* al hablar de las injusticias de los medios de comunicación a la hora de informar sobre un partido de fútbol: "Si un tío no ha hecho nada en todo el partido pero mete el gol de la victoria, se llevará la portada. Me revienta". Le revienta, quizás, porque sabe que la velocidad mental

—su fuerte— no puede ser registrada por una fotografía, y por lo tanto no terminará en la primera plana de un periódico como sí lo hace un bello gol. "No tengo un físico privilegiado, así que debo pensar rápido", le explicó Xavi al *Süddeutsche Zeitung*. Según el español, en el fútbol hay "dos clases de velocidades. Una es la de la acción, como Messi, que hace todo a 200 por hora, o Cristiano Ronaldo. Y luego está la velocidad mental. Algunos tienen en la cabeza una velocidad de 80, otros tienen 200. Yo busco acercarme a la de 200". Xavi explica en qué consiste esa velocidad mental extrema: "Saber siempre dónde se está ubicado en el campo de juego, saber qué se hará con la pelota antes de que ésta te llegue. Eso, en el Barça, lo aprendes de pequeño. Cuando un jugador me apura, el 99 por ciento de las veces es más fuerte que yo, así que no me queda otra alternativa que pensar rápido. Dar un pase, hacer un movimiento, desmarcarme, una finta, dejar que corra hacia el vacío...".

Que Xavi es dueño de una inteligencia natural para jugar al fútbol nadie lo duda, pero esa inteligencia, esas cualidades, también se entrenan. Y sistemáticamente, con una insistencia que da la pauta de su importancia: "Da igual si trabajamos en la fuerza, la velocidad o la resistencia: cada unidad de entrenamiento comienza con un 'rondo', una forma de juego en la que, cuando pierdes la pelota, debes ir al medio de un círculo. Un entrenamiento mental bestial. Y [el entrenamiento] termina siempre con una forma de juego en la que se trabaja el dominio del balón. Juegos posicionales en los que hay que pensar muy rápido, en los que el balón puede ser tocado como máximo una vez. Sin espacio y sin tiempo para pensar que se puede perder la pelota. Y nadie la pierde, nadie. A veces le digo a Pep: 'En realidad deberías filmar nuestro entrenamiento. Es mejor que cualquier partido. Mucho mejor'".

La gran mayoría de los españoles quisiera ver a Xavi como ganador del Balón de Oro, pero el mediocentro sabe que comparte época con Messi. Le queda, en todo caso, la satisfacción de que tantos lo señalen y admiren como el cerebro del Barcelona y de la selección española, como el mejor intérprete que hay del fútbol inteligente y clarividente. Para Xavi, el fútbol es una cosa muy seria. "El problema es que al 95 por ciento de la gente le gusta el fútbol, pero sólo el dos por ciento entiende realmente algo. Uno de mis mejores amigos es un fanático total. Ve todos los partidos, conoce a todos los jugadores. Y, pese a ello, no tiene la más mínima idea. Siempre le digo cosas como: 'Fíjate, ése hace faltas tontas, este otro no es solidario…'. Pero él no lo ve, simplemente no me escucha. La gente mira sólo los resultados. Cuando no ganábamos nada, nuestro fútbol era en cierto modo despreciado. ¡Y ahora somos la referencia mundial! Es para reírse… Hace cinco años jugaba exactamente igual que ahora. Y lo digo en serio: ¡exactamente igual!"

¿Cómo jugaba el Barcelona de Guardiola? Lo explicó en diciembre de 2011 José Sámano, jefe de Deportes de *El País*, deslumbrado aún por el 4-0 al Santos en la final del Mundial de Clubes en Japón: "El Barça es el último revolucionario y uno de los más extremistas. Del Ajax del fútbol total al Barça sin delanteros, tres defensas y un pelotón de centrocampistas con talla para el hipódromo, no para este deporte. Eso dirían los puristas, los que desconfiaban de la fragilidad de [Emilio] Butragueño o Raúl, consumidos por la idea antediluviana de que el fútbol es cosa de hombres. Frente al fútbol de los machotes, el de los dobles y triples pivotes, el de los centrales como vigas de hormigón, los carrileros de ida y vuelta hacia ninguna parte o los arietes de dos pisos, Pep Guardiola se ha empeñado en envidar contra la física de este juego. Se podría decir que viendo a este Barça evolucionado hasta el centrocampismo total —Messi incluido— el entrenador catalán ha importado el futbito [fútbol de salón] al fútbol. El Barça se mueve de baldosa en baldosa, como en un tablero de ajedrez y siempre con blancas. El juego corto con la mirada larga, hacia adelante y hacia atrás. El equipo ataca y defiende desde el medio". Y el periodista argentino Ariel Scher, del diario *Clarín*, fue sintético y preciso: el Barcelona es "la suma de lo bien que se jugaba en otro tiempo con lo aun mejor que se puede jugar ahora".

Pese a que la relación entre ambos terminó desgastada, Messi respeta enormemente a Guardiola, aunque durante bastante tiempo, siempre que podía, lo evitaba. El argentino aprendió a hacerse el distraído, a rehuir la mirada de su entrenador y alejarse lo más posible del banco cuando intuía que podía ser sustituido. Pero había algo aun peor que el no llegar al minuto 90: que a Guardiola se le ocurriera preservarlo, que decidiera que no jugaba.

"No, yo tengo que jugar siempre. Poneme", le dijo alguna vez Messi a Guardiola en los inicios de la relación entre ambos. Previsor, planificador y conocedor del desgaste que sufre un futbolista a lo largo de la temporada, en sus inicios Guardiola intentó "cuidar" a Messi, pero no contaba con que ésa es la peor afrenta, la situación más desagradable que se le puede plantear al argentino: no jugar, ver cómo los otros juegan y él no. "Tenía que dosificarte", le dijo alguna vez tras dos días en los que el argentino faltó a los entrenamientos y el club se vio obligado a alegar una gastroenteritis como razón de la llamativa ausencia. "No, yo sólo vivo para jugar al fútbol, y usted no me deja jugar al fútbol." En eso, Messi sigue siendo exactamente el mismo niño de hace diez o quince años. Lo describió con tierna precisión Ramón Besa, aguda pluma de *El País*: "Messi no hablaba en el recreo ni ahora habla en el campo y, sin embargo, siempre hubo cola para poder jugar en su equipo".

Messi habla con gestos, explicó Besa en un artículo publicado tiempo antes de que en 2012 el argentino comenzara a descongelarse, a presionar a rivales, compañeros, árbitros e incluso entrenadores durante los partidos: "Un día compareció en el campo con la cucharilla de plástico del café en la boca y no la soltó hasta que se acabó el rondo (una ronda de jugadores que se pasan la pelota a alta velocidad y a un toque, típico entrenamiento en el Barcelona). Aquel gesto fue interpretado como una señal de que Messi estaba contrariado, porque alguien no le había pasado el balón o quién sabe por qué demonios. Nadie intervino, sin embargo, para saber el motivo. Mejor así. A veces pasan días hasta que se conoce la causa del mosqueo y, por norma, es a través de uno de sus compañeros más íntimos". Alguna vez Guardiola debió ir a casa de Messi a ver qué le sucedía a su estrella. Y no era nada raro: sólo estaba enojado por haber sido suplente, y por eso decidió no ir a entrenar. Tras esas primeras escaramuzas, Guardiola decidió que Messi debería jugar siempre, 98 de cada cien veces. Y explicó por qué en incontables ocasiones: "Leo, incluso cuando está a un nivel más bajo, también te hace ganar los partidos. Tienes que intentar siempre que juegue. Por ahora decido yo. Nada de lo que estamos haciendo sería posible sin él y nada que hagamos a este nivel será posible sin él. Para nosotros es indiscutible". Los niños, incluso aquellos que quieren jugar siempre, crecen. También Messi, que de a poco comenzó a entender que descansar es necesario. Lo hizo, por ejemplo, el 3 de marzo de 2012. Venía de meterle tres goles a Suiza con la selección argentina, Guardiola le dio cuatro días libres y le recomendó que despejara su mente, que se fuera de Barcelona. Esa noche el argentino apareció en la grada del Camp Nou, donde vivió el choque como un hincha más. Días después, ya sobre el césped de ese mismo estadio, llegaría el partido que dejó anonadado al "planeta fútbol": cinco goles de Messi en el 7-1 del Barcelona al Bayer Leverkusen por la vuelta de los octavos de final de la Liga de Campeones. Fue el 7 de marzo, y lo puso a un puñado de partidos de convertirse en el máximo goleador histórico del Barcelona a los veinticuatro años. Se suponía que César Rodríguez, hasta entonces dueño de ese honor, había anotado 235 goles en partidos oficiales. Pero en los primeros minutos del 20 de marzo, el día en que el Barcelona recibía al Granada por la Liga española, las web del Barcelona y *La Vanguardia* revelaron lo inesperado: Messi estaba mucho más cerca de lo que se creía, porque, tras una exhaustiva revisión en el fabuloso archivo de un diario fundado en 1881, se llegó a la conclusión de que los goles de César —así se lo conoce— habían sido 232, y con treinta y cuatro años. Messi, con 231 y diez años menor, necesitaba sólo dos para superarlo. Horas después, anotaba tres, con una curiosidad llamativa: el 233, el del récord, fue de emboquillada, como lo llaman los argentinos, o una vaselina, como lo conocen los españoles, sobre el arquero Julio César. El primer gol de Messi en esa serie de 234 había sido el 1 de mayo de 2005 ante el Albacete en el Camp Nou, y fue exactamente igual a ése convertido a las 22:25 de la noche ante el Granada: por encima del arquero, en aquel caso tras una asistencia de su gran amigo Ronaldinho. Ochenta y dos meses después, el Camp Nou celebró bajo la lluvia. De las pantallas gigantes brotaban felicitaciones en catalán, pero el logro era tan grande que cualquier celebración era insuficiente. Messi se fue acunando la pelota, moviéndola de un brazo a otro, luego la hizo rebotar como si fuera de baloncesto. Todos, absolutamente todos los jugadores del Granada desfilaron para saludarlo. Y al día siguiente regresaba en Barcelona el debate acerca de si no se debía construir un estadio más grande aún, un coliseo para 110.000 espectadores. Si en 1957 las 98.000 almas que caben en el Camp Nou tomaron el testigo del estadio de Les Corts, porque sus 60.000 localidades se quedaban cortas para ver al equipo de Ladislao Kubala, cincuenta y cinco años más tarde Messi hacía pensar en la necesidad de un nuevo salto. Muy comprensible, porque el estadio ya está vetusto en varios aspectos; aunque también curioso, porque en la irrepetible "era Messi" el Barcelona en general no juega con las tribunas colmadas. El Camp Nou, en más de un partido, ofrece claros, aunque sobre ese césped esté brillando uno de los grandes equipos de la historia del fútbol. El ambiente no es el del fútbol británico, ni el del San Paolo con Maradona o el que se generaba en Pelé con el Santos. Es otra cultura, son épocas distintas. La televisión superó a la realidad y los catalanes no pueden —y probablemente no quieren— rivalizar con la pasión de los ingleses, italianos, argentinos y brasileños.

Si alguien demuestra que el deporte es mucho más que números, que su fútbol no se puede explicar desde la estadística, aunque en sus botines haya desde 2012 un microchip que registra todos sus movimientos, ése es Messi. Pero las estadísticas están ahí, y vale la pena desmenuzar aquellos 234 goles que lo situaron junto a otros grandes como máximos goleadores de sus respectivos equipos. Messi es como el alemán Gerd "Torpedo" Müller, que anotó 525 tantos para el Bayern Munich; como el brasileño Pelé, que marcó 524 con la camiseta del Santos; el español Raúl, 323 con el Real Madrid, o el italiano Giuseppe Meazza, 288 con el Inter. El 80 por ciento de sus goles fue de zurda, pero el dato fundamental para calibrar el talento de Messi es que de esos 234 goles, 114, casi la mitad, fueron al primer toque. En otros 53 le alcanzó con dos para mover las redes. En veinte ocasiones, casi una de cada diez veces, Messi resolvió tocando la pelota por encima del arquero, en doce oportunidades lo eludió, diez veces lo batió con cabezazos, pese a medir 169 centímetros, y hasta se dio el lujo de marcar con la mano —impactó el balón con un guante negro en una fría noche ante el Espanyol— y con el pecho, en la final del Mundial de Clubes ante Estudiantes de La Plata. *Mundo Deportivo* titularía dos días más tarde con un "Yo vi jugar a Messi" y un despliegue de figuras del Barcelona exhibiendo la camiseta del argentino. Pero la mejor reacción fue, esa misma noche, la del diario deportivo argentino *Olé*, que cambió su nombre por un día y se transformó en "Culé" —apodo del club— gracias a un alarde de diseño creativo. Messi atendió el llamado del periodista argentino Jorge López y le dijo dos cosas. "¿Mi mejor gol? No sé..." La otra frase fue "messiánicamente" plana, aunque así y todo de connotaciones más profundas: "Me alegra que en mi país estén contentos por mí". Sentía que ya había ganado la lucha por ser querido en la Argentina. Y aunque es un hecho innegable que muchos aficionados allí mantendrán una visión pequeña y endogámica del fútbol, que más de un nostálgico desorientado seguirá pensando que el mejor Riquelme fue superior al mejor Messi, aquel 20 de marzo de 2012 buena parte del país estaba pendiente del televisor. Muy simple: Leo les estaba dando nuevamente razones para sentirse orgullosos de ser argentinos. No podían saber que en menos de un año serían además dueños de un papa, al que el futbolista visitaría en agosto de 2013 en el Vaticano. Así, Messi se adentraba en el terreno de lo indiscutible, camino a sumarse a los grandes ídolos populares de un país que disfruta como pocos de sus mitos.

Messi es, en cambio, un mito negativo para el Real Madrid, porque encarna buena parte de sus frustraciones entre 2008 y 2013. Pero entre los blancos, más allá de las enemistades y rivalidades, hay grandes futbolistas y conocedores del juego, y aquellos cinco goles de Messi dieron pie a lo que muchos creían que nunca escucharían: sinceros elogios de Cristiano Ronaldo y de Mourinho. Fue un martes 13 de marzo de 2012 en una Madrid a pleno sol y con la primavera adelantada. En la sala de prensa de la Ciudad Deportiva de Valdebebas, en las afueras de la capital española, camino al aeropuerto, era difícil advertir el brillante día que hacía: las cortinas tapaban las ventanas —orden de Mourinho para que ningún periodista vea jamás el más mínimo detalle de un entrenamiento— y en la habitación hacía demasiado calor. A la tercera pregunta Paul Logothetis, de la agencia estadounidense AP, tomó el micrófono para plantearle a Mourinho un nombre que normalmente lo sulfura: Messi. "Imagino que vio los cinco goles que marcó Messi la semana pasada. ¿Qué pensó cuando vio esos goles?", le preguntó el periodista greco-canadiense. Cierta tensión sobrevoló por la sala, porque Mourinho había logrado amedrentar desde hacía tiempo a muchos de los hombres de prensa, en general no dispuestos a ser maltratados por el portugués a la hora de responder. Esta vez fue diferente. Sin rastro de tensión, Mourinho fue breve, pero elogioso con el argentino: "Meter cinco goles nunca es fácil, ni en el campeonato, ni en Copa ni mucho menos en Champions. Fue una noche muy buena para él". Lo mismo sucedió con Cristiano Ronaldo, que hacía un año y medio que no hablaba con los periodistas en conferencia de prensa. Otra vez un anglosajón, Iain Rogers, de la agencia británica Reuters, fue el que planteó el tema. Y el delantero portugués, pese a estar inmerso en una histórica batalla de goleadores con el argentino, fue generoso, incluso levemente modesto: "Me alegro por él y por el fútbol. No sé si seré capaz de hacer algún día cinco goles. Espero que sí".

No deja de ser paradójico que Mourinho y Cristiano Ronaldo se hayan visto sometidos de tal manera por el Barcelona. Antes de llegar al Real Madrid, el delantero fue sondeado para jugar con los catalanes. Lo del entrenador fue mucho más allá: se reunió con representantes del club para convertirse en el técnico del equipo. Él estaba más interesado que el propio club en ese acuerdo, pero en aquel momento creía que era al revés. Laporta, que recuerda cómo en los inicios de su mandato Rosell promovía la llegada del brasileño Luiz Felipe Scolari al banquillo, se encontró un día con que uno de sus vicepresidentes estaba en Vigo, muy cerca de Portugal, reunido con Mourinho. "¿Qué haces ahí?", le preguntó Laporta a Marc Inglá. "Es que hemos venido porque queremos tantear a Mourinho", fue la respuesta. Jorge Mendes, el poderoso agente que maneja la carrera del técnico portugués, llamó entusiasmado a Laporta, que buscó frenar el asunto. "No, Jorge, tengo la decisión tomada de fichar a Guardiola y tengo mayoría en la junta para hacerlo." ¿Hubo CD's de Mourinho presentando su plan para el Barcelona? Laporta dice que sí: "Sé que hubo, pero a mí nunca me llegaron".

Laporta dice entender que Mourinho llevara su enfrentamiento con el Barcelona a un nivel casi personal: "Nos conoce, estuvo en el Barça con Robson. Si has estado, comparas, y siempre piensas que es un lugar excepcional donde trabajar. A él, que es un grandísimo entrenador y ha entrenado clubes tan importantes, le ha quedado un poco la espina de haber querido entrenar al Barcelona, estoy convencido de que hubiera querido entrenarlo. Se lo dije a Jorge Mendes".

CAPÍTULO 6

El reconocimiento

La frase fluyó suave, sin estridencias, aunque para algunos tuvo la potencia de una bomba: "Hoy mi país se siente orgulloso de mí como nunca antes me lo habían hecho sentir y demostrado. Eso es para mí algo muy grande y lo agradezco".

Algunas cejas se alzaron, ciertos corazones de periodistas bien al tanto del asunto se aceleraron. ¿Era realmente Lionel Messi el que hablaba? ¿Estaba, acaso, anunciando su "reconciliación" con la Argentina?

Eso parecía, pero había que confirmarlo, había que volver a hablar con Messi. Algo nada sencillo, porque en aquella tarde del 9 de enero de 2012 en Zurich lo único que importaba era que el argentino ganaría su tercer Balón de Oro consecutivo para igualar, así, la marca del francés Michel Platini. Y hasta que lo alzara estaría oculto, protegido por guardaespaldas que lo doblan en tamaño, resguardado, junto a su familia y sus compañeros del Barcelona, en discretos salones y habitaciones de un hotel cinco estrellas.

El Balón de Oro es un premio muy prestigioso, claro, pero pese a ello, ahí no estaba la verdadera historia esta vez. Como había dicho Cruyff un par de días antes al diario argentino *Olé*, Messi está en condiciones de ganar "seis o siete Balones de Oro".

"Será el que más Balones de Oro tendrá en la historia, porque es un jugador que siendo lo que es, aún puede ser mucho más."

Cruyff tenía razón: aquella tarde de invierno suave sobre el lago de Zurich era sólo una escala, una estación más en el viaje de Messi hacia cosas mucho más grandes que tres Balones de Oro consecutivos. Un año después llegaría el cuarto, sí, pero nada más grande que ganar un Mundial de fútbol, aquello que no pudo lograr el propio Cruyff, aquello que se le negó a Alfredo Di Stéfano, por ejemplo.

Por eso lo trascendente no era el premio: lo importante era el "nuevo" Messi que se perfilaba, una novedad que no pasaba precisamente por aquel esmoquin granate de Dolce & Gabbana que vistió en Suiza. Hablaba un Messi que estaba comenzando a cicatrizar la herida más profunda de su vida.

No lo hizo en soledad. Embutida en un ajustado y breve vestido negro, Antonela Roccuzzo le echaba miradas a la estrella del Barcelona y no dejaba de sonreír. Pese a las resistencias que puso la familia del astro —en especial su madre, Celia—, Antonela estaba ahí, en Zurich, como novia de Messi. Y mucho había contribuido a que el jugador se afirmara como persona también fuera de la línea de cal.

No, no era fácil sortear los micrófonos en aquel pequeño salón del hotel Grand Hyatt que reunía a la *crème de la crème* del Fútbol Club Barcelona, quizás el mejor equipo de todos los tiempos. Jugadores y ex jugadores, el presidente Rosell, familiares, amigos. Unas ochenta personas, incluyendo a los periodistas. Sólo faltaba la más famosa de las novias, Shakira. Comprensible: era una de las estrellas que animaría la gala de premiación.

Cultor del perfil bajo y "protegido" por Estiarte, un sillón gris acomodaba a Guardiola, por entonces el entrenador del Barça, pero también el mejor del mundo, según confirmaría la Gala de la FIFA un par de horas después. A dos metros estaba Xavi, el "cerebro" del Barcelona y la selección española, el hombre al que tantos quieren ver premiado como el mejor del mundo. Pero él, tan "cerebro" dentro como fuera de la cancha, tiene claro que es casi imposible: "Tengo por delante a un futbolista que va a ser el mejor jugador de la historia de este deporte. Es muy joven, tiene veinticuatro años, y va a superar todos los récords habidos y por haber".

Xavi coincidía así con Cruyff: en la "dimensión Messi", el tercer Balón de Oro estaba más cercano a la anécdota que a un hito clave en su carrera.

Pero en aquel salón de hotel en Zurich, Messi seguía respondiendo sobre el Balón de Oro, sobre lo que significaría volver a ganarlo, sobre si Xavi se lo merecía. Se hablaba en potencial, pese a que todos sabían que el premio era suyo.

La historia que más interesaba era otra, y por fin se pudo quedar frente a frente para hacerle la pregunta: "Leo, hoy dijiste más temprano que estás orgulloso por el trato que recibiste en la Argentina. ¿Tan buenas fueron las cosas en este último viaje? ¿Por qué cambia tu relación con la Argentina?".

De abajo hacia arriba, Messi lanzó una mirada entre curiosa e inquisitiva. Lo habían sacado del guión que determinaban los periodistas catalanes, aún preocupados por el empate de la noche anterior ante el Espanyol en la Liga. Intuitivo, Messi sabía que esta pregunta era diferente, sabía que no podía contestar con generalidades ni palabras entre amables y huecas. Y no lo hizo: "Los premios que me dieron, el reconocimiento en mi país, en mi ciudad, el cariño de mi gente... Sí, este viaje fue algo muy especial".

Dijo más, pero en esas pocas palabras Messi ya había explicado mucho, más que suficiente. Cuando hablaba de "los premios" se refería al que le había dado en diciembre de 2011 el diario *Clarín* —el de mayor difusión en la Argentina— como deportista del año, pero sobre todo al Olimpia de Oro.

Tras ese nombre grandilocuente está el premio al mejor deportista del país, un premio que votan los periodistas en la Argentina. Haberlo ganado, por fin, implicaba una pequeña revancha para Messi, figura de resonancia planetaria, ídolo de niños, jóvenes y adultos que un año antes había visto cómo el premio al mejor deportista argentino terminaba en manos de Luciana Aymar, una brillante jugadora de hockey.

Aquellas doce horas de vuelo trasatlántico entre España y Argentina, que durante años fueron una pequeña tortura para Messi —golpeado por las críticas y la frialdad que recibía en su país—, habían sido en aquel viaje del 1° de enero de 2012 todo lo contrario: un viaje de festejo, la celebración de que su país, ese que siente a la distancia como si no lo hubiera dejado nunca, por fin lo reconocía.

En aquel vuelo de Aerolíneas Argentinas que inauguró la ruta Rosario-Buenos Aires-Barcelona, Messi se llevaba otro reconocimiento que le tocaba la fibra más íntima: "Ciudadano Ilustre" de Rosario, la ciudad que lo vio nacer, la tercera del país y a la que quiere volver en el final de su carrera para jugar en Newell's Old Boys.

Se lo había entregado la propia alcaldesa de la ciudad, la socialista Mónica Fein, y la foto en la que ambos muestran el certificado que convierte en "ilustre" a Messi es una pequeña síntesis de lo que puede ser un momento feliz: con una veraniega camiseta blanca de cuello en V, el pelo corto y una sonrisa de llamativa amplitud, el astro del Barcelona estaba cumpliendo un sueño.

Y así, nutrido por el afecto y el reconocimiento, Messi llegó a Barcelona imparable. Su club anunció el 4 de enero que esa noche no podría jugar por la Copa del Rey ante el Osasuna por estar enfermo. Por eso la sorpresa fue enorme cuando, a falta de media hora para el final del partido, el argentino salió a la cancha.

Lo suyo fue un espectáculo, una fuente permanente de peligro que se tradujo en dos goles para sellar el 4-0 sobre un indignado Osasuna. El Barcelona alegaría que sólo había sido un "dolor de estómago", lo que dio pie a una frase del presidente del Osasuna, Patxi Izco, tan poco elegante como precisa: "Si a Messi le duele la tripa, a mí me duelen los huevos".

"¿Pero tú no tenías gripe?", le preguntó el técnico rival, José Luis Mendilibar, cuando lo vio salir a calentar. Messi respondió con una amplia sonrisa, la misma que llevaba desde que dejó la Argentina.

La sonrisa de Xavi es diferente, menos amplia, más contenida, pero está acompañada por unos ojos tan chispeantes como oscuros, enmarcados por unas pobladas cejas azabache que le dan cierto peso extra, cierta gravedad, a lo que dice. Y el tema, cómo no, es Messi.

—Hace un par de años Messi regresaba anímicamente destruido a Barcelona tras cada viaje para jugar con la selección. ¿Cambió eso? ¿Está realmente mucho mejor en su relación con la Argentina? ¿Está mejor?

Y Xavi no duda un instante, la respuesta brota espontánea y convencida.

—Síííí… Leo está mucho mejor, está mucho mejor. Nada que ver con lo que era. El hecho de sentirse querido por la afición en la Argentina es para él muy importante. Y eso repercute claramente en su juego. Ganar también ayuda, claro.

Lo notaría el propio Messi en el final de aquel 2012. La avenida 9 de Julio, definida por los argentinos como "la más ancha del mundo", mostraba un enorme cartel publicitario con la imagen del jugador, protagonista también de una gigantografía en el Luna Park, mítico estadio porteño de boxeo y otros eventos. Era como si en el sur del sur por fin se hubieran dado cuenta de lo que tenían. Llamativa paradoja: un país históricamente orgulloso de su fútbol pareció durante mucho tiempo no estarlo de ser el "dueño" del mejor futbolista del planeta.

Un mundo de diferencia respecto de lo que la Argentina le había dado a Messi seis meses atrás, en una Copa América que terminó en fiasco nada menos que en Santa Fe, la provincia que lo vio nacer.

Aquel 0-0 ante Colombia mostró una Argentina patética y un Messi desconocido. Todos fueron silbados por el público. No en vano el partido se jugó en el estadio de Colón, apodado "Cementerio de los elefantes". Pero el fútbol y la vida van muy rápido, y ni Messi es un elefante, ni hay cementerio a la vista para su carrera.

CAPÍTULO 7

El malestar

"Leo está muy mal." En cuatro palabras, Jorge Messi hizo oficial lo que todo el mundo del fútbol sospechaba desde hacía tiempo: por ese entonces, en aquel crudo invierno argentino de 2011, el desafío más duro que se le podía plantear a su hijo era el de enfundarse la camiseta argentina.

El día anterior a esa confesión, Jorge Messi, abrigado hasta el cuello, se tomaba la cabeza, claramente abrumado. "¿Qué es esto, qué es esto?", parecía decir haciendo gestos con la mano, gestos muy italianos y muy argentinos, que es en definitiva la combinación que da forma a los Messi.

Unos cuantos metros más abajo, sobre el raleado césped de invierno de un estadio difuminado por la neblina, Lionel Andrés Messi torcía el gesto.

Lo que estaba pasando lo tomaba por sorpresa, porque no le había sucedido en su vida: estaban abucheando a su equipo. Desde las tribunas bajaban abucheos, insultos, una imponente ola de enojo y frustración. Y

Messi no era ajeno a ello, porque también lo estaban silbando a él.

Todo se le había torcido a Messi en esa Copa América 2011 que se perfilaba como la oportunidad para estrechar lazos con la Argentina, para que su país dejara de discutirlo. Pero salió todo al revés, la Copa América se estaba convirtiendo en pesadilla para el mejor futbolista del planeta.

¿No era acaso una pesadilla ese primer torneo completo que Messi jugaba ante el público de su país? No se trataba sólo de que se lo estuviera abucheando en la Argentina. Era algo peor: esa gélida noche del desafecto se daba precisamente en el escenario de sus sueños, en el de sus mejores recuerdos: la provincia de Santa Fe, la tierra que lo vio nacer.

No era así cuando dejaba la azulgrana, y la camiseta de la selección bicampeona del mundo destacaba en sus 169 centímetros. La presión era enorme, y Messi la sentía. Si no, no se explica el tiro libre que lanzó increíblemente desviado, directamente a la tribuna en el minuto 35 de aquel 0-0 ante Colombia.

Silbidos, claro, porque nadie espera eso de la Argentina, y mucho menos de Messi, el mejor futbolista del planeta.

Aquel partido fue uno de los momentos más delicados en la carrera del argentino.

"Leo está muy mal. Es la primera vez que lo silban, es algo que no se esperaba", reconoció Jorge Messi, mucho más hablador que su hijo, un joven que durante años pareció disolverse fuera de las líneas de cal de las canchas de fútbol. Entre esas líneas fue siempre todo, el rey, el mejor entre sus amigos, el mejor jugador del mundo. Fuera de ellas enmudecía, se hacía frágil. También en eso Messi fue cambiando.

Sólo jugando para la Argentina esa fragilidad se trasladaba con llamativa frecuencia a la cancha, aunque en el tramo final de la "era Guardiola" y en el primer año de la "era Vilanova" también surgieron actuaciones fantasmales del argentino. Basta con recordar su presencia-ausencia en abril de 2013 ante el Bayern en Munich.

Con la Argentina sucedió lo mismo más de una vez, pero sería injusto poner el foco en eso: gracias a una notable actuación de Messi ante Colombia en Barranquilla, la selección de Alejandro Sabella comenzó a encontrar su rumbo en 2012. Otra cosa es que Messi llegara con veintisiete años a Brasil 2014 como dueño de una estadística indeseada: llevaba apenas un gol en mundiales.

La Pulga vestía la camiseta "19" en Alemania 2006, un mundial al que llegó tras superar una de esas lesiones que en aquellos años se cebaban con él. El debut fue ante Serbia y Montenegro, pero debió esperar hasta el minuto 73 para ingresar como suplente, con la Argentina ya en ventaja de 3-0. Apenas entró se hizo notar. Con el pelo largo y cara de nene, le dio una asistencia a los 78 a Hernán Crespo y puso el 6-0 diez minutos más tarde para convertirse en uno de los anotadores más jóvenes en la historia de los mundiales. Le faltaban ocho días para cumplir diecinueve años. Que en ese mismo torneo no jugara ni un solo minuto en la derrota por penales ante Alemania en cuartos de final fue una bendición para los germanos, directamente aterrados en los días previos ante la certeza de que José

Pékerman apostaría por los "bajitos", Messi y Javier Saviola. Alemania se creía inferior a la Argentina. Dos Mundiales más tarde quizás sus sensaciones habían cambiado.

Messi seguiría aquel partido desde el banco, en una decisión para la que Pékerman tiene explicación, aunque el veredicto popular le bajó ya en su momento el pulgar: fue un error, quizás un error clave que contribuyó a la eliminación.

Cuatro años más tarde, en Sudáfrica 2010, Messi fue de mayor a menor en la selección de Diego Maradona. La estadística dice que se fue sin mover redes, aunque las estadísticas nunca explican por completo el deporte. A veces, incluso, no explican nada. La culpa de que el argentino no se llevara en aquel debut sudafricano un buen botín fue del arquero Vincent Enyeama, que le tapó tres pelotas que volaban hacia el gol. Y hubo una cuarta en la que bloqueó el balón, aunque en esa fue ya Messi, nublado por tantas ocasiones sin concretar, el que falló de una manera que no es habitual en él.

Pero los hinchas a veces son presa de la estadística o de intangibles difíciles de explicar racionalmente.

"¡Que se vuelva a Barcelona!", reclamaron muchos argentinos en aquel crudo invierno. "¡Si ni siquiera sabe el himno, no lo canta!", se exaltaban.

Lo del himno era una chicana sin sustancia, porque en aquellos días circulaban dos acusaciones mucho más graves. La primera apuntaba a su falta de compromiso fuera de la cancha, y la segunda, a lo mismo, pero ya dentro de los partidos.

Messi tuvo la mala suerte de jugar la Copa América en su país pocas semanas después de que naciera *Libre*, un diario que por primera vez en la historia del periodismo argentino pretendía imitar el sensacionalismo del británico *The Sun*. Con menos dinero y medios, claro, pero sin reparar en límites a la hora de impactar con titulares. El que le dedicaron al delantero del Barcelona no ofrecía dudas: "Sexo, alcohol y cumbia: descontrol en las fiestitas de Messi en Puerto Madero".

Aquel titular del periódico que duró apenas diez meses fue un imán para otros medios, en especial internacionales, que difundieron, sin detenerse a pensar demasiado en el artículo que retomaban, que Messi preparaba la Copa América con apenas pausas para entrenarse entre una sucesión de "fiestas salvajes".

Según *Libre*, todo sucedía, repetidas veces, en el piso 34 de la flamante vivienda que Messi se había comprado en Puerto Madero, una especie de no-zona de Buenos Aires, tan cara como por momentos falta de personalidad, aunque con impactantes torres que en ocasiones le dan el perfil de la futurista Shanghai.

Con leer el artículo se sacaban rápidamente dos conclusiones. Una, que no había fuentes claras que lo sostuvieran. Era puro titular y muy poca sustancia. Dos, que la principal cita textual, la de una participante en las "fiestas", a la que no se identificaba, dejaba, a ojos de muchos, mal parado en realidad a Messi. Y no precisamente por excederse en su perfil "fiestero", sino por quedarse corto.

"Hablamos de cumbia y jugamos a la PlayStation o uno de esos fichines", relató, siempre según *Libre*, una de las modelos reclutadas en la oscura discoteca Ink, un reducto de mala vida en el barrio de Palermo, uno de los más intensos de Buenos Aires. El momento culminante de aquella "fiesta messiánica" recordó en muy poco al depredador del área que es Messi.

"Leo se fue a dormir para ir después a concentrarse. ¡Nunca pasé del living! Qué sé yo... Había mucha gente. Si estábamos solos me lo comía", dijo la modelo a *Libre*.

Es difícil establecer, conociendo la mentalidad profunda del argentino, qué fue peor para la figura de Messi en el imaginario popular: si sus supuestas fiestas sexuales regadas de alcohol, o la imagen de una mujer despampanante en su piso de lujo a la que hace jugar a la PlayStation antes de irse a dormir solo.

Aquella historia no avanzó más allá de lo publicado por *Libre*, que jamás profundizó en el tema. Sí fue real y comprobable, en cambio, la falta de compromiso que se le echó en cara en un terreno mucho más sagrado e infinitamente menos discutible para el hombre promedio argentino: un partido de fútbol.

"¡Pendejo, la última pelota se corre, no te podés dejar anticipar, la puta que te parió!" El grito fue de su compañero Nicolás Burdisso, frustrado por la actitud de Messi en los instantes finales de aquel fatídico 0-0 con Colombia en Santa Fe.

Messi, que iba caminando hacia el túnel de los vestuarios, se dio vuelta al escuchar la frase y, al descubrir que era el defensa el que le gritaba, hizo inequívocos ademanes con su brazo: andate, salí, no te me acerques.

Pero la discusión siguió en el vestuario, y la frase corrió como la pólvora por todo el país. Tras el dictamen popular —silbidos desde la tribuna—, a Messi le llegaba la primera crítica pública de un compañero de equipo. Pública, aunque no fuera la voluntad de

Burdisso: la frase, típico enojo entre jugadores de un mismo equipo durante un partido, fue captada por la televisión, y pasó a ser tema de debate nacional.

La tensión en el vestuario era extrema. Mientras las duchas saturaban de denso vapor el ambiente, Messi se contenía para no contestarle a Burdisso, que seguía mostrando su frustración. El seleccionador nacional, Sergio Batista, aquel que un par de meses antes repetía que la Argentina debía "jugar como el Barcelona", intuía que se acababa su tiempo.

Toda una paradoja la de Batista, que quizás no vio a tiempo lo que sí entendería Sabella: Messi podrá ser el emblema del Barcelona, pero a la hora de la selección, la clave pasaría por un Messi incrustado en una Argentina que juega mucho más parecido al Real Madrid de los años de Mourinho.

El 3-0 de unos días después ante un combinado juvenil costarricense fue el preludio de la eliminación en cuartos de final ante Uruguay. Aquella derrota por penales del 16 de julio, diez días después del 0-0 con Colombia, se dio, otra vez, en el estadio Estanislao López de Santa Fe.

El destino le mostraba con saña a Messi que ya no era un niño, que la Argentina, el fútbol y Santa Fe podían ser también duros con él. Que esos recuerdos de la infancia feliz daban paso a la Argentina adulta, un país exigente y muchas veces cruel.

La eliminación, que prolongaría a por lo menos veintiún años el ciclo de la selección argentina sin conquistar títulos de primera línea, tenía un único punto a favor para Messi: volvía a enfocarse en el Barcelona, podía volver a ser feliz. Lo dio a entender con claridad su padre: "En Barcelona hay otro ambiente, un equipo conformado desde hace cuatro años. La selección no pudo concretar esto. Jugar una Copa América en tu propio país es una presión terrible".

CAPÍTULO 8

El nacimiento

Inmóvil. De pie dentro de su garita, el Gauchito Gil vigila la calle Estado de Israel. Impasible. A sus pies hay algunas ofrendas colocadas con delicadeza. Lleva, como manda la tradición, un fino bigote negro, una camisa azul cielo, una venda roja en torno al cuello y pantalón y botas de gaucho. Adormecidos por el calor, algunos perros callejeros despatarrados en torno al modesto santuario. A pocos metros del Gauchito se sienta un vecino del barrio, tiene unos veinte años y el torso desnudo perlado de sudor. "Siempre estuvo ahí —dice—. Nos protege. Me gusta venir a sentarme junto a él, me tranquiliza." El Gauchito Gil es un santo muy popular en la Argentina. Un santo no reconocido por la Iglesia. Santuarios como ése los hay a millares diseminados por todo el país. La leyenda dice que el Gauchito hace milagros. Un soldado, acusado de deserción y traición, que en el momento de su ejecución avisó al verdugo que una terrible desgracia lo esperaba al llegar a casa. En cuanto éste abrió la puerta de su hogar supo que su hijo estaba agonizando y que para salvarlo debía retornar al lugar de su crimen para enterrar a su víctima y rezar por el alma del Gauchito Gil. Todo sucedió exactamente como había predicho el futuro santo. Su verdugo siguió sus instrucciones y el milagro tuvo lugar. El traidor se convirtió en santo y así fue como nació la leyenda. Dos siglos después de su muerte, son muchos los que siguen acercándose para encontrar junto al Gauchito un poco de consuelo. Messi pasó decenas, centenares de veces delante de él. Quizás le hablara en secreto y le rezara un poco. Quizás la pelota con la que se pasaba el día jugando desde que salía hasta que se ponía el sol fuera a parar a sus pies...

La Pulga creció a un centenar de metros de ese santuario, en el número 525 de la calle Estado de Israel. Se trata de una calle de casas modestas de uno o dos pisos, situada en la zona sur de la ciudad de Rosario. Es un barrio de clase media baja, de trabajadores, sin nombre. Algunos lo llaman "La Bajada" y otros "Las Heras". Lionel pasó los primeros trece años de su vida en una casa de una sola planta de color hormigón, con postigos que ahora están siempre cerrados. Su madre (Celia) y su hermana (Marisol) vivieron en ella hasta 2010, cuando finalmente decidieron mudarse. No es ni un palacio digno de un *country*, ni una casa de madera y chapa ondulada típica de las villas miseria. La casa no es grande, pero tiene las dimensiones como para poder vivir en ella sin andar tropezándose demasiado unos con otros y que puedan dormir cuatro niños. Tiene tres habitaciones: una para Jorge y Celia, los padres; otra para los dos hijos mayores, Rodrigo y Matías; y la última la comparte Leo con su hermana pequeña, Marisol. La familia Messi era una familia normal, más que corriente. "Somos, siempre lo hemos sido, gente del barrio —explicó alguna vez Celia, la madre de Leo—. Aquí todos nos conocemos. Era vecina de Jorge. Su padre vivía a una manzana de aquí y el mío a dos. Nos conocimos cuando éramos adolescentes. Él tenía diecisiete años y yo quince. Nos casamos, compramos un terrenito y en él construimos nuestra casa. Nuestros hijos nacieron aquí."

Lionel Andrés llegó al mundo justo a comienzos del invierno austral, el 24 de junio de 1987. Con tres kilos de peso y 47 centímetros de altura, nació a las seis de la mañana en una sala del Hospital Italiano de Rosario. Jorge y Celia todavía no tenían treinta años. Era su tercer hijo, el tercer varón. El pequeño vio la luz en una ciudad patas arriba y más dividida que nunca. Una parte de Rosario, situada a poco más de 300 kilómetros al noroeste de Buenos Aires, celebra a sus héroes.

Dos semanas antes del nacimiento del pequeño, el club Rosario Central se consagra campeón de la Argentina gracias, entre otros, a Omar Palma, un goleador tan pequeño (1,65 m) como prolífico (veinte goles) y espectacular. Es la prueba viviente de que los bajitos tienen un sitio sobre el terreno de juego. Los "canallas" (el apodo de los seguidores de Central) son los reyes de la ciudad de algo más de millón de habitantes. Jorge tiene la moral por el suelo, porque es "leproso", un aficionado de Newell's Old Boys. Un virus que consiguió transmitirles a sus dos primeros hijos, lo mismo que espera lograr con Lionel, el recién llegado. Los argentinos heredan el equipo de padres a hijos. Es la tradición, y sólo de vez en cuando se interrumpe.

En Rosario, los hinchas de Central y de Newell's Old Boys se odian. Es una rivalidad histórica, pues se trata del más antiguo de los clásicos del fútbol argentino (el primero tuvo lugar en 1905). Los partidos entre los dos viejos enemigos son electrizantes. Desgracia para los vencidos, gloria para los vencedores.

En un ambiente tan explosivo como ése, sólo la selección argentina se muestra capaz de reconciliar, durante el tiempo que dura un partido o un torneo, a esos hinchas. Tras su memorable celebración, los "canallas" aún siguen en fase de recuperación cuando lo mejor del fútbol continental llega a la Argentina para la trigésimo tercera edición de la Copa América. Maradona, el ídolo nacional, encabeza a los campeones mundiales, de los que no falta casi ninguno. Sólo tres días después del nacimiento de Leo, la Argentina debuta empatando 1-1 con Perú en Buenos Aires. Rosario no vería a la selección albiceleste en carne y hueso, pero la ciudad fue elegida para los partidos del Grupo C (Paraguay, Bolivia y Colombia). Después de tres semanas de competición, el Uruguay de Enzo Francescoli se proclama campeón continental. La Argentina, cuarta, decepcionó en su tierra, tal como sucedería veinticuatro años después. En ambos casos eliminada por Uruguay, que se llevaría al título. Lionel, todavía un bebé de pecho, quizás escuchó los gritos de alegría que saludaron los tres goles de Maradona y los dos del jovencísimo y prometedor delantero de veinte años, Claudio Caniggia. Recién nacido y ya se veía inmerso en la pasión del fútbol *made in* Argentina.

Rodrigo y Matías, sus dos hermanos mayores, ya tenían el fútbol metido en los huesos. En cuanto su madre les daba permiso, salían de casa y se ponían a corretear tras la pelota en la calle Estado de Israel. Leo era un bebé tranquilo. Dio sus primeros pasos con diez meses y para su primer cumpleaños sus tíos le regalaron una casaca de Newell's Old Boys, negra y roja, convertida ya en objeto de coleccionista, pues en 1988, pocos días antes del primer cumpleaños de Leo, los "leprosos" se convirtieron en campeones de la Argentina. Sucedían a sus enemigos de Rosario Central. Era el segundo título de su historia, la celebración fue grandiosa. Se trataba de un equipo con jóvenes llenos de proyección, como Abel Balbo o Roberto Sensini, de históricos como Martino y de jugadores como Sergio Almirón o Fabián Basualdo. Los tres últimos volverían a la vida de Messi años después.

Ya en sus primeros pasos Lionel se encariñó con una pelota de tenis. No tardaron en convertirse en inseparables. Jugaba con ella y aprendía a controlarla en su rincón, siempre con el pie. "Cuando mi madre lo enviaba a hacer mandados —recordó su hermano Matías en *El Gráfico*— Leo agarraba su pelota y, si no, se enojaba y no iba. Y, cuando no tenía su pelota, hacía una con bolsas de plástico o medias." Pasaba mucho tiempo con Celia, su abuela materna, y cada semana se peleaba con sus primos para ver quién iría a dormir a su casa. La abuela Celia era una fanática del fútbol. Durante mucho tiempo el ritual siempre fue el mismo. El domingo por la mañana, temprano, la abuela se instalaba en la cocina a preparar un buen montón de pasta para sus cinco nietos (los tres Messi y los dos Biancucchi). "En cuanto llegábamos a su casa devorábamos los fideos y nos íbamos a la calle —recordó

Matías—. Hacíamos unos arcos y jugábamos partidos a seis goles. Siempre eran los más chicos contra los más grandes. Leo formaba equipo con Manu [Biancucchi, que tendría una discreta carrera como arquero]; yo lo hacía con Maxi [Biancucchi, ex jugador del Flamengo y con una carrera desarrollada entre los campeonatos de México, Paraguay y Brasil].» Ya por entonces Leo detestaba perder y, cuando el partido no terminaba como él quería, se ponía a llorar y había que continuar jugando hasta que ganaba. Pero a pesar de la diferencia de edad eran partidos tensos, asegura Matías: "Te aseguro que no teníamos miramientos con Leo; se llevó más de algún golpe".

"Es cierto que era bastante violento —confirmó Lionel en *El Gráfico*—. Los partidos siempre terminaban mal. Mi hermano me cargaba incluso cuando iba ganando, porque sabía que yo siempre saltaba. ¡Lo que habré llorado durante esos partidos familiares de los domingos!" Pero el fútbol era más que un asunto familiar para los Messi, que también juegan "oficialmente". A menudo era la abuela Celia quien acompañaba a Matías y a Rodrigo al club Grandoli, situado a diez cuadras de su casa. "Un club que nunca tuvo dinero —aseguró Oscar López, uno de los entrenadores que tuvo que ver con los Messi—. Cuando era chico, Lionel venía con sus hermanos vestido con pañales. Jugaba con una pelota de tenis y la hacía rebotar incansable contra la pared. Jugaba solo, en su rincón."

El Grandoli es un típico club de barrio argentino. Los niños, por lo general procedentes de los edificios que rodean el único campo de fútbol de la pequeña entidad, son entrenados por hombres tan apasionados por el fútbol como compinches de sus alumnos. La innegable falta de recursos explicaba en aquellos años sin dudas el desastroso estado del campo: pelado, cubierto de tierra y con algunos mechones de hierba que crecían salvajes en los extremos. Durante más de treinta años, el club se mantuvo en marcha gracias a la energía de don Salvador Aparicio, un antiguo empleado de los ferrocarriles argentinos, quien vivió hasta su muerte en una muy humilde casita a escasos metros del campo.

En treinta años vio pasar a un sinfín de jugadores: excepcionales, buenos y menos buenos. Y a Messi, que era de otra categoría. Si el "10" del Barcelona es hoy en día el jugador que es, también se lo debe a ese hombre de bigote fino y palabras directas. Hundido en su miserable sofá, en medio de una habitación insalubre, Aparicio recordó perfectamente durante una visita el día en que el Messi niño dio sus primeros pasos: "Rodrigo, el hermano mayor [categoría 1980] era muy bueno, un jugador completo que me recordaba a Gabriel Batistuta. Ese día de 1992, la madre y la abuela de Lionel acompañaban a los dos mayores. Llegaron con tiempo y, antes del partido de las categorías de Matías [1982] y Rodrigo, habíamos organizado un partido amistoso para los más chicos. Nos faltaba un jugador. Yo estaba un poco desesperado, porque nuestros rivales nos presionaban para que encontráramos al pibe que nos faltaba. Miro en las tribunas. Nada. Miro alrededor y veo a un nene que le da a la pelota contra la pared. Me acerco a su madre y le pregunto si deja jugar a su hijo. Me dice que no. No quiere que su hijo juegue y no cede. Al final fue la abuela, sentada a su lado, quien tranquilizó a su hija e insistió en que Lionel jugara.

Me acuerdo de que fue toda una negociación. Como Celia no estaba convencida, le dije que pondría al nene en el lateral derecho, cerca de la tribuna, porque así si se ponía a llorar o se lastimaba ella estaría cerca de él".

Comenzó el partido y Lionel tenía las manos en el piso. Jugaba con la tierra, parecía estar en otro sitio, en otro planeta. Le llega una primera pelota y la deja pasar. "Luego comprendí que no quiso la pelota porque le llegaba al pie derecho, cuando él es zurdo. Me acerco y le digo que cuando se acerque la pelota tiene que ir hacia adelante. La segunda pelota le llega al pie izquierdo. La controla y corre, corre, gambetea, nadie conseguía pararlo y yo le gritaba: '¡Tirá, tirá!'. Parecía que llevara jugando toda la vida. Su madre, su abuela, yo, todo el mundo se quedó pegado a la línea."

Messi había encontrado su camino, su juego. La pelota se convertía definitivamente en su razón de ser. En cuanto se ponía la camiseta naranja se convertía en el protagonista de un espectáculo de barrio. Cada toque de pelota, cada "gambeta" se festejaba con "oles" desde el borde de la cancha. Se entrenaba dos veces por semana y jugaba un partido cada fin de semana. En las fotos de equipo que Aparicio guardó como un tesoro en una pequeña bolsa de plástico, Lionel aparece impasible. Mide una cabeza menos que el resto de sus compañeros de equipo. Flota dentro de su pantalón blanco y su camiseta naranja. Los calcetines blancos se le amontonan en los tobillos. Viendo esas fotos resulta difícil imaginar al nenito gambeteando en zigzag por entre los demás jugadores y darse cuenta de las enormes diferencias que los separan. La pelota parece inmensa junto a sus endebles piernecitas. "Jugaba solo

—recuerda Aparicio—. Era muy intenso, gambeteaba a todo el mundo. Todavía no había cumplido los cinco años. Decidí subirlo de categoría, de modo que jugaba con los del 86; pero el año siguiente pudo reintegrarse en su categoría. Era un pibe al que era sencillo dirigir. No hablaba, era muy tímido. Nunca respondía; pero durante el entrenamiento, cuando se explicaba un ejercicio, siempre se ponía delante y era como si se bebiera nuestras palabras." Todos esos recuerdos permanecieron en un rincón de la memoria de Aparicio hasta su muerte, en 2009. Durante aquel diálogo en Rosario sólo lamentaba que los Messi no tuvieran un pequeño gesto, no con él, sino con su club. "Ya no tenemos ni pelotas", se lamentaba.

Sin embargo, cuando consiguió su primer Balón de Oro, en 2009, Messi aprovechó a una prensa internacional pendiente de sus palabras y le rindió un homenaje póstumo: "Salvador Aparicio es alguien que me ayudó mucho cuando era un niño. Su apoyo fue fundamental para nuestra familia, por eso le dedico, a él también, este Balón de Oro".

Muchos son los que ayudaron a Messi durante su primer cuarto de siglo de vida. Y no todos tuvieron la suerte de recibir su agradecimiento ese día. Aparicio lo tuvo quizás porque nunca puso trabas en su camino. Sabía que, tarde o temprano, el pequeño genio se iría a jugar a otro club. En la Argentina hay espías en todos los campos. Buscan esa perla por descubrir, ese diamante en bruto. Para evitar que Messi se fuera demasiado pronto, el segundo año Aparicio propuso a Messi padre que entrenara al equipo de la categoría de 1987 del club Grandoli. El jefe de los Messi aceptó sin dudarlo. Tenía a sus órdenes a su hijo, que seguía gambeteando y gambeteando a todo aquel que se le pusiera delante. Pero la fama del Enano, como lo llamaban con cariño, termina por cruzar las fronteras del barrio. Su partida se hizo pronto ineludible. "Newell's tenía espías por todas partes —recordó Aparicio—. Además, en ese momento Rodrigo estaba jugando ahí. Un entrenador le pidió a Jorge que llevara a Leo para una prueba. Como era de esperar, la pasó sin problemas. Jorge me lo dijo, me dijo que estaba incómodo, pero le dije que siguiera adelante, porque no podía dejar pasar una oportunidad como aquélla."

Comenzaba así un nuevo capítulo en la vida de Lionel Messi. A partir de entonces pudo vestir la camiseta de su club cada fin de semana, pero ya de forma oficial. Continuó su aprendizaje en terrenos de juegos pequeños. En la Argentina, todos los futuros jugadores, entre los cinco y los nueve años, aprenden los rudimentos del fútbol en campos pequeños. Esa etapa de la formación se llama "baby-fútbol", algo que explica en parte lo buenos que son los argentinos en espacios reducidos. Pero Rosario no es Buenos Aires. Y si por lo general los jóvenes porteños juegan sobre superficies duras y cubiertas, en Rosario comienzan al aire libre, sobre campos de césped. En mejor o peor estado, dependiendo del club. Newell's Old Boys es un club muy reconocido por sus divisiones inferiores, un club que además le aportó incontables jugadores a la selección nacional.

Las instalaciones de la escuela de fútbol están en otro sector de la ciudad. Se trata de un complejo pequeño llamado Malvinas Argentinas. En una de las paredes que dan a la calle, escrito con letras negras y rojas sobre fondo blanco, se lee: "Es el glorioso Newell's Old Boys". En otra pared se puede leer: "Malvinas Argentinas en primera división", un listado que incluye nombres como Sebastián Domínguez, Lucas Bernardi, Maxi Rodríguez... Jugadores que, como Messi, pasaron por el complejo y fueron subiendo todos los escalones hasta jugar en primera división con la camiseta rojinegra. Todos los niños, como Messi en su momento, sueñan con un destino semejante. Fue en marzo de 1994 cuando la Pulga descubrió el lugar. Con siete años se mantenía igual de pequeño e igual de tímido. Donde mejor se expresaba seguía siendo sobre el terreno de juego. "Incluso un ciego hubiera podido ver que tenía magia en los pies —afirma Carlos Morales, su entrenador y educador durante tres años—. Se entrenaba en Newell's pero, al principio, siguió jugando algunos partidos con Grandoli. Era un niño que jugaba como un adulto. A partir de los ocho años mi trabajo era sencillo: tenía que formar a los chicos para que jugaran once contra once. De hecho, a partir de los nueve años entrenaban dos veces por semana en una cancha de fútbol grande. En el baby-fútbol Leo era testarudo, jamás entregaba la pelota. La guardaba como algo precioso. Era especial. En canchas de fútbol siete era un crack, porque su técnica sumada a su velocidad lo volvían invulnerable. Gambeteaba a sus contrarios uno detrás de otro. Era imposible quitarle la pelota. En canchas de fútbol once era un mago. Marcaba todavía más diferencias, pues tenía más espacio. Cuando el partido se ponía difícil, ponía a todo el mundo de acuerdo. Fue campeón con su equipo cuatro veces en seis temporadas. Algo impresionante, porque el nivel era muy alto. Por ese motivo llamaban al equipo 'la máquina 87'. Era un grupo muy unido, se veían mucho en casa de Lucas Scaglia."

Lucas Scaglia era en ese entonces uno de los pocos amigos de Messi que aceptaba hablar con los periodistas. También él intenta ganarse la vida jugando al fútbol. Tras el Newell's Old Boys voló al Viejo Mundo y jugó en España (Terrasa), Grecia, Bolivia y Colombia. Su habitación de Rosario es un museo dedicado a su amigo. Fotos de Leo, camisetas del Barça, de la selección albiceleste y recuerdos de la maravillosa época de "la máquina 87". Al igual que su ilustre amigo, Lucas no es muy parlanchín. "Es cierto que, en un primer momento, Leo puede parecer muy tímido. De hecho, al principio no hablaba mucho; pero poco a poco se fue relajando. Con nosotros agarró confianza enseguida. Tras los partidos íbamos muchas veces a comer a su casa. Tras el almuerzo salíamos corriendo a la calle para jugar en la puerta. Mi padre tenía canchas de fútbol cinco y los viernes por la noche íbamos todos juntos. Después hacíamos un 'pijama party' en mi casa, con Franco Casanova, Juan Cruz Leguizamón y el Enano. Jugábamos a las cartas, charlábamos y nos imaginábamos como estrellas. Eran buenos tiempos, sin ninguna preocupación, lo único que nos interesaba era el fútbol. Cada vez que podíamos jugábamos hasta que se hacía de noche."

Cuando estaba con sus amigos Lionel era una persona distinta, mucho menos introvertida, pero cuando salía de ese círculo, de ese capullo protector, enmudecía. En la Escuela N° 66 General Las Heras era conocido por su silencio. Su amiga Cintia hablaba por él. Lo mimaba y se ocupaba de él como si fuera su hermano pequeño. Le soplaba durante los exámenes y hacía de mediadora entre sus profesoras y él. Leo se relajaba cuando llegaba la hora del recreo, porque sus compañeros se peleaban por tenerlo en su equipo. Su habilidad con la pelota lo convertía en un líder silencioso en todas las asignaturas. En su club, el Newell's, pasaba lo mismo. "Leo era mudo —recuerda Carlos Morales—. Escuchaba todo lo que yo decía con mucha atención. Lo comprendía todo muy rápido. Cada jugador tenía un apodo. Y de vez en cuando me equivocaba al darles indicaciones al borde del terreno de juego. Leo llegaba entonces a toda velocidad y me decía bajito: 'No, entrenador, él es fulanito'. Era un niño entrañable."

Sobre el terreno de juego, la Pulga estaba un escalón por encima del resto y se deshacía de sus adversarios uno a uno. Años después, todos tienen una buena anécdota que contar. Carlos Morales: "Jugábamos las semifinales de un torneo. Leo llegó tarde porque su padre había salido de trabajar más tarde de lo normal, de modo que lo senté en el banco. El premio era una bicicleta. Perdíamos 3-0 al llegar al descanso. Fue el momento que elegí para hacer entrar a Leo. En la segunda parte metió tres goles y dio un pase de gol. Se fue a casa encantado con la bicicleta". Al pequeño ya le gustaban los desafíos. Su tío y padrino, Claudio Biancucchi recuerda otra proeza: "Un día, los dirigentes del club fueron a verlo antes de un partido y le dijeron: 'Hoy tenemos que ganar como sea, te vamos a dar un alfajor por cada gol que metas'. Asintió con la cabeza, marcó ocho goles, y al final del partido fue a pedirles lo prometido a los dirigentes". Ernesto Vecchio, su primer entrenador en Newell's, también recuerda el ansia de victorias y goles de Messi: "Leo estaba enfermo, yo no quería que jugara. A pocos minutos del final perdíamos 1-0, así que lo miré y le pregunté si se sentía para jugar. Asintió con la cabeza. Entró en la cancha y marcó dos goles, uno detrás de otro, y así ganamos el partido".

El Enano era un jugador sin par, un crack, como les gusta decir a los argentinos. "El fútbol siempre fue el centro de su vida —explicó Celia, la madre de Leo—. Siempre estaba jugando. Nos dábamos cuenta de que era diferente, era algo tan evidente como una nariz en medio de la cara. Pero de ahí a imaginarse que se convertiría en lo que se ha convertido, ninguno de nosotros hubiera apostado por ello." Claudio Biancucchi, su padrino, tiene recuerdos similares: "A Leo, lo único que le gustaba era jugar al fútbol. El peor de los castigos era prohibirle ir a entrenar. Nació siendo un profesional. Si había entrenamiento a las seis de la tarde, a las cinco y media ya tenía listo el bolso, que se preparaba él solito. Todos soñábamos con que se convirtiera en profesional. Cuando era chico e íbamos en coche me reía con él, le señalaba casas y le decía: 'Cuando seas el mejor jugador del mundo me regalarás esa casa, o esa otra'. Y terminó haciéndolo". En Newell's, los entrenadores y dirigentes son más comedidos. Sergio Almirón, el mismo que formó parte del equipo del Newell's que se proclamó campeón en 1988 y ex coordinador general de fútbol de categoría infantil, destacó que Messi "era un jugador excepcional", aunque con una salvedad: "A su edad son muchos los

pibes que marcan una diferencia enorme. Entre nosotros nos decíamos que, si seguía así, ciertamente podría
llegar a jugar un día en primera división. Te mentiría si
te dijera que veíamos en él a quien se convertiría en el
mejor jugador del mundo". "Es cierto —dice Carlos
Morales—. Nos impresionaba. Tenía una técnica ex-
quisita. Además, durante el descanso de los partidos
de Newell's hacía una demostración de malabarismos
en el centro del terreno de juego delante de millares
de espectadores, que se quedaban con la boca abierta
al ver a un nene tan chiquito y tan habilidoso con la
pelota. Para mí, el principal obstáculo que le veía a su
carrera era su tamaño. Era demasiado enclenque, demasiado pequeño."

CAPÍTULO 9

El tratamiento

Sergio Omar Almirón recibe en su oficina. Desde su pequeña ventana tiene una vista impagable de la cancha principal del complejo Malvinas Argentinas de Newell's Old Boys. Descuelga el teléfono, llama a la secretaria y le pide que le traiga enseguida la caja que lleva el nombre "Messi". La guardan con cuidado, sellada, en una pequeña caja fuerte. Cuando su secretaria entra en la oficina, saca una llave de un cajón y abre la caja con nerviosismo. La llenan una veintena de bonos, de recibos. "Mírelos —nos dice—. Estos recibos son la prueba de que intentamos ayudar a los Messi." Hay bonos azules, blancos y rosas. Tienen el tamaño de una postal. Están fechados y firmados. En cada uno de ellos hay un sello oficial "Escuelas de fútbol Malvinas Argentinas", así como el destino de los bienes: "Medicamentos para Lionel Messi". En el año 2000, por ejemplo, Newell's entregó sumas de dinero a los Messi casi cada mes. Doscientos pesos en marzo, 155 en abril, 150 en junio, 150 en julio, 100 en agosto y otros 100 en septiembre. En aquellos años, con la dolarización de la economía argentina, un peso equivalía a un dólar. "Un día —recuerda Almirón— los padres de Messi nos pidieron una reunión. Los recibí en esta misma oficina. No estaban cómodos. Me confesaron que no podían ellos solos, que nadie les ayudaba a pagar el tratamiento de Lionel. Les respondí que intentaríamos encontrar una solución. A partir de ese momento colaboramos como pudimos. No conviene olvidar que por entonces había una crisis en la Argentina y el presupuesto de la escuela de fútbol era ridículo. Si hubiéramos podido hacer más, lo habríamos hecho. No estoy seguro de que los Messi lo entendieran así."

A finales de la década de 1990, Newell's estaba en crisis. Su presidente desde 1994 hasta 2008, Eduardo López, lo dirigía con mano de hierro, aliado con los barrabravas para hacer reinar el orden y el terror. Mientras el club se empobrecía, él y sus colaboradores más cercanos no parecían ir precisamente por el mismo camino. Durante la gestión del "dictador" Eduardo López, tanto el centro de formación como la escuela de fútbol fueron abandonadas a su suerte. Faltaba el dinero y las instalaciones se convertían en ruinas. Almirón tenía razón, al club le falta liquidez y sólo podía ayudar muy parcialmente a Lionel Messi. Si la crisis que atravesaba el país era una razón evidente, también lo era la gestión del club.

A pesar de todo, diez años después de los acontecimientos, el rencor seguía siendo igual de fuerte. Sergio Almirón y Carlos Morales (el entrenador de Messi por esas fechas) no comprendían por qué los Messi les tenían tanta antipatía. Celia Messi fue dura con el club en una conversación con Cecilia Caminos, corresponsal de la agencia alemana DPA en la Argentina: "Para mí, Newell's no existe". Palabras que horrorizaron al sector masculino de la familia y que ni Almirón ni muchos otros en el club digirieron todavía. Desde el anonimato, algunos sostienen que el resentimiento de los Messi se debe también a que el club expulsó al muy prometedor Rodrigo, el hermano mayor de Lionel. De hecho, Rodrigo era un jugador muy bueno; pero el mayor del clan pasó por una gran crisis de adolescencia. Se volvió incontrolable y los dirigentes de Newell's prefirieron echarlo. Celia y Jorge no lo han olvidado. "Tienen problemas de memoria —añade Almirón—, pues fue gracias al club que se detectó el déficit de hormonas de crecimiento de Lionel. Fuimos nosotros quienes les aconsejamos que fueran a ver a un médico, porque la verdad es que era mucho más pequeño que la media." "Es cierto —confirma Carlos Morales—. Dos jugadores de Newell's ya habían pasado por eso. Hubo un tal Sergio Maradona, ¡imposible inventarse algo así!, y también Damián Manso [ex jugador de Newell's, del Bastia, del Pachuca y del Liga de Quito]. Fue Néstor Rozín, un dirigente del club, quien agarró a los Messi de la mano y los envió a la consulta del doctor Schwarzstein."

Reputado endocrinólogo de Rosario, el doctor Diego Schwarzstein es también un incondicional seguidor de Newell's. De modo que cuando el club de sus amores recurre a él siempre está dispuesto a dar una mano. Su consultorio está en pleno centro de la ciudad. Nunca ocultó nada y recibe a los periodistas con los brazos abiertos. De algo más de cincuenta años, casi calvo y barba cuidadosamente recortada en punta, habla sin reservas de su paciente más célebre. "La primera consulta tuvo lugar el 31 de enero de 1997 —recuerda—. Lionel vino acompañado de Jorge. Era una cosita de nada, tímida y entrañable. Con nueve años medía 1,25 metros, de modo que estaba muy por debajo de las curvas normales de crecimiento. Leo tuvo primero que pasar por una serie de pruebas. Fue seguido de forma clínicamente rigurosa durante un año. Se trataba de un proceso largo, pues debía observarse su curva de crecimiento. Los análisis eran caros y la obra social siempre tardaba un poco en reembolsarlos. Se le diagnosticó un déficit parcial de hormonas de crecimiento, una carencia que afecta a un niño de cada veinte mil. Leo comenzó el tratamiento un año después, en 1998. En su caso, la sustancia natural podía ser reemplazada por otra, sintética. Leo tenía que inyectarse las hormonas diariamente, a lo largo de todo su período de crecimiento. El tratamiento suele durar entre tres y cinco años. Conviene mencionar que un niño con este tipo de déficit de hormonas lleva una vida completamente normal. No existen contraindicaciones, por lo que Leo podía jugar al fútbol tanto como quisiera. El único pequeño inconveniente es que, de vez en cuando, un niño que sigue este tratamiento puede fatigarse un poco, como le pasaba a Messi. Por lo cual le aconsejaron que se acostumbrara a dormir una siesta." Años después, la megaestrella no ha perdido el hábito, lo sigue haciendo a diario en su piso de Barcelona, como fue su costumbre durante años en la casa familiar de Gavá, en las afueras de la ciudad española.

Tras conocer los resultados de los análisis, los Messi

respiraron tranquilos al saber por fin el motivo del ínfimo tamaño de su hijo. También supieron que todo tenía arreglo. Lionel no pareció sentirse afectado por ello. De hecho, era él y sólo él quien se inyectaba a diario las hormonas. No se quejaba y no necesitaba que nadie le recordara que debía hacerlo. Por la noche, cuando se iba a dormir a casa de Lucas Scaglia, por ejemplo, nada más entrar metía en la heladera de su amigo una pequeña caja que contenía sus ampollas. Cuando llegaba el momento se inyectaba su dosis discretamente en la pierna, y luego continuaba la jornada de forma normal. Lionel tenía diez años. Celia, su madre, ya no trabajaba. Jorge, su padre, se ganaba el sustento en una gran fábrica metalúrgica de la zona: Acindar. Era el supervisor del servicio de alambres de púa. Era una familia de clase media, y el tratamiento de Lionel costaba caro: 960 dólares al mes.

La historia, repetida durante años, dice que los Messi tuvieron muchos problemas para poder pagarlo, que ningún club quiso colaborar y que al final, ahogada financieramente, a la familia no le quedó otra opción que probar suerte en Europa. Se trata de una historia reiterada con cierta regularidad en los medios, pero la realidad parece haber sido un tanto diferente. El doctor Schwarzstein es categórico: "Del tratamiento de Lionel se hicieron cargo la Seguridad Social, la mutual de su padre, así como la Fundación Acindar. Es cierto que había muchos inconvenientes burocráticos, pues había que renovar la petición cada seis meses. De modo que, de vez en cuando, había retrasos en los reembolsos. Pero le puedo asegurar que durante tres años la Seguridad Social se hizo cargo del tratamiento". Lo mismo dicen en la Fundación Acindar, que se sorprende también con la versión de los Messi. "En 1998 —confirma un empleado de la fundación—, recibimos una petición de ayuda de Jorge Messi. La Seguridad Social pagaba la mitad del tratamiento, la mutual el 25 % y la Fundación se encargó del 25 % restante. Esto fue así desde septiembre de 1998 hasta junio de 2000. En agosto del año 2000 recibimos incluso una carta de agradecimiento. Y en diciembre de ese mismo año pagamos algunas dosis adicionales." Si el costo total del tratamiento era cubierto por otros, ¿por qué iba Celia a pedir dinero a Newell's?

La Argentina estaba sumida por entonces en una crisis económica y financiera sin precedentes. Desde 1998 el país vivía en recesión y el desempleo alcanzaba el récord histórico del 22 por ciento de la población activa, mientras que la tasa de pobreza llegaba al 57 por ciento. Los consumidores se encontraban completamente desamparados ante el alza de los precios. La familia Messi no era una excepción. Para huir de la crisis, muchos argentinos aprovecharon entonces sus orígenes italianos o españoles para atravesar el Atlántico. Estaban dispuestos a desarraigarse para encontrar un trabajo y empezar de cero. Según la Dirección Nacional de Migraciones argentina, en el año 2000 abandonaron el país 250.000 argentinos. Oficialmente, 60.000 de ellos encontraron refugio en España; pero en realidad fueron muchos más. Jorge Messi le daba más y más vueltas a la idea de intentar esa aventura. De hecho, Celia y él hablaron de irse a Australia. Pero antes de decidirse, Jorge intentó todo. Sin dudas contaba con que el talento de Lionel como futbolista ayudara a la familia, más que a salir del paso, a dar un gran salto. Decidió apostar fuerte y ofrecer su hijo a River Plate, uno de los dos grandes clubes argentinos. "Por entonces yo era un ojeador de talentos para River en la región de Rosario —dijo Federico Vairo a la cadena argentina C5N—. Un amigo me habló de Messi. La primera vez que lo vi me sorprendió, porque realmente era muy pequeño. Su padre me dijo que le gustaría mucho que lo viera jugar. El problema era que tenía una prueba organizada, pero estaba reservada a jugadores de dieciséis años. Messi todavía no tenía trece. Pero su padre me dijo que eso no sería un problema, porque su hijo estaba acostumbrado a jugar con los mayores. De modo que acepté, y me quedé boquiabierto. Gambeteó a todo el mundo. Nadie podía pararlo. Llamé al club y le dije que llevaran a Lionel a Buenos Aires para que lo vieran en carne y hueso." Algunas semanas después, Lionel y Jorge desembarcaron en la capital acompañados por un chico de apellido Giménez, otro delantero de Newell's. Formaron pareja en ataque y enseguida se vio que eran inmensamente superiores a sus rivales. "Cuando lo vimos en acción —afirma Galdino Luraschi, por entonces entrenador de inferiores en River Plate— decidimos contratarlo. A pesar de su escaso tamaño, estuvo fenomenal, era sin duda el tipo de jugador que tomábamos con los ojos cerrados. Recuerdo incluso que lo hicimos practicar junto a Gonzalo Higuaín, otro crack nacido en 1987. Si me hubieran dicho entonces que esos dos formarían el dúo atacante de la selección argentina durante un Mundial no lo habría creído." River Plate estaba encantado. Jorge aprovechó y subió la apuesta. Si los "millonarios" querían ver jugar a Lionel con la camiseta del club, debían ofrecerle un trabajo y una casa. Los dirigentes de River patean la pelota afuera, no están dispuestos a invertir tanto dinero en un niño. "Además, había otro problema —asegura Luraschi—. Newell's no quería darle la carta de libertad al jugador." Y la ley es muy clara en la Argentina: si el jugador se va del club sin su aprobación, no puede obtener una nueva licencia durante dos años. Es el precio de su libertad. Al final, Newell's sólo dejó partir a Giménez. "Te aseguro que en ningún momento él o su padre nos hablaron de su problema de crecimiento y del tratamiento que debía seguir. De modo que me parece un poco fuerte que pretendan que Messi no vino a River porque el club no quiso pagarle sus hormonas de crecimiento. Es mentira."

Cuando la historia llega a oídos de los dirigentes de Newell's Old Boys, éstos se suben por las paredes. "Creo que Jorge llevó a Lionel a River para meter presión a Newell's", comentó años después Claudio Biancucchi, el tío y padrino de Leo. Sergio Almirón y Carlos Morales deciden acercarse a casa de los Messi para atajar el asunto. Morales le explicó a Messi padre que existe un pacto entre los clubes argentinos para que no se roben los jugadores unos a otros. En resumidas cuentas, que todos los jugadores son intocables si el club no da su permiso. Ese día, Almirón y Morales hicieron prometer a los padres de Lionel que serían los primeros a quienes se lo dijeran cuando quisieran irse.

En Rosario, Messi sigue su tratamiento como siempre. Crece, se ensancha de a poco. Sobre el terreno de juego sigue enloqueciendo rivales. Los agentes, que huelen los buenos negocios, se acercan a Jorge. Los Messi se alían primero con Fabián Basualdo, ex internacional (29 veces) de Newell's. Pero la relación no dura demasiado tiempo, pues la empresa para la que trabaja Basualdo se niega a hacerse cargo de una parte del tratamiento. Si bien Basualdo de vez en cuando se lleva a Lionel al cine y le da algunos pesos, Jorge considera que eso no basta. Decide terminar la relación cuando Claudio Biancucchi se pone a hacer de intermediario. Su hijo, Maxi Biancucchi (nacido en 1984), que es primo hermano de Leo, está representado por Martín Montero y Fabián Soldini de la empresa Marka. Claudio, más que satisfecho con el trabajo realizado por ambos, les pide que le echen un vistazo a su ahijado. "Al principio no estábamos muy entusiasmados —confiesa Fabián Soldini—. Leo sólo tenía doce años y no estábamos acostumbrados a representar a jugadores tan jóvenes. Pero un día lo vi jugar casi por casualidad. Había ido a ver un partido de Newell's y el equipo de Leo jugaba antes. Llamé de inmediato a Claudio y le pregunté si su ahijado jugaba con el número 9. Me dijo que sí y yo le dije que queríamos vernos con su familia lo antes posible." Algunos días después, un sábado por la mañana, Fabián Soldini, Martín Montero, Claudio Biancucchi y Jorge Messi se reúnen en un bar, hoy desaparecido, de la calle peatonal Córdoba, en pleno centro de Rosario. "Jorge nos previno desde el principio. Sólo colaboraría con nosotros si se cumplían dos condiciones: la primera es que pagáramos la mitad del tratamiento de su hijo; la segunda, que le consiguiéramos una prueba en un gran club extranjero. Jorge había visto que un jugador argentino de once años, Leandro Depetris, acababa de firmar para el Milan AC. Por lo tanto, la edad de su hijo, doce años, no era un obstáculo para hacer esa prueba en el extranjero. Aceptamos el trato." Los nuevos agentes aceptaron hacerse cargo de la mitad de los gastos del tratamiento de Messi. ¿Por qué les pidió Jorge algo así? ¿Acaso la Fundación Acindar ya no le reembolsaba las hormonas de su hijo? Es lo que sostiene Fabián Soldini: "La Fundación había prometido a Jorge reembolsarle la totalidad del tratamiento, pero al final sólo le pagaba la mitad. Entre la Seguridad Social y la Fundación se hacían cargo del tratamiento de Leo. Pero, en marzo de 2000, la Seguridad Social no les reembolsó nada. Por lo tanto, desde ese momentos hasta enero de 2001 pagamos la mitad del tratamiento de Leo".

Tanto el doctor Schwarzstein como la Fundación Acindar desmienten esa versión. También el doctor Aldo Miglietta, endocrinólogo miembro en la Argentina de la Comisión Nacional Asesora para los Niños con Déficit de Hormona de Crecimiento. "Esta historia me saca de mis casillas —declaró a *La Capital*, el diario regional más leído de Rosario—. Me escandalizo cuando leo o escucho que los Messi se vieron obligados a emigrar a España porque en la Argentina nadie se hacía cargo del tratamiento de su hijo. Es mentira. En primer lugar, porque ese tratamiento entra dentro del Programa Médico Obligatorio. Y, en el improbable caso de que Messi no se beneficiara por este programa, hubiera podido alertar de ello a la Comisión Nacional Asesora para los Niños con Déficit de Hormona de Crecimiento, que desde 1991 se hace cargo de todo el tratamiento de los niños que no pueden pagarlo."

Soldini y Montero no están al corriente de todo eso, de modo que, como había quedado convenido, cada mes envían un cheque de 480 dólares a los Messi. Al mismo tiempo, se mueven para encontrar un contacto que les pueda abrir las puertas de un gran club. "Llamamos a Juan Mateo, un abogado argentino especializado en el mercado brasileño y que trabajaba mucho con Josep Minguella, el agente número uno del FC Barcelona —cuenta Soldini—. Le dijimos que teníamos un jugador excepcional para presentarle. Nos escuchó atento, pero nos dijo que era demasiado joven, que el Barça no tenía costumbre de apostar por jugadores de esa edad." Durante muchas semanas estuvimos en calma chicha. Y, de repente, un día suena el teléfono de Soldini. Es Juan Mateo, que lo llama para pedirle un gran favor: "Era el mes de junio del año 2000 —recuerda—. Juan me pidió que fuera a verlo a Buenos Aires. Quería que me reuniera con Luiz Felipe Scolari, entrenador del Palmeiras, justo antes de la ida de la final de la Copa Libertadores entre Boca Juniors y el club brasileño. Juan quería que le explicara dos o tres cosas sobre Boca. Aproveché para mencionar a Messi. Me pidió que le enviara un video del chico para ver qué tenía en los pies y en las tripas". La puerta se entreabría ligeramente para Soldini. No tarda en ser engullido por ella. Ya hace varias semanas que Fabián tiene la costumbre de grabarlo todo; pero no quiere enviar un video trivial, con imágenes de un duendecillo que gambetea todo a su paso. Soldini, astuto, tiene algo distinto en mente: "Fui a ver a Lionel y le di un kilo de naranjas y varias pelotas de tenis. Le dije: 'Te entrenás para hacer malabarismos con esto y dentro de una semana te grabo'. Una semana después Leo dominaba la técnica a la perfección. Realizó 113 toques con una naranja y 120 con una pelota de tenis. Se lo envié todo a Juan Mateo. El lunes 4 de septiembre Juan me llamó para decirme que nos esperaban en Barcelona el 18 de septiembre". Jorge, Lionel y Fabián Soldini tenían dos semanas para prepararlo todo: sacar los pasaportes, comprar los pasajes y organizar el viaje. El domingo 17 de septiembre los tres embarcaron en el aeropuerto de Rosario y, cincuenta minutos después, aterrizaron en Buenos Aires, cambiaron de avión y atravesaron el Atlántico en dirección a Barcelona, el primero de ya incontables vuelos en esa ruta. "El viaje fue muy agitado. El avión se movía mucho —recuerda Soldini—. Cuando las azafatas nos sirvieron de comer había muchas turbulencias, así que Leo dejó los cubiertos y se durmió enseguida. El día siguiente por la mañana llegamos a Barcelona."

CAPÍTULO 10

El exilio

Viajeros, turistas y hombres de negocios. Todos salían con paso decidido del hall de llegadas del aeropuerto de Barcelona. Algunos eran recibidos por sus familiares, otros por choferes que levantaban bien arriba carteles donde aparecían escritos sus nombres. Pero Jorge Messi, Lionel Messi y Fabián Soldini quedan librados a sí mismos. Era la primera vez que Leo y su padre pisaban suelo europeo. Afortunadamente Soldini, su guía y agente, se hizo cargo de todo. "Tras recoger nuestro equipaje tomamos un taxi para ir directamente a las oficinas de Minguella... Nos dijo que nos preparáramos, porque a las seis de la tarde Leo iba a entrenarse por primera vez con el Barça." Antes de dirigirse a los campos de entrenamiento del Barcelona, el inseparable trío pasó por el Hotel Plaza para dejar las valijas. Se trataba de un edificio de muchos pisos situado en la Plaza de España. Desde su habitación Leo tenía una vista impresionante de la elevación de Montjüic, así como de la antigua plaza de toros, de las Torres Venecianas y de la fuente monumental en torno a la cual transitan coches y autobuses desde la mañana hasta la noche. "Después tomamos el metro para ir al entrenamiento —afirma Soldini—. Antes de jugar nos reunimos con Joaquim Rifé, director técnico de las categorías inferiores del club. Nos presentamos y Rifé nos explicó que sería Carlos Rexach quien tomaría la decisión de quedarse o no con Leo. El problema era que, en ese momento, estaba en la otra punta del mundo, en Sidney, para los Juegos Olímpicos." El viaje empezaba mal: Leo tenía que esperar antes de hacer la prueba oficial. No estaba previsto, pero se necesita algo más que eso para conseguir desestabilizarlo. Desde el primer entrenamiento, el diminuto argentino demostró que no era un jugador como el resto. Juan Mateo estaba al borde del terreno de juego aquel día: "El primer ejercicio consistía en un pase transversal desde el centro del campo hacia un jugador en un lateral. Tenía que controlar la pelota, llevarla hasta el córner y centrar a un tercer jugador, que debía controlarla con un toque. Por lo general, no son gestos fáciles de realizar con trece años; pero Leo, que ya contaba con unas excepcionales cualidades técnicas, pasó la prueba con gran facilidad. Lo hizo todo a la perfección; había que estar ciego para no darse cuenta de que estaba muy por encima del resto. Aquel día también estaba José Ramón Alexanko, ex defensa del club, que llamó de inmediato a otro entrenador para que viera al pequeño. Junto a Rifé, decidieron organizar una prueba cuando Rexach regresara de Australia". Tres días por semana, lunes, miércoles y jueves, Rifé le daba permiso a Messi para entrenarse con los jugadores del Barça de su edad. Una y otra vez se repetía el mismo ritual. Leo preparaba él solo sus cosas, siempre estaba listo cuando llegaba la hora. Después, Fabián, Jorge y Leo bajaban a la estación de metro Plaza de España y volvían a la superficie en la de Collblanc, la más cercana al Camp Nou. Mientras Leo se cambiaba, Jorge y Fabián se colocaban junto al terreno de juego. No hablaban ni animaban ruidosamente a la Pulga. Ambos destacaban por su discreción. Sobre el césped, Leo sobrepasaba a sus contrincantes. Mateo y Soldini no tardaron en comprender que su jugador tenía muchas posibilidades de pasar la prueba. "Al cabo de una decena de días —explicó Soldini— le pedimos a Horacio Gaggioli que se uniera a nosotros y comenzara a ocuparse del chico. Sabíamos que íbamos a necesitar a alguien de confianza en Barcelona para que se ocupara de los Messi. A partir de ese momento fuimos al centro de entrenamiento en coche con Horacio. Ya no teníamos que tomar el metro." Un día Gaggioli llegó acompañado de Gabriel Calderón (ex jugador del PSG y ex internacional argentino, que por entonces jugaba en el Betis) y por Migueli, el jugador que había disputado 549 partidos con la camiseta del Barça. "Migueli me dijo que le mostrara al pequeño argentino del que hablaba todo el mundo —recuerda Gaggioli—. Cuando le señalo a Messi me dice: 'No hace falta hacerle una prueba, ¡viendo cómo anda puedo asegurarte que es un crack!'."

Todo se desarrolla a la perfección, pero los Messi empiezan a notar el paso de los días. La culpa es de "Charly" Rexach, que se entretiene en Sydney. Se vio obligado a quedarse más tiempo porque la España de Xavi y Puyol llega a la final del torneo olímpico de fútbol contra el Camerún de un tal Samuel Eto'o. Tras la final, que tuvo lugar el 30 de septiembre, y la derrota por penales de la selección española, Rexach comienza su largo viaje de vuelta. Rifé avisó entonces a Soldini y Jorge Messi que el niño podía prepararse, porque le iban a hacer la prueba. Había llegado la hora.

Al día siguiente, Leo se levanta tras haber dormido plácidamente. No hay ni una nube en el cielo, Barcelona disfruta de un perfecto verano tardío. El joven Lionel está tranquilo, no se siente angustiado. La prueba estaba prevista para las cinco de la tarde, y durante todo el día Jorge y Fabián le repetirían que debía jugar como sabe, que debía jugar como siempre jugaba. Desde la víspera sabían que el Barça había decidido juzgar a Leo en el campo número 3 del Miniestadi del Camp Nou y que se enfrentaría a jugadores uno o dos años mayores que él, mucho más grandes y fuertes.

Cuando el pequeño Messi plantó sus tapones en el césped, al costado del campo lo observaba un buen ramillete de grandes estrellas de la historia del club. Estaban Migueli, Juan Manuel Asensi (396 partidos como el jugador del Barcelona), Rifé (401) y Rexach (449). Entre los cuatro habían jugado 1.798 partidos para el Barça. Eran parte de la historia del club, de modo que se encontraban perfectamente preparados para distinguir a un potencial jugador blaugrana. "En cuanto tocó la pelota por primera vez —recuerda Rifé— nos dimos cuenta de que esa pequeña 'pulga' tenía algo especial. Marcó un gol excepcional, a lo Maradona, tras haber regateado prácticamente a todo el equipo contrario. Migueli, Asensi, Rexach y yo nos mirábamos sin creernos lo que veían nuestros ojos." "Giré hacia

Rifé y Migueli —dijo Rexach en las páginas de *Mundo Deportivo*— y les dije: '¡Lo fichamos ahora mismo!'. Hay jugadores que necesitan ser muy arropados para marcar la diferencia. Messi no, y menos aún con trece años. Tenía un arranque terrible, era técnico, hábil y nunca había visto a un jugador correr tan rápido con la pelota. Ese día, incluso un marciano se hubiera dado cuenta de que Leo era especial, de que era un jugador diferente."

Messi ya había conquistado a las viejas leyendas del Barça. Fabián Soldini y Jorge Messi podían estar tranquilos. Al día siguiente los tres regresaron a Rosario. Si todo iba bien, sabían que no tardarían en volver a Barcelona, pero ya para instalarse definitivamente.

En Rosario, Carlos Morales, el entrenador de "la máquina 87" de Newell's, el equipo de Leo, no sospecha lo que se viene. "Durante su primer viaje a Barcelona, Celia, la madre de Lionel, me dijo que su hijo sufría una neumonía y luego Leo se reincorporó como si nada." Termina el año 2000 en su casa, a la espera de buenas noticias de Barcelona, que tardan en llegar. No se daba cuenta de que quizás estaba pasando su última Navidad en Rosario junto a sus primos, tíos y abuelos. A comienzos de 2001, tras haber empezado la temporada con su club, Leo tuvo que partir de repente a Barcelona. La situación se había descongelado. "Me llamó un domingo a mi casa para avisarme que se iba", recuerda Lucas Scaglia, su compañero de equipo, su mejor amigo. "Yo todavía sigo esperando que la madre venga a decirme que se va —afirma Almirón—. Siempre me había dicho que yo sería el primero en saberlo." En 2008, Almirón salió por la puerta de atrás de Newell's, tras haber sido acusado de intento de extorsión por la madre de un jugador de veintiún años. Carlos Morales sigue encargándose de los niños y continúa entrenando en el club. "No tengo noticias de Leo desde que se fue, en febrero de 2001. ¿Cómo supe que se había ido? Uno de los entrenadores de club tiene taxis. Me dijo que uno de los sobrinos de su mujer había acompañado a Leo y a su familia al aeropuerto y que volaban hacia España. Los agentes llevan veinte años destrozando el fútbol argentino, y Leo es la prueba, porque habría podido continuar su formación con nosotros. ¿Se hubiera convertido en lo que es hoy? No lo sé, porque en esa época yo tenía miedo de que su físico frenara su carrera. Pensaba que jugaría en primera división, eso seguro; pero no que se convertiría en el mejor jugador del mundo."

La familia Messi estaba lista para viajar, lista para cambiar de vida. El 1º de febrero de 2001, Celia, Jorge, Rodrigo, Matías, Leo y Marisol embarcaron en el aeropuerto de Rosario para un largo viaje con dirección a Barcelona. "Durante el corto vuelo entre Rosario y Buenos Aires, Leo lloró con toda su alma. Le caían lagrimones, no podía parar —cuenta Fabián Soldini—. Sabía que no regresaría nunca. Abandonar Rosario le rompió el corazón." "Es cierto que lloré mucho ese día —reconoció Messi durante una entrevista para *El Gráfico*—. Dejaba atrás muchas cosas, mis amigos, mi casa, una parte de mi familia, mis compañeros de equipo... Pero, al mismo tiempo, sabía que Barcelona podía permitirme realizar mis sueños." Al principio los

Messi pasaron varias semanas en el Hotel Rallye. Un establecimiento cómodo que desde su azotea ofrece una gran vista sobre el Camp Nou. Después se mudaron a un departamento, bastante agradable, de 110 metros cuadrados y cuatro habitaciones en la Gran Vía de Carlos III, en el mismo barrio, a pocas manzanas del Camp Nou. Un lugar cercano a todas las necesidades de Leo: el colegio Juan XXIII, donde continuaría sus estudios, y La Masía, el centro de formación del FC Barcelona. Pero había algo que no terminaba de encajar, una especie de malestar. Las partidas nunca son fáciles. Las llegadas a una ciudad nueva tampoco. "Daba la impresión de que ciertos miembros de la familia lo hacían responsable de la situación —recuerda Juan Mateo—. Su hermano mayor, Rodrigo, había tenido que dejar a su novia. Junto a Matías, su otro hermano, se pasaba el día mirando la tele. No salían de casa. Cuando Celia visitó el departamento, de un cierto nivel, nos hizo comprender que esperaba lo mejor. En el momento de distribuir las habitaciones le dio las más espaciosas a Rodrigo y Matías. Leo terminó en una habitación muy pequeña. Nos vimos obligados a intervenir porque nos preocupaba, pero él sólo pensaba en el fútbol. Cuando el Barça jugaba en casa, en el Camp Nou, no nos dejaba tranquilos, se pasaba la semana pidiéndonos que le consiguiéramos entradas."

Los Messi no estaban en Cataluña para visitar la Sagrada Familia, el parque Güell o las maravillas de Gaudí. Habían decidido asentarse en Barcelona también por razones médicas. El Barça se había comprometido a pagar el costoso tratamiento de Lionel y los Messi llevaban en su equipaje la historia clínica de Leo, que les había entregado el doctor Schwarzstein en Rosario. De todos los datos contenidos en el dossier, el que reclamaba toda la atención era la curva de crecimiento. Allí aparece, por ejemplo, que en julio de 1998 Leo, quien por entonces tenía once años, medía 1,32 metros y pesaba 30 kilos. En enero de 2000, con doce años, medía 1,41 metros y pesaba 34,5 kilos. Por último, en enero de 2001, con trece años, su altura era de 1,48 metros y su peso de 39 kilos. "Desde su llegada —asegura Horacio Gaggioli—, Leo estuvo visitando médico tras médico. Fuimos a ver a un reputado endocrinólogo [Martí Henenberg], pero por desgracia falleció al poco tiempo. Fue el servicio médico del club quien se ocupó de él a partir de ese momento." El jefe de los servicios médicos del club era por entonces el doctor Josep Borrell, fallecido en 2013. En una visita a su consultorio demostró recordar bien la llegada de Messi: "Sufría un déficit de hormonas de crecimiento, lo cual no es grave; pero tenía una constitución bastante frágil. Le hicimos seguir un régimen alimentario especial y sesiones para reforzar los cartílagos de sus rodillas". Hasta ahí nada raro. "En efecto, la hormona del crecimiento hace que crezcan los cartílagos y los huesos, pero no los tendones ni los ligamentos. Éstos tardan más en crecer. Durante el tratamiento hay que cuidar los tendones, adaptar los entrenamientos, masajear y volver a masajear para que el crecimiento vaya bien. El tratamiento debe interrumpirse cuando los cartílagos están soldados porque, si no, el paciente corre el riesgo de sufrir acromegalia. Un problema hormonal que provoca un crecimiento anormal de las manos, los pies y la mandíbula."

Leo estaba en buenas manos. Si bien Joaquim Rifé

cree recordar que el tratamiento duró apenas unos meses, Borrell y Gaggioli coinciden al decir que Messi continuó inyectándose hormonas de crecimiento hasta unos dos años después de su llegada. La Pulga no era el primer jugador en seguir semejante tratamiento en Barcelona. "Pep Guardiola y Jordi Cruyff también tomaron hormonas de crecimiento", confirmó Borrell. Pero, a diferencia de Messi, no sufrían un déficit hormonal. En su caso, el tratamiento pretendía dotarlos de algo más de fortaleza. ¿Cambió Messi de tratamiento al llegar a Barcelona? La cuestión es espinosa. Borrell asegura que "hubo una pequeña diferencia, pero para saber cuál exactamente hay que preguntarle al doctor Ramón Segura Cardona". Éste prefirió guardar silencio a ultranza: "Siento comunicarles que la política del FC Barcelona relativa a la información concerniente a los jugadores me impide proporcionarles la información que me solicitan", fue su respuesta. Juan Lacueva, un dirigente del FC Barcelona que insistió para que Leo fuera al club, también aseguró que hubo un pequeño cambio en el tratamiento de Messi. ¿Cuál? Resulta difícil saberlo. Soldini se acuerda de que el club "pidió a Leo que siguiera un régimen alimentario especial. Tenía que acostumbrarse, por ejemplo, a tomar un buen desayuno, cuando él solía comer poco por las mañanas. También le pidieron que dejara de beber Coca-Cola, que consumía en enormes dosis. De modo que hicimos un pacto: los dos dejaríamos de tomarla hasta que fuera convocado para la selección argentina. El Barça modificó su tratamiento; pero no podría decirles exactamente cómo. Me acuerdo de que tenía que tomarse cinco pastillas al día. ¿De qué? No tengo ni idea". El misterio queda por develar... Una cosa está clara: debido a los problemas para alcanzar un acuerdo y firmar un contrato, Lacueva pagó de su bolsillo algunas semanas de tratamiento. Algo que ni siquiera Leo y su familia saben, porque Lacueva no es el tipo de persona al que le guste pregonarlo. Otra cosa también está clara: el tratamiento dio sus frutos. En Barcelona Messi creció 29 centímetros en treinta meses. Sea el que fuera, lo cierto es que el tratamiento no traumatizó al pequeño argentino, acostumbrado a inyectarse una vez al día hormonas del crecimiento. No le cambia nada la vida; pero sabe perfectamente que sin esas inyecciones quizás no hubiera llegado nunca al más alto nivel. El Barça no sólo le permitió crecer, sino también convertirse en un futbolista profesional.

Los primeros meses de los Messi en Barcelona fueron difíciles. Les costaba mucho adaptarse a la nueva vida. Leo, que había llegado para jugar al fútbol, no podía entregarse por completo a su pasión, y el 21 de abril se lesionó de gravedad: fisura en el peroné de la pierna izquierda. Fue un primer parate. La herida lo tuvo alejado de los terrenos de juego durante demasiadas semanas. Una vida sin la pelota era la peor de las pesadillas para él. De todos modos, y aunque eso no lo consuela, todavía no tenía derecho a llevar oficialmente la camiseta blaugrana. La culpa la tenía Newell's Old Boys, que se negaba a aceptar el pase. En la Argentina, la ley es clara: cuando un jugador menor de edad se va a jugar al extranjero, el padre o la madre tienen que demostrar que se marcharon para trabajar. Leo se encontraba en un callejón sin salida y fue finalmente la FIFA la que decidió en favor de un jugador de trece años. La Federación Internacional de Fútbol Asociado aceptó el pase y Messi fue autorizado a cambiar de club y pasar de Newell's Old Boys al Barça. Quizás se diera cuenta entonces de que el mundo del fútbol es implacable y despiadado. Cuando se recuperó se entrenó con normalidad, pero los días de partido se veía obligado a sentarse en las tribunas para ver jugar a sus compañeros de equipo. Resultaba duro de aceptar, y tampoco facilitaba su integración. Pero nunca se quejó; en cualquier caso, nunca delante de sus entrenadores o sus compañeros de equipo. Compartía el día a día con Cesc Fábregas, Gerard Piqué o Víctor Vázquez, las otras estrellas de su equipo. Todos tienen ya su pequeño apodo. Cesc era llamado "Chisca", Piqué, "Largo" y Vázquez, "el Gitano" ("porque tengo la piel morena y por entonces llevaba el pelo largo", aclaró en el diario deportivo español *Sport*). "Era muy tímido, no muy locuaz —añadió el delantero del Brujas, de la primera división belga—. Se sentaba al fondo del vestuario, se preparaba, nos miraba, nos escuchaba, pero jamás abría la boca. Y, después del entrenamiento, se cambiaba y se iba." "Creíamos que era mudo", dijo divertido Cesc en *El País*. Messi vivía en su propio mundo. Imperturbable. "Es cierto que no hablaba mucho —confirmó Joaquim Rifé—; pero cuando entraba en un terreno de juego se transformaba. Se convertía en un líder, silencioso, qué duda cabe, pero era un verdadero líder sobre el terreno de juego." Leo explotó durante su segunda temporada (2002-2003) en La Masía, marcó la nada desdeñable cantidad de 37 goles en treinta partidos y se relajó un poco con sus compañeros de equipo. Algunos lo llamaban afectuosamente "el Enano". No se lo tomaba a mal, porque en Rosario muchos de sus compañeros del fútbol lo conocían por ese apodo. Esa temporada sus camaradas lo descubrieron un poco. "Fue gracias a la PlayStation que descubrimos que hablaba —afirma Vázquez—. Durante un torneo en Italia se abrió al fin, empezó a hablar mientras jugábamos a la consola. Hay que reconocer que era muy bueno jugando."

Durante esos años, los de formación de Leo, el nombre de Messi comenzó a parecer en los periódicos; pero su reserva y la discreción de los padres no lo ayudaron a darse a conocer. La primera mención de Messi en *Mundo Deportivo* data del 17 de marzo de 2001. Es un pequeño recuadro de 75 palabras escrito por el periodista Manuel Segura. Aparece como "Lioner Messi Pérez" (sic), un jugador "venido de River Plate" y definido como un "jugador rápido y vertical a pesar de su escaso tamaño". Siete meses después, el 14 de octubre, a Messi, siempre desconocido, el mismo periódico lo presenta como "el pibito de Vélez". El 14 de abril de 2002, el *Mundo Deportivo*, con firma de Roberto Martínez, se muestra entusiasmado. El título del artículo es elocuente: "El fantástico equipo de los Cadetes B puede tener al 'nuevo Maradona'". Un poco más adelante, hay un párrafo premonitorio: "Si el Barça hace todo lo que debe, y se ocupa bien de este equipo, los Messi, Cesc y Piqué van a hacerle ganar muchos títulos al club".

Esa temporada Messi demostró que podía ser duro, que tenía el carácter ya bien templado. Durante el último partido del campeonato, contra el Espanyol, perdió el conocimiento tras chocar contra un adversario. Fue transportado de inmediato al hospital y los médicos le diagnosticaron un ligero traumatismo craneal acompañado de una fractura en el pómulo derecho. Los médicos fueron tajantes: debía permanecer alejado de los terrenos de juego durante quince días. El problema era que una semana después el Barça jugaba el último partido de su temporada, la final de la copa de Cataluña, contra su viejo enemigo, el Espanyol. La seguridad de Messi pasaría por Carles Puyol, un jugador formado en La Masía que ya juega en el primer equipo y que algunas semanas antes había tenido que salir a la cancha con una máscara de protección hecha a medida. Los médicos sólo autorizaban a Leo si llevaba esa máscara. Messi aceptó y entró en el terreno de juego con cierto aire a Robocop. Sin embargo, al cabo de cinco minutos de partido se acercó a su entrenador, Alex García, para decirle que no veía nada y que quería quitarse la máscara. Petición rechazada. No obstante, al regresar al césped, Leo tiró la máscara, marcó dos goles y dio dos pases de gol (4-1) antes de ser reemplazado en el minuto 41 de juego.

El partido cerró una temporada de ensueño para los cadetes del FC Barcelona. No habían perdido un solo partido y ganaron todas las competiciones en las que habían participado (Campeonato Regional, Copa de Cataluña y Campeonato de España). Alex García, el entrenador de ese equipo legendario, recordó en *Mundo Deportivo* a "un grupo extraordinario, formado por jugadores muy competitivos, auténticos campeones. Tenían la madurez futbolística de hombres de veintidós o veintitrés años. Competían durante toda la semana y se entrenaban el domingo".

"Siempre recordaré ese año, porque hice amigos para toda la vida —dijo Cesc Fábregas a *Mundo Deportivo*—. Víctor Vázquez y Lionel Messi iban a menudo a dormir a mi casa. Los dos eran inseparables. Se picaban mutuamente. Si uno marcaba cuatro goles un día, el otro marcaba cinco el partido siguiente." Alex García afirmó en el mismo periódico: "Se iban desafiando. Yo, por principio, no designaba a los lanzadores de penaltis; pero con ellos siempre tenía que elegir a uno. Jamás vi un dúo atacante como ése en las categorías inferiores del Barça".

El último partido de este equipo legendario tuvo lugar contra el Espanyol. Durante el verano de 2003, Cesc se fue al Arsenal.

Messi, por su parte, continuó quemando etapas. Algunos meses más tarde, el 16 de noviembre de 2003, con 16 años y cinco meses, jugó quince minutos en el primer equipo del Barcelona durante un partido amistoso contra el Oporto de Mourinho. Su carrera estaba empezando.

CAPÍTULO 11

La firma

La vida es bella como en pocos sitios cuando de lo que se trata es de una suave tarde de verano en el club de golf del Ampurdán, en la costa catalana. Las pequeñas pelotas blancas contrastan contra el cielo azul tras ser lanzadas desde un césped tan bien cuidado como el del Camp Nou.

Al borde del Mediterráneo, en la Costa Brava, el club de golf es un remanso de paz, un lugar perfecto para oxigenarse y relajarse a fondo después de una semana de duro trabajo. Pero en aquel mes de junio de 2001, Antón Parera, que había ido para hacer unos hoyos, está a punto de estallar. La culpa era de un Juan Lacueva completamente obsesionado. Y eso que eran grandes amigos. De hecho, aquel día fueron a jugar al golf con sus mujeres. Son dos pesos pesados del Barça. El primero, Antón Parera, es el director general (y después, director general adjunto). Un cargo que ocupó entre 1976 y 2003 y demuestra que fue un hombre fuerte del club durante los mandatos de José Luis Núñez y Joan

Gaspart. El segundo, Juan Lacueva, es el responsable ejecutivo del fútbol base del Barça y el director general de su fundación. Desde que comenzaron a jugar, Lacueva no dejó de repetirle, una y otra vez, que había que hacer algo con el pequeño argentino, Lionel Messi. Que era absolutamente imperativo hacerle firmar un contrato lo antes posible. "¡Deja de darme el coñazo con eso!", estalla de repente Parera. "Tiene razón, para un poco...", le pide su esposa. "Juan, por favor...", insiste la compañera de Lacueva.

Parera estalla porque el caso Messi le parece irrelevante. En esos momentos era un director general bajo presión. El Barça atravesaba una grave crisis política y las luchas internas estaban haciendo zozobrar al barco catalán. "El club se encontraba a punto de implosionar", recuerda Parera, un hombre fuerte con barba cuidadosamente recortada que en modo alguno representa los setenta años que tiene. Católico convencido, padre de una política que llegó a ser senadora del partido nacionalista catalán Convergencia y Unión, está muy bien posicionado en la burguesía local. Durante sus muchos años en el Barcelona vio todo tipo de situaciones y, con el tiempo, aprendió que cuando el Barça está en crisis lo mejor es mover fichas poco a poco, caminar con pies de plomo y procurar no arrojar más leña al fuego. Tiene que usar todas sus dotes diplomáticas para evitar herir la sensibilidad de dirigentes histéricos. En ese explosivo contexto, en un primer momento la polémica surgida en torno al caso Messi no captó su atención. ¿Qué motivo habría para pasarse horas debatiendo sobre un niño de trece años cuando aparecían nuevos problemas a diario? "Al principio —admite Parera— tomamos la decisión de no hacer firmar a Messi. Sencillamente porque era un niño y no teníamos por costumbre reclutar jugadores tan jóvenes. Charly [Rexach] había accedido, estaba de acuerdo con nosotros, aunque al principio era favorable a su reclutamiento." Al pronunciar esas palabras, Parera destruye una leyenda, porque uno de los mitos que corren por el Barça sostiene que Rexach peleó como una fiera, con todos y contra todos, para conseguir que la pequeña maravilla de Rosario firmara. La realidad es otra. Nadie peleó tanto como Lacueva para que Messi fuera barcelonista. Incluso el entorno de Laporta, que más tarde llegaría a ser presidente de un Barça multicampeón gracias a un Messi estratosférico, se oponía ferozmente a ese reclutamiento. "Joan Laporta y Evarist Murtra habían dicho incluso que era una vergüenza que el Barça reclutara a un jugador tan joven", asegura Parera. Poco después y sin quererlo, Parera reconoce, sin llegar a mencionarlo, que la oveja negra que se opuso categóricamente a la firma de Messi fue Juan Ignacio Brugueras, un hombre muy ligado a Núñez y Gaspart. Lacueva confirma esa información. Saber que Murtra se opuso rotundamente a la firma parece paradójico, porque fue ese mismo dirigente quien pocos años después usó toda su influencia para que Josep Guardiola se convirtiera en entrenador del Barça. Algo en lo cual acertó plenamente, porque fue la dupla Guardiola-Messi la clave de los años de oro del Barcelona.

Parera ya no ocupa cargo alguno en el Barça, pero quiere que se haga justicia, que la verdadera historia sea conocida por todos: "Hoy todos dicen ser los padres de Messi; pero existe más de uno que se opuso a que pagáramos dos millones de pesetas [unos doce mil euros] para quitárselo a Newell's", asegura. Todo el mundo pecó en algún momento, incluso él: "Reconozco que soy de los que se opusieron al aumento de salario de Iniesta. Y de nuevo fue Juan [Lacueva] quien arregló el problema. Fue a ver a Gaspart y, juntos, encontraron términos de acuerdo. Gaspart decidió entonces renovar, costara lo que costase, los contratos de Puyol e Iniesta. Nunca se les ha reconocido este mérito". Lacueva es un hombre discreto a quien el Barça le debe mucho. Quizás porque nunca suelta su presa y cuando todo el mundo le dice "no", él insiste con su trabajo. Parera, que conoce bien a Lacueva, termina por darse por vencido. Quizás por amistad, pero no sólo por eso. Para poner el punto final a esa historia, a ese asunto Messi, convoca una reunión extraordinaria. Diez hombres, muy poderosos, del comité ejecutivo del club se encuentran en un salón del Camp Nou para debatir el futuro de Messi. El ambiente es tenso. Más propicio para los golpes bajos y las acusaciones que para el debate sereno y amistoso. "Al menos seis personas de las presentes ese día soñaban con convertirse en presidente del club. Les dejo imaginarse la atmósfera… pero a pesar del ambiente explosivo Lacueva continuaba insistiendo, hasta el punto de llegar a ser desagradable", recuerda Parera. Al final, fuera de sí, Lacueva termina estallando: "¡No tenéis ni idea de fútbol, la historia os juzgará!", les echa en cara. Uno de los presentes le devuelve la pelota: "Mira, no somos el Espanyol, aquí no pagamos comisiones". Todo está permitido. Los insultos vuelan por la sala. Para muchos el objetivo era desacreditar el trabajo de Lacueva y recordarle que, antes de entrar en el Barça, colaboraba con el Espanyol, el rival histórico del club en la ciudad.

"Fue entonces cuando decidí intervenir —asegura Parera—. Di un golpe sobre la mesa y les pedí que se disculparan. Además, qué coño, si así os ponéis, al chaval lo fichamos y se acabó. Estaba fuera de mis casillas y, para que todo el mundo lo sepa: no tenía ni idea de quién era ese famoso Messi o cuál era su valía." Si se le cree a Parera, no fueron ni Rexach, ni José María Minguella quienes lucharon hasta la última gota de sangre para que la Pulga firmara. Parera lo desacredita todo, incluso el legendario episodio de la "servilleta", sobre la cual se dice quedó sellado el destino de Messi: "Estoy especialmente enfadado con Minguella y Rexach. Se otorgan un mérito que por sus actos recae en Juan Lacueva. Y la historia de la servilleta es para echarse a reír. Es cierto que es una buena anécdota, pero en realidad no tiene ningún valor jurídico. Estaba firmada por Minguella, alguien que no estaba autorizado a firmar en nombre del Barça". Minguella, el hombre que presume de haber sido el responsable de llevar a Maradona y a Messi al Barcelona, cuenta una versión de los hechos distinta. Según él, el contrato firmado el 14 de diciembre de 2000, en una servilleta de papel en un bar del Club de Tenis Pompeya de Barcelona, fue determinante. Este "primer contrato" es tan corto como explícito, aun con sus errores de puntuación y nombres sin apellido o apellidos sin nombre: "En Barcelona a 14 de diciembre de 2000 y en presencia de los señores Minguella, Horacio y Carlos Rexach Secretario Técnico del FCB se compromete bajo su responsabilidad y a pesar de algunas opiniones en contra a fichar al jugador Lionel Messi siempre y cuando nos mantengamos en las cantidades acordadas". El documento está firmado por Rexach, Minguella y Jorge Messi. La solución del contrato simbólico en una servilleta dejó contentos a todos. No tanto, en cambio, a un Jorge Messi que estaba harto.

Desde las primeras pruebas de Leo, las reuniones se sucedieron, se encadenaron las promesas y, sin embargo, nada se había firmado. "Algunos pensaban que Messi era un jugador de fútbol-sala y que nunca crecería lo suficiente como para hacer carrera", recuerda Horacio Gaggioli. De modo que un día decidió ocuparse personalmente, con la bendición de Fabián Soldini, Martín Montero y Juan Mateo, los agentes de Leo: "Invité a Charly [Rexach] a jugar al tenis conmigo al club Pompeya, donde yo solía ir. El tiempo se nos echaba encima, porque ese enero Newell's hubiera podido inscribir a Leo como jugador de la AFA, lo que habría complicado muchísimo las cosas. De modo que firmamos un contrato en un trozo de papel. Apenas salido del club se lo entregué de inmediato a mis abogados. Al día siguiente me confirmaron que el documento tenía validez jurídica. Todavía conservo ese trozo de servilleta en una caja fuerte en el banco. La hice plastificar y autentificar ante notario por Charly Rexach". "No es más que una bonita historia que agrada a quienes lo firmaron —asegura Juan Mateo—, pues la servilleta no tiene ningún valor jurídico." Gaggioli no lo entiende así. Se muestra categórico: "Ese trozo de papel cambió la historia del Barça. Si Charly no lo hubiera firmado, es posible que Leo se hubiera convertido en jugador del Real Madrid. Era la solución más sencilla, pues el chico debía vivir en un país hispanohablante. Haberlo llevado a Italia hubiera sido un grave error y un fracaso seguro".

Es una tarde de noviembre de 2011 y Juan Lacueva, muy débil, está tendido en una cama en la habitación 524 de la Clínica Quirón, un hospital situado en las afueras de Barcelona, en la frontera entre la ciudad y la montaña. Lacueva está en los huesos. Lucha contra una enfermedad compleja. Está extremadamente delgado y tiene muchos problemas para moverse, pero sus recuerdos están intactos. Basta con pronunciar la palabra mágica "Messi" para que su memoria y su lengua se pongan en marcha. Se acuerda de todo: de las cifras, de las fechas y de numerosas anécdotas. Está aislado, pero junto a él, sobre las sábanas blancas de la cama, una computadora portátil le permite seguir conectado con la realidad y la actualidad.

Su primer encuentro con Messi lo marcó profundamente: "Por entonces era mucho más frágil de lo que yo lo soy ahora", dice, y sonríe levemente. En el año 2000, el Barcelona hacía pruebas a unos "tres jugadores por semana" y la situación de Leo no era sencilla. "No estaba a gusto, se sentía aislado. Tenía la impresión de que nadie le prestaba atención. Por eso decidió irse a la Argentina tras las primeras pruebas. No sabíamos realmente quién tenía los derechos del jugador. Newell's no lo había inscripto todavía en la AFA [Asociación del Fútbol Argentino]. Minguella y yo exigimos que su caso se estudiara en serio, pues tenía algo especial en los pies. Messi jugó por entonces un partido con jugadores mayores que él. Al cabo de diez minutos, Rexach me dijo convencido: 'Reclútalo, tengo que marcharme a una reunión'. Joaquim Rifé, director técnico de las categorías inferiores del Barça, me lo confirmó y me aconsejó que lo reclutáramos cuanto antes."

Todo parecía sencillo. Y, sin embargo, todo se complicó. Fabián Soldini y Martín Montero, los jóvenes agentes argentinos que habían enviado un video del prodigio a Minguella, ya tenían preparado un contrato. Veían las cosas a lo grande. Tenían una confianza absoluta en Leo. Incluyeron cláusulas bastante sorprendentes para un niño de trece años: "Si Leo debutaba con el equipo junior A, el club debía pagarle una buena suma, después otra si conseguía jugar con el Barça B, y seiscientos mil euros si subía hasta el primer equipo —confirma Lacueva—. Un dirigente nos dijo que estábamos locos, porque no comprendía que pudiéramos prometerle seiscientos mil euros a un niño de trece años. Le expliqué con calma que sólo tendríamos que desembolsar esa cantidad si conseguía jugar con el primer equipo. Y que si eso sucedía, era una ganga para el club, que sólo tendría que desembolsar seiscientos mil euros por un jugador de primera división".

El día de la famosa comida en el Club de Tenis Pompeya, cuando se firmó el primer contrato de Messi en una servilleta de papel, Jorge Messi se presentó a las cinco de la tarde en el despacho de Lacueva. Llegaba del Pompeya y estaba a punto de estallar. "Francamente, ¿te parece serio que el Fútbol Club Barcelona firme un contrato en una vulgar servilleta de papel?" Lacueva le respondió sin perder la sangre fría: "Te propongo un contrato en el que, cada vez que se trate de dinero, habrá que llegar a un acuerdo financiero".

Al Barcelona le interesaba su hijo, de eso Jorge estaba ahora seguro. Pero la ley es la ley y estipula que un niño no es una mercancía. De modo que un club, sea el que fuere, no puede comprar un jugador de trece años. Afortunadamente para él y Leo, hace tiempo que los clubes saben cómo sortear esta ley. Para que Leo desembarcara en Barcelona, Jorge debía tener un trabajo, aunque fuera ficticio. Por ese motivo le preguntó rápidamente a Lacueva: "¿Y mi trabajo? ¿Pensaste en eso?". "Te vamos a hacer un contrato de observador de jugadores de unos siete millones de pesetas [unos 45.000 euros] al año —le respondió Lacueva—. Te firmo el contrato de inmediato, pero para que tenga validez necesitaremos a dos signatarios más y el acuerdo de la comisión ejecutiva."

Lacueva intentaba tranquilizar a Jorge de algún modo, pero no bastaba. Jorge no estaba muy satisfecho con la propuesta. "Me dijo entonces que estaba harto de esos chupasangre, aprovechados, de todos esos que cobraban una comisión por un sí o por un no. No se refería a mí. Se trataba más bien de Minguella, responsable de la llegada de grandes jugadores al Barcelona. Y es cierto que en cada ocasión ganó mucho dinero. Así funciona la cosa, es el sistema de transfers, no hay nada escandaloso en ello." Y eso no es todo, porque Jorge Messi tenía otros buenos motivos para estar irritado. Las promesas del club todavía no se habían concretado, su familia estaba dividida, repartida entre Rosario y Barcelona, y su hijo menor no era feliz. Nadie estaba contento, la angustia planeaba sobre la familia Messi. Todo el mundo estaba a la espera de que las cosas se arreglasen al fin.

Jorge necesitaba un trabajo y el Barça lo sabía perfectamente. Al principio, Parera tuvo la idea de ofrecerle un puesto en la cervecería Dam, muy próxima al club y que a menudo le da una mano a sus ex jugadores. "Le pregunté a Gustavo Biosca, que se ocupaba de esas cosas, si tenía un trabajo para el padre, en paro, de un jugador al que íbamos a reclutar dentro de poco. Por diversas razones al final todo quedó en nada. Jorge Messi nunca ha sabido que un día pudo haber estado trabajando en Dam." En vez de en una cervecería, "el Barça le encontró un trabajo ficticio en una empresa situada frente al club —asegura Gaggioli—. Después vino a trabajar conmigo, en mi oficina, pero nunca hizo nada". Antes de eso, y para tranquilizar a Jorge Messi, aconsejado por Montero, Minguella mete la mano en el bolsillo. "Habíamos llegado a un acuerdo —confirma Martín Montero—. Minguella había propuesto un contrato a la familia de Messi: una casa y cuatro mil euros al mes." Finalmente, la familia podía respirar tranquila.

No resulta sencillo saber qué exigía Jorge y qué obtuvo; pero una cosa está clara: durante varios meses todo estuvo pendiente de un hilo. Leo firmó su primer contrato profesional en 2004. "Hasta esa fecha —asegura Parera— Leo tenía un contrato de jugador joven que le íbamos renovando. Todo era bastante precario." Lo cierto es que en 2001 Lacueva había presionado a Parera para que le firmara algo al pequeño Messi y no perderlo. "Le dije a Parera que había que hacerle firmar costara lo que costara. Paco Closa [secretario del presidente Gaspart y miembro de la comisión ejecutiva] firmó, pero Brugueras nunca quiso hacerlo. Por lo tanto, jurídicamente, el contrato no era válido."

Gaggioli se acuerda bien de ese contrato fechado el 1° de marzo de 2001: "Brugueras no lo había firmado", recuerda. También se acuerda de que cuando Laporta se hizo con las riendas del club en sustitución de Gaspart "hubo que empezar de cero. Y el tiempo no corría a nuestro favor, verdaderamente era contrarreloj, porque Leo tenía trece años y con esa edad el club todavía tenía derecho a contratarlo como 'jugador en formación'. Pero con catorce años la ley española es categórica, y Messi no hubiera podido fichar por el Barça viniendo de la Argentina. Por ese motivo Newell's nunca quiso ratificar su transfer. Leo ya había firmado con el Barça, pero hubo de esperar seis meses antes de tener derecho a jugar." El tiempo que tardó la FIFA en darle la razón. El 17 de febrero de 2002, una comisión administrativa de la Federación Internacional de Fútbol autoriza el pase de Messi.

Si bien aquel primer contrato firmado en marzo no tenía ningún valor jurídico, Messi ya podía comenzar a jugar con sus nuevos colores con el equipo B de su categoría. No tarda mucho en dar que hablar, tanto dentro como fuera del terreno de juego. Apenas tuvo tiempo de adaptarse a ese nuevo fútbol cuando surgió otro problema administrativo: "Javier Tebas, por entonces vicepresidente de la Federación Española de Fútbol, le impidió jugar dos o tres partidos. Decía que ocupaba plaza de extranjero y que no estaba autorizado a jugar". Años después Tebas se convertiría en presidente de la Liga de Fútbol Profesional española.

El Barça se dispuso a batallar por lo suyo y sacó un as administrativo de la manga gracias a una pequeña trampa, admitió Parera con una sonrisa: "Óscar Santos, delegado de formación de los jóvenes, hizo lo que tenía que hacer, y fui yo quien se lo permitió. Si no lo hubié-

ramos hecho Messi no habría podido jugar en España".
¿Qué fue lo que hizo? Algo muy sencillo, inscribir a
Messi en el acta de un partido que no había jugado. Una
práctica habitual que le permitió desbloquear la situación. "Encontramos ese subterfugio porque teníamos
que demostrar que era un jugador del Barça. Su nombre se escribió en el acta de un partido que no jugó. Esa
prueba nos permitió hacerle una licencia e integrarlo
en nuestras filas", confirma Lacueva, satisfecho con su
argucia. "Unos meses después todo el mundo comenzó
a preguntarme por el fenómeno Leo Messi. Me limité a
responderles: '¿No os acordáis? Es el chico por el cual
me estuvisteis dando dolor de cabeza durante meses'."
Un adolescente en quien Juan Lacueva siempre creyó
y al que siempre apoyó. Cuando su porvenir todavía
era incierto, Lacueva, protector, no dudó en sacar dinero de su bolsillo. "Messi seguía con su tratamiento
a base de hormonas de crecimiento, pero en el club no
teníamos medio para financiárselo, porque legalmente
no existía ningún contrato que justificara ese gasto. Fui
a ver al doctor Josep Borrell, jefe del servicio médico
del Barça. Le pedí una receta y fui a la farmacia para
comprarle algunas dosis. Si recuerdo bien, a continuación se las di al delegado del equipo, Carlos Naval.
Borrel me indicó que el tratamiento podía mejorarse.
De modo que cambiamos el tratamiento, que pasó a
ser de dos inyecciones diarias."

Parera se acuerda perfectamente de las idas y venidas
de Lacueva a las farmacias situadas cerca del Camp Nou.
"Insistió con Messi durante más de cuatro meses, y
durante todo ese tiempo pagó de su bolsillo las hormonas de crecimiento del chico." Gaggioli tampoco

lo ha olvidado: "Juan [Lacueva] es el hombre que más nos ha ayudado. Es todo un señor, al que Leo le debe mucho". Su gesto nunca fue reconocido por la familia Messi. Y mientras Lacueva pagaba el tratamiento de Leo, Jorge continuaba metiendo presión al club. Un día incluso le dijo al Barça que el Espanyol tenía los ojos puestos en su hijo. "Alguien le había dicho al presidente del Espanyol, Daniel Sánchez Llibre, que Messi tenía un contrato precario. Pero el presidente dio marcha atrás enseguida, pues pensaba que la operación iba a ser muy complicada", reconoció Parera. "Antes del Trofeo Gamper de 2005, el Barça había alcanzado un acuerdo con el Espanyol para cedéselo durante un año", asegura por su parte Gaggioli. El periodista Paco Aguilar, célebre columnista de *Mundo Deportivo*, confirma las palabras de Gaggioli: "En el verano de 2005 Leo ya tenía un pie en el Espanyol". Según Aguilar, el intermediario de ese pase no es otro que Alejandro Echevarría, el cuñado del entonces presidente Laporta. Pero el Espanyol no era el único club al acecho. Dos clubes italianos, el Milan e Inter, también tantearon al entorno de Leo. Atento al tema, Laporta se reunió con Jorge y Leo Messi. "Aquí Leo conseguirá la gloria", les dijo a padre e hijo con el carisma y la capacidad de persuasión que se le conoce. "¿Ir a Italia? Yo creo que allí Leo sufrirá, y aquí se divertirá. Le pagarán mucho dinero, pero aquí Leo tendrá un gran contrato." Años después, Laporta elogió la actitud de Jorge Messi: "Ha sufrido mucho para que Leo llegue adonde está, no es fácil ser el padre de una estrella. Leo y su padre eligieron quedarse en el Barça porque eligieron divertirse jugando y estaban convencidos de que sería un equipo ganador".

Los ingleses del Arsenal, especialistas en contratar a futuros prodigios, fueron un poco más lejos que los italianos, concretaron bastante más. Messi había seducido enseguida a Arsène Wenger: "Comimos con los hombres del Arsenal —corrobora Gaggioli—. El club inglés se interesó por Leo antes que por Cesc Fábregas [quien firmó con el Arsenal con dieciséis años]". Pero Horacio, Jorge y Leo no quisieron nunca irse a orillas del Támesis: "¿Te imaginás a Leo en Inglaterra? —se ríe Gaggioli—. En cualquier caso, nunca ha manifestado deseos de salir del Barça, a pesar de haber recibido propuestas tentadoras". Soldini concreta las cifras exactas de esas propuestas: "El Arsenal le ofreció un millón de dólares de prima por la firma más un contrato muy ventajoso. Pero Leo lo rechazó, pues no se imaginaba en otro sitio que no fuera Barcelona. El futuro le ha dado la razón".

CAPÍTULO 12

La felicidad

"Mi plan era ofrecer a Leo al Real Madrid." Horacio Gaggioli no pestañea, aunque es muy consciente del peso de lo que está diciendo. Porque él no es cualquiera, no habla por hablar. Hubo un tiempo, dice Gaggioli, en el que fue muy poderoso, decisivo en la vida de Messi: de haberse propuesto llevar al adolescente de trece años para que jugara en el archirrival del Barcelona, lo habría hecho sin problemas, y la historia del fútbol sería otra. ¿O no? ¿Exagera Gaggioli? Es cierto que fue fundamental en los primeros tiempos de los Messi en Barcelona, pero Juan José Mateo, amigo y socio en aquella aventura, da a entender con claridad que sí, que Gaggioli sobrevalora su poder. Y lo hace con una risa leve e irónica antes de responder: "Je, je, je... ¿Qué dirá Fabián con respecto a eso? No, no, no... No podía llevarse a nadie en ningún momento. No entiendo cómo se mezcla la memoria, aunque tampoco podemos recordar tan exactamente las cosas. Pero insisto en que Horacio no era el agente de Messi, nunca lo fue. Primera noticia que tengo de que podría haber ido a Madrid. La primera. Nunca nadie mencionó que pudiera haber la mínima posibilidad". ¿Cuál era entonces el papel de Gaggioli? "El de una persona que estaba en contacto con la familia, como le habíamos pedido, para solucionar cualquier problema que surgiera, siempre en contacto con José María, que en lo económico era el que bancaba toda la situación."

Lo cierto es que Gaggioli, como los Messi, es de Rosario. En sus oficinas, en el barrio barcelonés de Sarriá, Messi es una presencia palpable, aunque se trata de la del Messi niño, la del Messi desvalido y escuálido que llegó de la Argentina. Del Messi exitoso, poderoso y mundialmente famoso, a Gaggioli no le quedó nada. Hace años que no se ven, el contacto murió. Quizás por eso la oficina parece sumirse en penumbras y su decoración se hace más anticuada aun cuando se habla allí de Messi: es como si el tiempo se detuviera. "Yo era el típico '5' argentino", rememora no sin nostalgia el hombre delgado, fibroso y de barba cana. "En febrero de 1974 me vine a jugar al Espanyol de Barcelona, pero en junio tuve un accidente muy grave en Galicia, y se acabó el fútbol para mí." Así, de un día para el otro, Gaggioli enterró sus sueños de futbolista y se abrió a una nueva vida como agente. Por eso a principios de 2000 —"febrero o marzo", dice— recibió una llamada desde la Argentina, la llamada que cambiaría todo. "Eran Fabián Soldini y Martín Montero, de la empresa Marka. Me dijeron que tenían un chiquito muy diferente." En esas épocas Gaggioli pensaba seriamente en dejar Barcelona e iniciar una nueva vida, aunque lo que Mateo dice es que estaba muy alejado del fútbol, y que fueron ellos quienes volvieron a engancharlo en el tema. "Estuve a punto de irme a trabajar a Madrid. Y la idea de la familia Messi era llevar al chico a un equipo grande de Europa, pero a un lugar en el que estuviera yo para así tener una cobertura. En Madrid, Barcelona o Milán, lo que fuera", sigue diciendo Gaggioli con voz pausada, pero sin un gramo de dudas a la hora de recordar. "Si me iba a Madrid lo iba a ofrecer al Real Madrid. Es como tantas otras circunstancias de la vida, Leo podría haber sido del Real Madrid." No lo fue, y salvo cambio extraordinario, no lo será, pero en aquellos primeros pasos de Messi en Europa muchas cosas fueron en algún momento posibles: que jugara en el Real Madrid, sí, pero también en la Juventus, el Arsenal o el Espanyol. Que intentara su camino en el Barcelona y finalmente debiera irse por cuestiones reglamentarias. Muchas cosas podrían haber pasado, salvo un imposible: que Messi vistiera la camiseta de la selección española, aunque intentos para que lo hiciera no faltaron. Y llegaron del mismísimo corazón de la familia de Gerard Piqué, con el que años más tarde compartiría equipo en un Barcelona que hizo historia.

"Frank Rijkaard no quería a Messi, lo quería ceder", recuerda Antón Parera, hombre fuerte del Barcelona durante las presidencias de Josep Lluis Núñez y Joan Gaspart. Entre 1978 y 2006 Parera vivió muchas cosas en el club, del que fue director general, pero pocos momentos tan decisivos en lo futbolístico —una materia que admite desconocer— como el de la noche del 25 de agosto de 2005 en el Camp Nou. El Barcelona se enfrentaba a la Juventus de Fabio Capello en la cuadragésima edición del Trofeo Gamper, un torneo que homenajea al fundador del club, el suizo Hans Gamper, y que marca el regreso a la actividad fuerte, el último disfrute veraniego antes del inicio de la Liga española. Que por primera vez en una década el trofeo viajara a Italia tras una definición por penales fue lo de menos. "Aquel día que jugamos el Gamper contra la Juve, el club le estaba buscando equipo a Messi, porque Rijkaard decía que no se podía jugar con tres bajitos", recuerda Parera. La combinación de Xavi, Iniesta y Messi, que tantos réditos le daría al Barcelona, aparentemente no seducía al técnico holandés. Tanto es así, que el hombre que entró en lugar del argentino en el final de aquel inolvidable partido ante la Juve fue el francés Ludovic Giuly, un veloz extremo derecho proveniente del Mónaco, más bajo aún que Messi y clara opción de Rijkaard para el puesto. El holandés era muy criticado en aquellos tiempos en Barcelona. Le daría dos Ligas, dos Supercopas de España y una Champions al equipo, sí, pero los guardianes del ADN futbolístico del Barça no podían entender que hubiera convertido al mítico "4" azulgrana en un tapón, más que en el inicio de la ofensiva. De Rijkaard se decía incluso que no entendía a Messi. Cierto o no, terminó importando poco, porque el argentino, como tantas otras veces en momentos clave de su carrera, habló en la cancha para destruir cualquier plan de deshacerse de él. "Si no lo quieren, me lo llevo", dijo Capello a los directivos de un Barcelona inmerso en una lucha política que les impedía calibrar la dimensión de lo que tenían entre manos.

El técnico italiano regresó a su país y seguía obsesionado con Messi: "Este chico es un fenómeno, en mi vida he visto a un jugador tan joven hacer las cosas que nos hizo a nosotros". Y junto a Luciano Moggi, el director del club años después suspendido por el escándalo de manipulación de resultados que le costaría el descenso a la Juve, se puso manos a la obra para cumplir los deseos de Capello, compartidos por el presidente del Inter, Massimo Morati. ¿Exageraba Capello? En absoluto. Lo que Messi hizo aquella noche ante la Juventus fue mucho, su juego fue un sonoro cachetazo de fútbol fantasía que dejó con los ojos abiertos a medio mundo. "La pelota es mía", pareció decirle el argentino de entonces dieciocho años a su equipo, al rival, a los 92.000 espectadores en el Camp Nou y a todo aquel que lo observara. Messi, que comenzó el partido con un doble caño a Fabio Cannavaro, se apropió del esférico en aquella noche de verano y no lo soltó. "Volvió loco a Zambrotta. Capello le dijo a Gaspart después del partido que ese chico iba a ser el mejor jugador del mundo." El recuerdo es de Lacueva, director ejecutivo de las secciones de fútbol base del Barcelona en aquellos años. "Capello no podía entender que varios directivos del Barcelona no supieran quién era Messi, la joya que tenían en casa." Casi siete años después de aquel partido, Capello habló con Ricci, el corresponsal de *La Gazzetta dello Sport* en España. El entrenador volvía a levitar de sólo recordar al Messi de dieciocho años. "Aquella noche de verano quedé impresionado por ese pequeño muchacho al que definí como un diablillo. El público apenas lo conocía, era un canterano del Barça que pintaba bien, no más que eso. Enfrente estaban jugadores hechos, campeones como Cannavaro, Thuram o Vieira. Al final del partido me acerqué a Rijkaard, que había sido jugador mío, y con el que tenía una buena relación, y le dije: 'Sé que por motivos reglamentarios no puedes hacer jugar a Messi. ¿Por qué no me lo das a préstamo? Yo lo hago jugar...'. Pero me respondió que estaban por encontrar la solución." En aquel entonces el argentino era sólo eso, argentino, y por lo tanto dueño de un pasaporte extracomunitario. El brasileño Ronaldinho, el camerunés Samuel Eto'o y el mexicano Rafa Márquez ya cubrían el cupo máximo de tres jugadores en esas condiciones, y la situación de Messi tras debutar en la selección mayor argentina era ambigua: su condición de "asimilado" lo situaba en un vacío legal. Por las dudas, el Barça decidió que no jugara en los primeros compases de aquella Liga 2005-2006, apenas lo alineó en un partido de copas europeas. Pero Rijkaard no mentía, el Barcelona ya tenía la solución. Aquel 26 de septiembre de 2005 en que juró fidelidad al rey, los problemas se acabaron, y la familia de Messi frenó los trámites para conseguirle la nacionalidad italiana al más famoso de sus hijos. Ocho años más tarde, esa nacionalidad española complicaría un poco más a Messi en un caso de presunta evasión de impuestos. A Capello, que sólo soñó por un par de días con tener a Messi en las filas de aquella Juventus, le quedará siempre el recuerdo del momento en el que vio "nacer" a Messi, pero también el del día en que un Messi ya más afirmado volvió a maravillarlo: "Veo aquel Gamper con la Juve como el preámbulo perfecto del clásico de los tres goles de Messi". Capello se refiere al 3-3 de 2007 en el Camp Nou, en el que el argentino dio inicio a años de martirio al Real Madrid y a Iker Casillas. El italiano era por entonces el entrenador blanco, y su conclusión es tan redonda como la pelota que Messi lleva atada al pie izquierdo: "Dos años más tarde, el pequeño diablito se había convertido en Satanás".

Desde pocos sitios se advierten mejor los estragos de "Satanás Messi" a la autoestima del Real Madrid como desde la fila 6, asiento 25, no lejos de los "Ultras Sur", la peligrosa barra brava de tintes ultraderechistas y neonazis del Real Madrid. Hace años que Juan Antonio Guerrero se sienta en esa ubicación, y allí estaba el 16 de abril de 2011, el día que una cascada de insultos cayó sobre el argentino. Se jugaba el primer minuto de los cuatro de descuento de un partido que terminaría 1-1. Era el primero de los cuatro duelos que entre abril y mayo de 2011 enfrentaron a blancos y azulgrana por la Liga española, las semifinales de la Liga de Campeones de Europa y la final de la Copa del Rey. Luego hubo más partidos, hasta nueve en un solo año, lo que llevó a que se hablara de "sobredosis de clásicos". Messi corrió una pelota que se iba por la banda, no llegó a controlarla y, furioso, pateó en dirección a la tribuna. Los que lo defienden dicen que apuntó al cartel publicitario que rodea el campo de juego, pero falló. Sus detractores lo vieron muy diferente. "Leo Messi, el jugador que tomó hormonas de crecimiento, sufre un momento de enajenación mental y agrede y falta el respeto al público del Santiago Bernabéu. Entendemos que la acción es verdaderamente grave y debería ser sancionado. Nuestro defensa central Pepe le recriminó la asquerosa acción", escribió horas después del incidente la web no oficial www.realmadridweb.com. Aquella noche de sábado primaveral en el estadio blanco en el que Messi pateó hacia la tribuna, Guerrero estaba en primera línea de fuego. "Justo detrás del hombre al que le dio el balón. ¡Soy el que sale tapado en la foto que publicó *Marca*! Él me salvó de que me diera ese balonazo...", recuerda. Desde la posición de Guerrero, abonado desde hace años, el panorama es impresionante. El Bernabéu es un coloso que se eleva interminable, el césped no sólo se ve, sino que se huele, y los movimientos, gestos e incluso gritos de los jugadores se pueden seguir como es posible en muy pocos sectores del estadio. Guerrero cree que Messi tuvo aquella noche intención de impactar con la pelota a los espectadores. "El balón estaba ya un metro y medio fuera de la línea de banda, pero Messi chutó a la grada. Cuando vi eso grité: '¡Canijo, descerebrado, sinvergüenza!, ¿estás loco?'. La gente le lanzaba las pajitas de las banderas que nos habían dado, alguna bandera también, pero ni le llegaban", añadió Guerrero acerca de esa extraña noche en la que el primero en recriminarle la acción a Messi fue el portugués Pepe, conocido por sus arranques de violencia sin límites a la hora de jugar. Más allá de un curioso argumento que aporta Guerrero —"ese señor come porque nosotros pagamos su dinero"—, aquella acción de Messi desató una comprensible furia entre los espectadores. Aunque algo es cierto: ese enojo late, en el fondo, por una razón más importante que el "balonazo": el argentino es la síntesis de todas las frustraciones madridistas, el hombre que, junto a Guardiola, encarna y encarnará por siempre los años en los que el Barcelona aplastó al Real Madrid. Por eso es que mucho antes del "balonazo" hubo un grito aquella noche que retumbaba y sigue retumbando potente en las filas superiores del Bernabéu. Apuntaba directo al mejor futbolista del mundo: "¡Puto enano hormonado!". Lo de Guardiola, el otro foco de la furia, es más breve: "¡Drogadicto!". También vociferan "¡Yonki!", apelando a la versión española de "junkie", que no significa otra cosa, en inglés, que adicto a las drogas. Un estigma que el ex jugador arrastra desde aquel positivo por nandrolona en 2001, cuando jugaba en el Brescia. Siete años más tarde sería absuelto. Una de las claves para llegar a esa exoneración fue demostrar que los análisis realizados por el Laboratorio Antidopaje del Comité Nacional Olímpico Italiano (CONI) "no eran creíbles", reveló Tomaso Marchese, uno de los abogados de Guardiola en aquel caso. Pero el ex jugador nunca se liberaría del todo de esa marca. En aquel programa, uno de los varios que a partir de la medianoche incendia las pasiones de la audiencia futbolera, se aseguró que el Real Madrid presentaría una "queja formal" ante la Federación Española de Fútbol por los "precarios controles" antidoping y los arbitrajes. Se apuntaba al Barcelona y al Valencia, y también se hablaba del oscuro médico Eufemiano Fuentes, eje central de la "Operación Puerto", una investigación sobre doping que comenzó con buen rumbo pero dañaría por años profundamente la imagen de España. En su momento, Guardiola prefirió no meterse con el tema, aunque lo hizo acusando indirectamente a Florentino Pérez, presidente del Real Madrid, de estar detrás del asunto: "Ésta es un pregunta para la Cadena Cope y el señor Florentino Pérez. La Cope dice que la fuente es el Real Madrid y el Real Madrid lo niega. Así que, cuando se pongan de acuerdo, ya nos informarán, tanto unos como otros". El Real Madrid estaba en aquel momento cinco puntos por detrás del

Barcelona, y la llamativa filtración a la Cope quedó en eso, porque no hubo ninguna conferencia de prensa con Pérez oficializando semejante acusación. En marzo de 2012, exactamente un año después, la Cope pagó doscientos mil euros al Barcelona en forma voluntaria y se disculpó por el hecho. Una cifra mucho mayor que la que la justicia condenó a pagar al diario francés *Le Monde*: quince mil euros por vincular abiertamente al equipo a Fuentes y la "Operación Puerto".

CAPÍTULO 13

El cuerpo

"Aquí está: la famosa Mila-Messi. Es lo que come el Leo, siempre. Y de postre, heladito de fresa y chocolate, acompañado de Coca-Cola. Siempre."

No había un gramo de falsedad en la afirmación de Jorge, uno de los dueños de Las Cuartetas. El "menú messiánico" fue cierto durante bastante tiempo, hasta que en 2009 Messi dejó de frecuentar el que es quizás el mejor restaurante argentino de Barcelona, una explosión de sabores y platos contundentes entre los que la milanesa a la napolitana es la gran estrella. Muchas, quizás demasiadas calorías conformadas por carne empanada —frita o al horno— recubierta de salsa de tomate, mozzarella y jamón, aunque las combinaciones posibles son múltiples. El plato es tan irresistible como poco recomendable para un deportista, ni hablar de si se lo combina con Coca-Cola y helado.

De a poco, Messi dejó de frecuentar Las Cuartetas, a pasos de la emblemática Avenida Diagonal y escenario de algún encuentro con Maradona, refugio en el que los padres de Messi le confiaban a los camareros cuánto sufría el jugador con cada crítica de los argentinos. Messi dejó de ir, no porque no le gustara, sino porque ya no debía.

"Ya no se puede sentar a cenar tranquilo", se lamentaban sus dueños en 2010 ante el exponencial crecimiento de popularidad del jugador. "Cuando no juega, está con compromisos publicitarios. Y cuando por fin tiene algo de tiempo libre, prefiere quedarse en la casa y desconectar." Verdad a medias. En realidad, Las Cuartetas era víctima del "nuevo Messi", ese que había dejado de comer como un argentino. "Veía una lechuga y salía corriendo. Lo suyo eran los ñoquis y la carne", certifican en el club. El argentino casi no había probado el pescado, algo muy habitual en su país. De a poco fue cambiando, y no sólo con las comidas: quedarse despierto hasta la madrugada para seguir partidos del campeonato argentino también dejó de ser una costumbre. Consecuencias de la llegada de Guardiola como entrenador en 2008. El nuevo cuerpo técnico decidió que los jugadores debían comer en el club, una manera de controlar sus dietas y sus hábitos. Es más, en el libro *Fórmula Barça*, del periodista español Ricard Torquemada, se cuenta que Guardiola hizo quitar de la zona de los vestuarios las máquinas automáticas que expendían Coca-Cola y Conguitos, una golosina hipercalórica. Esa máquina era frecuentada por Messi, que también en eso tiene rasgos de niño: muere por los dulces.

Si controla esos detalles, Messi puede llegar muy lejos y "durar" mucho tiempo, decía hace una década Fernando Signorini, el que fue preparador físico de la selección argentina: "Si vive una vida normal sin excesos, come bien y duerme bien va a seguir así mucho tiempo".

Guardiola coincidía, y por eso en el amplio comedor en Sant Joan Despí cada jugador tenía en sus cuatro años al frente del equipo una silla predeterminada, y sobre la mesa uno o varios vasitos blancos de plástico: en cada uno está la mezcla de vitaminas y suplementos justos. No toma lo mismo Messi que Puyol, no es igual el vaso de Iniesta que el de Piqué. Pero todos toman lo que el cuerpo médico del Barcelona les receta y lo que el cocinero ofrece ese día. La milanesa a la napolitana no está nunca en el menú, aunque siga esperando a Messi en Las Cuartetas.

Una buena vía para conocer a las grandes figuras es estar cerca de los que están cerca de ellas. Y, si se mide la cantidad de horas que pasan juntos, no hay nadie más cercano a Messi que Juanjo Brau. Está con Messi en el Barcelona, pero también viaja con él cuando juega para la selección argentina, amistosos o en cualquier otro traslado, incluso en vacaciones.

Antonela Roccuzzo podría tener cierto derecho a sentir celos de Brau, la inseparable sombra de su novio, su confidente, el hombre que todo lo sabe de Lionel Andrés Messi: fisioterapeuta, recuperador físico, entrenador personal... Brau, pequeño, calvo y fibroso ya pasados los cuarenta, es eso y mucho más.

A Messi, dice Brau, hay que cuidarlo más que a otros jugadores, porque los problemas nacen de su fútbol, de su propia excepcionalidad. "Es dueño de un juego muy explosivo, los isquiotibiales sufren con esa explosividad. Y la cantidad de golpes que recibe en un partido es terrible. Si no le hacen más daño es porque es tremendamente fuerte y robusto. Todas las acciones las hace al límite, es por eso que su máxima virtud a veces se le vuelve en contra."

La frase de Brau es de principios de 2009, en los albores de los mejores años de Messi en la orquesta sinfónica de Guardiola, antes de los golpes con la selección en el Mundial y la Copa América y antes, también, del "renacimiento" con Sabella.

Hasta unos meses antes de esa conversación en la Ciudad Deportiva del Barcelona, Messi tenía la zurda como arma casi exclusiva para el gol. Pero en ese 2009 ya resolvía partidos con goles de derecha. Y luego llegarían los de cabeza, entre ellos el fundamental sobre Edwin van der Sar en mayo de ese año en la final de la Liga de Campeones. "Tiene un martillo en el cuello, es muy, muy fuerte", explicaba el fisioterapeuta antes de que aparecieran otras variantes goleadoras de Messi: de pícaro tiro libre, como en febrero de 2012 ante el Atlético de Madrid, o incluso con el pecho, como en diciembre de 2009 en la final del Mundial de Clubes ante Estudiantes de La Plata.

Brau conoce cada célula de Messi. Tan unido está al argentino, que su análisis llega al tuétano. "¿Sabes cuál es el gran hándicap de Leo? Que nunca jugó en la Argentina. La hinchada de Leo es la del Barça, no tiene atrás a River o a Boca." El fútbol de Messi —aunque River tuvo y desaprovechó su oportunidad— jamás pasó por la capital argentina, a diferencia de Maradona.

"¿Qué pasaría si lo que hace acá lo hace en Boca o

River?", se pregunta Brau antes de responderse a sí mismo. "Muy fácil: sería el futbolista más grande de todos los tiempos."

Messi, aseguraba Brau, sufría mucho en cada viaje con la selección de su país. Pero todo puede siempre empeorar, y eso fue lo que sintieron los dirigentes y el cuerpo técnico del Barcelona en el momento en que Maradona fue anunciado oficialmente como seleccionador nacional argentino.

Meses después, en el turbulento 2009 de Messi, una frase salió de los labios de un hombre que trata a diario al "10" del Barça: "Tras cada viaje a la Argentina nos lo devuelven destruido. ¿No podéis hablar con vuestro seleccionador y centrarlo un poco? ¡Por favor! ¿No hay nadie allí que le sirva de consejero, de guía, de contrapeso futbolístico? Le vendría bien".

Vanos deseos: el tiempo y el Mundial de Sudáfrica 2010 demostrarían que Maradona, aquel genial jugador, para muchos el mejor futbolista de todos los tiempos, sencillamente no sabía qué hacer con Messi.

A mediados de 2011 el Barcelona ya no estaba preocupado por Messi y su relación con la Argentina. Por un lado, porque Maradona ya había dejado la selección. Con eso se reducían mucho los imprevistos, los altibajos anímicos, los absurdos. Pero había otra razón. Messi había crecido mucho como jugador, también en personalidad. Lo demostraría con un fulminante arranque en la temporada 2011-2012.

Brau estuvo con el jugador en las semanas previas a la Copa América, durante todo el torneo y también después. Lo que el crudo invierno argentino impidió mostrar, se revelaría luego durante unas vacaciones en Ibiza y en los primeros entrenamientos y partidos: Messi había cambiado su físico. Donde había un brazo sin definición ni aparente fortaleza, había ahora un bíceps imponente y una musculatura bien definida desde el hombro al antebrazo. Donde había unos pectorales que no llamaban la atención, ahora había porte de superhéroe. Messi ya era fuerte y duro para sus rivales desde hacía tiempo, pero ahora recortaba distancias en lo visual y estético con Cristiano Ronaldo, el hombre obsesionado con el argentino.

Brau, que trabaja hasta la última fibra del cuerpo de Messi, está junto al argentino siempre, incluso cuando el delantero entrena con la selección. Nadie puede tocar a Messi, nadie puede darle instrucciones en cuanto a preparación física, alimentación, horas de sueño. El jefe es Brau, y todo indica que es un buen jefe, porque del Messi que hasta 2008 se lesionaba con cierta frecuencia queda poco y nada, aun cuando su lesión de la primavera de 2013 y varias recaídas posteriores reabrieran los interrogantes.

En aquel verano europeo de 2011, Messi fue más allá de lo que nunca había ido. Llegó a entrenarse tras tener unos días más de vacaciones que sus compañeros, unas vacaciones que llamaron la atención por ser un tanto "anti-Messi": las pasó en un barco en Ibiza junto a Antonela y su gran amigo Dani Alves. Se lo vio apasionado con su novia, conduciendo un jet ski con Alves de acompañante e incluso, si las fotos no engañan, fumando algún cigarrillo. Seis días después le daba una asistencia a Andrés Iniesta y anotaba él mismo un gol para el 2-2 ante el Real Madrid en el Santiago Bernabéu. Y tres días más tarde ofrecía otra asistencia y dos goles para conquistar con un 3-2 en el Camp Nou la Supercopa de España. A la semana siguiente una asistencia más, y otro gol suyo, le daba la Supercopa de Europa en Montecarlo ante el Porto.

Resumen: seis días de entrenamiento, tres asistencias, cuatro goles, dos títulos. Y dos éxitos más: la UEFA lo elegía en forma abrumadora como el mejor jugador del fútbol europeo —y Cristiano Ronaldo, tercero tras Xavi, no podía disimular el fastidio— y Sabella, el nuevo entrenador de la selección argentina, le daba la capitanía del equipo.

Un agosto increíble tras un julio para el olvido. Que lo de agosto fuera con la camiseta del Barcelona y lo de julio con la de Argentina no es casual.

Porque en ese agosto, además de hacer todo lo que se puede hacer en una cancha de fútbol, Messi tuvo incluso la presencia y las agallas para plantarse frente a Mourinho, el entrenador al Real Madrid.

Provocador, hiriente, ególatra e incontrolable para su propio club, años antes, en su época de entrenador del Chelsea, Mourinho había acusado al Barcelona y a Messi de "hacer teatro". Aquel 17 de agosto de 2011, en el volcánico Barça-Madrid que se cerró con Mourinho metiéndole un dedo en el ojo a Tito Vilanova, por entonces el "número dos" de Guardiola, Messi fue más argentino que nunca: tras convertir uno de sus goles pasó corriendo cerca del banco del equipo rival e hizo con una mano el gesto de "sigan hablando". Los destinatarios finales eran Mourinho y su asistente, Rui Faría. Irreconocible Messi, ese jugador que durante tanto tiempo en el Pro Evolution Soccer valió menos puntos vistiendo la camiseta argentina que llevando la del Barça.

Marzo de 2010, banco de suplentes de una de las canchas de entrenamiento en la ciudad deportiva de Sant Joan Despí. El impecable césped brilla con su intenso verde, y dan ganas de salir a correr tras una pelota, pero vale la pena seguir en el banco, porque Brau, habitualmente reservado, habla durante cuarenta minutos sobre todo. Habla sin límites y se preocupa en el inicio por dejar algo en claro: él no es "la" clave del gran Messi que disfruta semana tras semana el fútbol mundial.

"Yo soy una de las personas, pero también hay otras, como los preparadores físicos. No es que ahora hagamos nada en especial por lo que Leo no se lesiona, sino que es un trabajo de largo tiempo que ha dado sus frutos. No quiero que se diga que con Juanjo Brau está haciendo un trabajo por el que nunca más se va a lesionar, porque es un jugador de fútbol, y muy explosivo." Como tantos expertos en la puesta a punto física, Brau destaca que la alimentación y el descanso también forman parte del entrenamiento. "El cuerpo técnico hizo hincapié en las recomendaciones alimenticias en general y se le fue buscando a cada jugador una dieta un poco más específica. Comemos varios días en el club, todo el mundo tiene una dieta controlada desde que comenzó la 'era Guardiola'. Un deportista tiene que comer de todo y no excederse con nada. Pero como buen argentino, Leo es carnívoro. Esto es la suma de mucho tiempo de trabajo que ahora rinde sus frutos, una maduración futbolística, del propio deportista, de los hábitos."

Buena comida, buen descanso, buena hidratación y mucha prevención son algunas de las claves para que el cuerpo de Messi se haya convertido en una roca. Lo dicen sus rivales, que se asombran por la fuerza del pequeño argentino, lo duro que es si llega el momento del choque, pese a lo frágil que pueda parecer. Y lo rápido que se recupera. Asombra aún lo que sucedió a partir del 19 de septiembre de 2010, cuando el checo Tomás Ujfalusi fue directamente al tobillo derecho del argentino ya en el tiempo extra del choque que el Barcelona ganaba por 2-1 al Atlético de Madrid.

El golpe fue bestial, pero ocho días después, sin haber recibido el alta médica, Messi fue convocado por Guardiola para viajar a Rusia y enfrentarse el 29 de septiembre al Rubin Kazán por la Liga de Campeones. A los 15 minutos del segundo tiempo Messi entró en lugar de su compatriota Javier Mascherano. Sólo habían pasado diez días desde la brutal entrada de Ujfalusi.

Parte del secreto tiene que estar en el trabajo preventivo que Messi encara desde hace tiempo. El argentino empieza a entrenar antes y termina después que sus compañeros. A solas con Brau, el argentino se pone a punto en los 45 minutos previos al entrenamiento oficial y se queda trabajando media hora más una vez que Guardiola marcó el final de la práctica. En esa especie de *chill out* final Messi mueve las articulaciones, relaja la tensión muscular y afina detalles en sus extremidades inferiores.

Y hay un detalle más: Messi aprendió a jugar, es más inteligente en el campo de juego. ¿Cuántas veces se lo ve caminando, aparentemente ajeno a la jugada, antes de activarse en microsegundos y ser decisivo con una asistencia o un gol? Forma parte de su juego, de cierto engaño en el que los rivales siguen cayendo, pero también de una decisión de cambiar cosas en aquel explosivo jugador de 2005 y 2006 que se quería "comer" el partido corriendo los 90 minutos a máxima velocidad, ya fuera yendo hacia el arco o persiguiendo rivales.

Guardiola lo convenció de que estar más arriba y emprender carreras cortas asociado a Xavi, Iniesta o Cesc es más conveniente para su juego. Messi corre menos ahora, pero es más efectivo y prácticamente no se lesiona, lo que le permite disputar más de sesenta partidos al año en el máximo nivel y cumplir con lo que lleva en el corazón desde niño: jugar al fútbol. Siempre.

Aunque Guardiola y Brau son quienes marcaron o marcan el paso en la carrera de Messi, hay un observador consistente que tiene muy bien estudiado al genial zurdo: Signorini. En sus épocas de preparador físico de la selección argentina tuvo el privilegio de ver a Messi muy de cerca, y lo que vio parece tenerlo aún en shock.

"Leo tiene una elevadísima frecuencia de pasos, aunque no se trata sólo de correr en máxima velocidad: lo que tiene Leo es una coordinación neuromuscular muy fina y brutal a la vez. Cuando el pie o las piernas van muy rápido, es porque eso viene de la cabeza. No se trata sólo de la mano de Picasso, es la velocidad mental la que tracciona las informaciones al cuerpo", ejemplifica.

Signorini cree que lo de Messi es como los fenómenos paranormales: no se puede explicar. "No hay que explicar lo inexplicable, porque la naturaleza es así, muy caprichosa. Los padres de Maradona y Pelé no tenían antecedentes deportivos, sólo hay que ver a los hermanos de Messi para ver que él es algo distinto."

Messi es, si se sigue a Signorini, tan perfecto como

una Ferrari. O más. "Cuando una Ferrari acelera, si no tiene frenos, se sale de la ruta. Messi frena muy bien, tiene un don natural como Paco Di Lucía para la guitarra o Michael Jordan para el básquetbol. Misterios de la vida."

No es un misterio, en cambio, la gran evolución física de Messi. Signorini cree que el rosarino tuvo mucha suerte al dejar su país. "En Europa los preparadores físicos de los clubes respetan mucho más a cada jugador y se trabaja mucho más en función de la pelota. En la Argentina la mayoría de los preparadores físicos trabajan con el atletismo aplicado al fútbol. En Europa se trabaja más con la pelota. Menos mal que Messi se fue de chico a España... Acá la gente siempre está enojada, la presión es brutal. Descender, no descender, ganar la Libertadores, derrotar al enemigo... En Barcelona tuvo paz, protección y acompañamiento mental y físico para que pudiera explotar. En la Argentina lo hubieran hecho pedazos."

Messi, sin decirlo expresamente, coincide. "Obviamente venir de muy chico a la cantera del Barcelona me ayudó por la manera en la cual se trabaja acá, todo con pelota. Diferente de la Argentina, eso me ayudó a crecer también", dijo durante una entrevista con la cadena británica Sky en la que también contó una anécdota que revela que de niño hablaría poco, pero no le faltaba picardía. Fue al recordar que a veces entrenaba por las noches en solitario, un acto aparentemente abnegado que era, en realidad, una forma de ocultar las circunstancias de una lesión.

"Fue en el colegio... Con los chicos de La Masía hacíamos cosas en el recreo, jugábamos partiditos, jugábamos al baloncesto, hacíamos de todo un poco. En uno de esos partidos me golpeé y el tobillo se me hinchó. No podía decir en el club que había sido en el colegio. Entonces entrené un poquito y les dije que me había esguinzado."

Brau no escuchó a Signorini, pero, más allá de sus intentos de bajarle el perfil a sus méritos, no puede negar lo evidente: es la persona que más tiempo pasa con Messi, con el que incluso comparte días de vacaciones. "Todos los días, menos los de fiesta, estoy con él. Lo veo cada día en persona y por móvil las veces que hace falta con mensajes o lo que sea para estar atento a las demandas suyas o lo que pueda necesitar de mí. Paso muchas horas con él, e incluso en los días de descanso a veces aprovechamos para ir a comer. Estamos mucho tiempo en contacto, pero a Leo le doy mucho espacio, que creo que es algo que necesita y que siempre ha apreciado mucho de mí. Yo le respeto sus silencios y le doy su espacio. Cuando me necesita, sabe que me tiene."

A esa altura cabe preguntarse cómo ve Brau a Messi: ¿como un hermano, un hermano menor quizás?

"Lo veo como alguien muy allegado. He sufrido mucho con él en los momentos malos, tanto como la gente que más lo ha sufrido de su entorno. Ha pasado momentos malos, y muchos. He sufrido mucho por todos los contratiempos." Brau termina admitiendo que es más que el hombre que cuida el cuerpo de Messi: "Asumo alguna vez incluso más responsabilidad que la que me toca, pero yo soy así".

Es más: no hay mejor "relaciones públicas" para Messi que escuchar a Brau, que se deshace en elogios:

"No hay nada que se le pueda sugerir, porque él tiene cualidades innatas. Es una persona excelente. Es un genio humilde. Tan poco común que es el mejor jugador del mundo, sólo hay uno. Las capacidades que tiene a su edad son dignas de elogio. Aparte de ser un ícono mundial, es el futbolista del pueblo, porque independientemente de sus colores todos se sienten identificados con él. Es humilde dentro y fuera del campo. Reúne todas las condiciones de un genio y de una persona humilde. La humildad forma parte de su genio, de ese aura genial que tiene. Esa humildad le hace ser respetado por sus propios compañeros, de grupo y de profesión. Está por encima de los demás, pero todos lo adoran y lo respetan. Con todo su saber hacer jamás dejaría en evidencia a nadie".

Y sigue hablando Brau: "Lo he visto sufrir mucho. Leo es una persona que ama al fútbol, vive para el fútbol. El peor momento para Leo es cuando no juega, eso es lo peor que le puede pasar: no jugar, por los motivos que sea. Una lesión o que el técnico no lo haya puesto. Es una persona autoexigente, no se relaja jamás. En los más de diez años que he estado con él jamás le he visto relajado en el fútbol, no conoce la palabra relajación". Como Brau trabaja con Messi desde que la Pulga era un preadolescente, lo vio en sus momentos de mayor gloria y en los de tristeza más profunda. Dos de ellos se dieron en 2006. Messi era aún un *teenager* y no toleraba los reveses. En uno, fue traicionado por su propio cuerpo. En el otro, quizás por su entrenador.

Messi no soportó quedar fuera de la final de la Liga de Campeones en París. Tan molesto estaba que el argentino no aparece siquiera en la foto del equipo campeón. Lo que en febrero de aquel año había empezado como un problema relativamente sencillo en el isquiotibial se fue agravando debido a una serie de recaídas, y Messi quedó fuera de combate hasta la temporada siguiente. Por aquel entonces, con dieciocho años, la ansiedad lo traicionaba: quería jugar, siempre. Eso es algo que no cambió, pero el argentino sí supo entender —a los golpes, literalmente— que forzar la recuperación y el regreso al fútbol tras una lesión puede ser contraproducente.

Messi estaba pagando la transición hacia un fútbol de mayor exigencia. Toda la vida fue un jugador de aceleración, explosivo, pero en las categorías juveniles no necesitaba llegar al límite para imponerse. En el primer equipo del Barcelona, sí.

"Los doctores del Barça advirtieron un exceso de tensión muscular en las piernas que aceleraba la fatiga y le limitaba para realizar esfuerzos máximos muy continuados", destacó en marzo de 2012 el diario *Sport* recordando los años del Messi más joven en el Barcelona. "Tras cada encuentro, sus isquiotibiales eran víctima de una elevada fatiga y un determinado acortamiento por tensión. Los mismos doctores diagnosticaron que una gestión inteligente haría irrelevante el problema."

Pero no fue sencillo lograrlo. En poco tiempo, Messi sufrió varias lesiones en la misma zona, admitió a *Sport* uno de los médicos, que atribuyó los problemas a la exigencia redoblada sobre el delantero: "Messi posee varios factores de riesgo: la explosividad, su rapidez de movimientos en el gesto deportivo, su velocidad. En categorías inferiores podía hacer las mismas jugadas sin necesidad de emplear tanta explosividad.

Pero en el primer equipo pasó a hacerlas exprimiendo al máximo sus capacidades físicas, el cambio de ritmo, su *dribling*, capacidades innatas, pero a la máxima velocidad. Y tuvo que aprender muscularmente a realizar dichas jugadas del modo más rápido posible y frente a rivales más contundentes. Sus músculos necesitaron adaptarse a ese nuevo ritmo".

Aquel tiempo fue duro para Messi, aunque al menos estaba en sus manos sobreponerse a la situación y superarse a sí mismo. Aquella tarde de verano del 30 de junio de 2006 en el imponente y un tanto ominoso Olympiastadion de Berlín, Messi no tuvo nada que hacer. El partido ante el equipo local por los cuartos de final del Mundial de Alemania había comenzado a las cinco de la tarde. Eran ya más de las seis, y Messi seguía en el banco por decisión del seleccionador José Pékerman. Aquello fue una bendición para los alemanes, que en los días previos al partido estaban lisa y llanamente aterrorizados ante el poder de los "bajitos" argentinos, y en especial ante el de Messi. Los de Jürgen Klinsmann ganarían por penales tras empatar un partido en el que los argentinos los habían "bailado" en el primer tiempo. Tan claro fue aquel dominio, que durante largo rato de las tribunas de la mole germana bajó un rumor sordo, una mezcla de abucheo y molestia hacia los argentinos, que estaban desactivando a su selección.

Brau recuerda muy bien lo que significó aquello para Messi.

"En aquel partido de Alemania 2006 uno de los cambios previstos era que saliera [entrara] Leo, pero la lesión del portero obligó a cambiar, dicen. Supongo que sufrió mucho, había una imagen de él solo en el banquillo, sentado con la cabeza agachada. Su tristeza es por no poder participar, por no poder ayudar. Su sentimiento es el de no defraudar, más que ser genio en el campo, lo que no quiere es defraudar a la gente que confía en él, que lo cree un fenómeno. Por eso no se relaja, va en contra de su mentalidad futbolística: todas sus acciones, todas sus jugadas son al cien por ciento. Quizás le sobre, pero nunca le falta", asegura Brau, que no puede entender que durante años se haya negado la "argentinidad" de Messi, que no puede creer que alguien dude de que su mayor sueño es ganar con la albiceleste pegada al cuerpo.

"Leo es muy argentino. Si tiene más acento argentino que si viviera en Rosario... Tiene cultura argentina, quiere a su país. Está en el mejor club del mundo y le tiene cariño, agradecimiento, pero quiere a su selección. Leo daría lo que sea, no quiere ningún título individual si logra ser campeón del mundo con la Argentina. Cambiaría muchas cosas porque su selección sea campeona del mundo." Corría 2012 y Brau era muy cuidadoso al hablar, porque sabía que muchas de sus palabras pueden ser interpretadas como si fueran pronunciadas por el propio Messi, pero así y todo deja un mensaje bien claro: "Es la Argentina el país que tiene la suerte de tener al mejor jugador del mundo. Los barcelonistas tenemos ese orgullo, y los argentinos deben tenerlo también".

Y, por si del otro lado del Atlántico no lo hubiesen entendido bien, profundiza en el tema: "En su momento Leo tuvo la oportunidad de vestir la camiseta de la selección española, y jamás quiso. Yo recuerdo que estábamos trabajando con él en recuperarlo de una lesión del pubis cuando le llegó la primera convocatoria para la selección argentina: su máxima ilusión era estar a punto para ese partido. Aquellos que piensan que Leo no siente los colores argentinos… Que se lo quiten de la cabeza, yo lo conozco bien. La camiseta la quiere y la sufre como el argentino que es. Mis palabras no tienen mucha resonancia, pero si pudieran servir para que cambiaran de opinión los que aún dudan… A Leo se lo tiene que apoyar por la carga que tiene por el club y por el país. En algún momento nos tenemos que parar a pensar en eso".

Si se sigue a Brau, Messi roza la perfección como futbolista y persona, aunque el argentino tiene dificultades a la hora de enojarse: hay que conocerlo bien para darse cuenta de que lo está. "Es el momento en el que le tienes que respetar el silencio. Cuando Leo tiene un momento malo tienes que respetarle el silencio y estar en silencio hasta que se normalice, el espacio es para él. En esos momentos de silencio también estás al lado como soporte. Es decir, yo podría estar horas al lado de Leo sin hablarnos, pero estoy sólo para que sepa que cuando sea el momento de hablar con alguien me tiene a mí, o a un familiar o a un amigo."

Y nada puede enojar más a Messi que sentir que su país no lo quiere. "Las críticas afectan vengan de donde vengan, pero hay un plus más de negatividad si vienen de los tuyos, y afectan más aún si son injustas, si no son fundadas. Duelen las injustas, cuando dicen que Leo no quiere la camiseta argentina. Esto es injusto, ofende. O que no suda la camiseta: también, es injusto."

Los argentinos, daba a entender con claridad Brau,

no terminaban de ser conscientes de lo que tenían entre manos: "Cuando Leo se retire estaremos hablando probablemente del jugador más determinante que haya habido en la historia del fútbol".

CAPÍTULO 14

Los millones

"Quiero agradecer a Dolce & Gabbana por haber hecho posible esta colaboración. Siempre tuve preferencia por su estilo elegante y siempre amé la imagen sofisticada que proyecta." Hay que beberse unos cuantos whiskies para creer a Messi capaz de pronunciar semejante frase, pero así rezaba el entrecomillado en el comunicado de prensa que la firma italiana distribuyó en octubre de 2010. Aparecer diciendo cosas que uno jamás diría y que nadie creería posible escuchar del personaje en cuestión forma parte del paisaje cuando se firma un contrato multimillonario. Sonará ridículo, pero es un peaje que se paga con gusto y que, seguramente, muy poco importa a los protagonistas. Los Messi, al fin, comenzaban a entender y explotar el potencial comercial del jugador, estrella en la cancha y de asombroso perfil bajo y errática imagen publicitaria fuera de ella.

Todo se aceleró en los últimos años. La imagen pública de Messi hoy es bastante diferente de la de los inicios de su explosión. De la de aquel 2 de mayo de 2009, tras el 6-2 al Real Madrid en el Santiago Bernabéu, por ejemplo. Consumada la histórica victoria, había tiempo para mirar a Messi, para estudiar a la estrella en las catacumbas del templo blanco. No había dudas: era la antiestrella. Sus prendas, un par de talles demasiado grandes, marcaban todo un contraste con el estilo ajustado al cuerpo que impera hoy entre los deportistas. Se ataba el buzo a la cintura, se movía sin alardes. Alves, a un par de pasos, demostraba su gusto por la estética y que su estilo de *rapper*-futbolista no es casualidad. Lo mismo valía para Samuel Eto'o, Thierry Henry o el arquero Víctor Valdés: ninguno se ataría el buzo a la cintura, ninguno disimularía su duramente ganada musculatura bajo *bolsudos* equipos de gimnasia que retrotraen a los ochenta y los noventa. En aquellas épocas Messi promocionaba los calzoncillos Lody, una marca cuya estética espantaría a la mayoría de los futbolistas de hoy, tan afectos a Dolce & Gabbana, Armani o Calvin Klein. Si se atendía a los cánones estéticos del tercer milenio, aquel duelo de ropa interior era claramente ganado por Cristiano Ronaldo.

Que a Messi sólo le importa jugar al fútbol es algo sabido, y sitúa al argentino como un deportista quizás más "puro" que muchos de sus colegas. Pero mientras él come, sueña y juega fútbol, a su alrededor hay suficiente gente como para ocuparse de su imagen. Hasta septiembre de 2009 el tema estaba en manos de su padre, Jorge, y de su hermano Rodrigo. Pero el asunto, claramente, no funcionaba, o al menos no lo hacía con la potencia, los resultados y la profesionalidad que demanda el mejor futbolista del planeta. Perezoso a la hora de grabar avisos publicitarios, Messi era indisciplinado en más de un caso, o incluso llegó a dejar plantado a todo un equipo de filmación. Rodrigo lo marcaba de cerca y era la voz cantante, pero al menos un patrocinador se quejó de sus manejos. Llegó un momento en el que el propio club le hizo llegar a los Messi un mensaje: por el bien de la imagen del jugador y del club —y también de los negocios de ambos— convenía ordenarse. Surgió entonces Pablo Negre, ex jefe de patrocinio del Barcelona y ex directivo en Nike, que a través de un nuevo instrumento, la Fundación Leo Messi, comenzó a poner orden. Y no le faltaba con qué entretenerse, porque no sólo la imagen comercial de Messi estaba muy mal manejada: la familia tampoco sabía cómo contrarrestar las críticas que llegaban desde la Argentina por los fracasos en la selección. "Nos encontramos en una situación muy sensible en cuanto a cómo están tratando a Messi en la Argentina", admitieron por aquellos días los nuevos responsables de la imagen del jugador, que ya tenían una estrategia delineada: "Si se entrevista a Messi, tenemos que trabajar muy estrechamente [con el periodista], reafirmando el patriotismo a ultranza de Leo y que su sueño es ser campeón mundial con la Argentina". Messi podrá ser llano y espontáneo, pero los negocios en torno a él no lo son. "La Argentina no es, para nosotros, un país estratégico a nivel comercial", agregaron. "No vamos a hacer acuerdos comerciales sólo con la Argentina, todo lo que hagamos allí será de regalo: la vertiente social, UNICEF y otras ayudas a los niños." El tiempo demostró que Leo Messi Management seguiría al pie de la letra el plan. Aunque en la época del Mundial las empresas argentinas prefirieran a Juan Verón y Martín Palermo como rostros para vender sus productos, Messi comenzó a sumar patrocinadores de primer nivel y a "corregir" su imagen. Tanto, que su gente jura que dijo lo siguiente al enterarse de que la firma suiza de relojes Audemars Piguet se había convertido en su patrocinadora: "Es realmente una alegría y un gran honor para mí incorporarme a una familia tan prestigiosa como la de Audemars Piguet, a la que admiro desde hace tiempo. Éste es el comienzo de una hermosa aventura humana basada en fuertes valores y visiones compartidas".

Otra vez: casi sería más probable ver a Messi vistiendo la camiseta de Brasil que escucharlo pronunciar semejante frase. Pero la maquinaria comercial siguió avanzando, y poco antes del Mundial la Fundación Leo Messi y la firma Adidas —gran patrocinadora del argentino— presentaron un libro titulado *Leo Messi, la gloria del fútbol*. En él, según Adidas, se reflejan "los irrepetibles años 2009 y 2010, plagados [sic] de éxitos tanto a nivel individual como colectivo, a través de espléndidas imágenes y textos que también quieren recoger los principales valores humanos de la figura del jugador". Los 19 dólares que costaba el libro se destinarían a "ayudar a los niños y jóvenes socialmente menos favorecidos, tanto en la Argentina como en España, en temas de educación y salud". Coherente con el rumbo que Negre quería imponerle a la imagen de Messi, pero también con lo que siente el propio jugador, que tras quedar impactado en una visita a niños con cáncer financió discretamente a un grupo de médicos argentinos para que se especializaran en Barcelona.

También fue discreto con Soufian Bouyinza, un niño sin piernas que entabló una relación especial con el argentino. "Te admiro mucho porque estás luchando cada día por tus objetivos", le explicó Messi a Soufian en un documental que la televisión regional catalana TV3 emitió a principios de 2012. "Tengo una conexión especial con él", dice Messi cuando se le pregunta por el español hijo de marroquíes. El síndrome de Laurin-Sandrow lo acompaña desde que hace once años nació en Barcelona. Tras ese nombre hay un rarísimo desorden genético que puede unir los dedos de la mano en una sola uña, derivar en malformaciones en las piernas y llevar a la amputación de ambas, que es lo que le sucedió a Soufian. "Fue él mismo, a sus ocho años, quien le pidió a su madre que le cortaran las piernas", explica Xavi Torres, uno de los autores del documental *Soufian, el niño que quería volar*. El primer encuentro de Messi con el niño fue a principios de 2011 haciendo lo impensable, pasarse la pelota, que iba y volvía entre la zurda más excelsa del mundo y las prótesis del joven admirador. Pero a aquel encuentro le seguirían otros, entre ellos el del 15 de mayo de ese año, cuando el Barcelona recibió el trofeo de campeón de Liga tras el 0-0 con el Deportivo La Coruña. "Los reunimos en la zona de vestuarios y hay un abrazo increíble que se dan que te pone la piel de gallina", recuerda Torres, y asegura que Messi se emociona hasta el tuétano con la historia de Soufian. "Cuando vio un trocito del documental le brillaban los ojos, tragaba saliva", añadió el periodista de la cadena TV3, que ofreció un pase privado al argentino y su familia antes del estreno del documental. En aquellos encuentros Messi le hizo una promesa a Soufian, dedicarle un gol. Al niño le encantó la idea, pero entre ambos no conseguían pensar qué gesto hacer para que quedase claro que aquél era el gol dedicado. Elevar los brazos al cielo, como casi siempre hace el argentino, no valía. Hasta que Soufian le dijo a Messi: "Cuando anotes el gol, tócate las piernas". Dicho y hecho, el gesto llegó el 17 de septiembre en el primer gol de Messi durante el 8-0 sobre el Osasuna. Silencioso casi siempre y más que plano en su discurso cuando no le queda más remedio que hablar, el espanto recorrió la espina dorsal de Messi cuando durante Sudáfrica 2010 Maradona lo designó capitán para el partido ante Grecia. De sólo pensar que tenía que arengar a sus compañeros en el vestuario, antes de salir a jugar, su mundo se tambaleaba. Quizás por eso es que se siente tan cómodo con los niños, con los que el contacto a veces ni siquiera requiere de diálogo. Y si no queda otra alternativa que hablar, al menos nadie le reclama sofisticaciones. Entre Messi y los niños todo es simple y complejo a la vez, como la pregunta que en un momento Soufian le hace a su madre, Ouafae: "Messi dice que me admira, pero, ¿cómo es posible, si el que admira a Messi soy yo?".

Esa admiración tiene consecuencias muy tangibles. A más tardar el 20 de marzo de 2012, el mundo supo que Leo Messi Management había cumplido el objetivo de cambiar la imagen del argentino. Horas antes de que Messi se convirtiera en el máximo goleador de la historia del Barcelona, la revista *France Football* aseguró que era, además, el futbolista con mayores ingresos anuales: 33 millones de euros que se desglosaban en 10,5 millones de salario, 1,5 millones por primas y 21 millones por publicidad y otros conceptos. No sólo superaba los 29,2 millones de Cristiano, sino que se imponía a los 31,5 del inglés David Beckham, probablemente el jugador que con más decisión, sagacidad y desparpajo vendió su imagen en la historia del fútbol. Las cifras y posiciones variarían en años posteriores, pero nadie movería ya a Messi del podio.

CAPÍTULO 15

La fama

Ciudad Deportiva del Barcelona en Sant Joan Despí. El Maserati negro brilla bajo el sol del mediodía en la primavera catalana.

De repente comienza a vibrar, a "quemar" neumáticos, y enfila ruidoso y veloz derrapando hacia la salida. Al volante está Leo Messi, el "nuevo" Messi que comenzó a emerger en 2010, un Messi mucho más seductor para los patrocinadores sedientos de figuras de impacto.

Y quizás fue en septiembre de 2011 cuando Messi terminó de confirmar el impacto que genera, que todo es posible cuando aparece en escena. ¿O cómo explicar, si no, el hecho de que un juez de línea, instantes antes de que se iniciara un amistoso entre Argentina y Venezuela en Calcuta, le mostrara su cámara de fotos? Quería sacarse una foto con su ídolo. Messi no se dio cuenta, pero sin dudas partía con ventaja en caso de un offside dudoso. O quizás fuera en marzo de 2012, cuando Michal Kadlec y Manuel Friedrich, jugadores del Bayer Leverkusen, se pelearon por quedarse con la camiseta de Messi. "Más fans que rivales", criticó el diario alemán *Süddeutsche Zeitung*. Y eso fue antes del partido de vuelta de aquellos octavos de final de la Liga de Campeones, en el que el Barcelona ganó 7-1 con cinco goles de Messi.

Hay, así, muchísimos elementos para que Messi se convierta en una historia atractiva, en un libro, en un filme como ese anunciado en Hollywood y que su familia no aprueba. El problema pasa por qué contar, porque cualquier detalle que no coincida con el guión predeterminado acerca de la vida y la imagen de Messi implica pérdida de dinero para Leo Messi Management. Quizás por eso en enero de 2012 en Zurich, Jorge Messi no recibió con excesivo agrado la noticia de que se estaba escribiendo un nuevo libro sobre su hijo.

Destacó dos cosas: que todos los libros escritos hasta el momento tenían "errores" y que ninguno estaba "autorizado".

"Pero pronto va a salir la biografía oficial."

Todos los que lo trataron en sus primeros años en Barcelona coinciden: Jorge Messi no es "un tipo fácil". Lo dice Lacueva, por ejemplo, que entiende el enojo de Messi padre en aquella etapa en la que el Barcelona no terminaba de fichar al pequeño crack, pero que no puede concebir el distanciamiento de Soldini y Montero, los jóvenes agentes de la empresa Marka, ni de Gaggioli, fundamental en los inicios de Messi.

"No he entendido nunca que la realidad se transformara en otra cosa, que Jorge nunca admitiera la intervención de Marka", dice Lacueva desde su lecho de enfermo en la clínica Quirón. Admite, eso sí, que

Messi padre fue muy hábil a la hora de elegir quién debía asesorarlo. "Jorge tuvo la habilidad de acertar en el entorno. Diego Maradona fue a buscar lo peor de Barcelona, y Jorge buscó lo mejor. Una diferencia brutal."

Lo hizo, por ejemplo, a la hora de romper el contrato con Nike. Messi padre tenía una tentadora oferta de Adidas, y el hecho de que Nike vistiera al Barcelona no le importó. Tampoco que en esa empresa fuera clave Rosell, mano derecha de Laporta primero, peleado después con el entonces presidente, y finalmente máximo jefe del club. Jorge Messi contrató al prestigioso estudio de abogados Pinto y se lanzó a la lucha en los meses previos al Mundial de Alemania 2006, lo que le daba cierta ventaja para quebrar a los estadounidenses, ya que ese torneo era un verdadero "territorio Adidas".

En su ascenso hacia la gloria, Messi había jugado con botines de Nike, que ya en 2005 le puso delante un contrato para asegurarse contar con él como imagen. Jorge Messi no picó el anzuelo y fue rechazando, una tras otra, las propuestas de Nike. Entretanto, el caché de su hijo seguía creciendo. Y entonces llegó Adidas, le ofreció un millón de euros por año sólo por llevar sus botines y Messi no dudó: a fines de enero de 2006 firmó el contrato y estrenó el modelo Predator el 1° de febrero, ante el Zaragoza, en la Copa del Rey.

Marcó, cómo no, un gol, aunque el Barça fue eliminado.

Los directivos de Nike no podían creerlo, y al día siguiente hicieron pública su indignación por considerar que el jugador tenía "un vínculo" con ellos. El contrato con Adidas, alegaban, era ilegal.

"Messi tiene un vínculo con nosotros y vamos a hacer lo imposible para que lo cumpla", dijo por entonces Teresa Rioné, directora de Comunicación de Nike España. Un juez determinó que el argentino debía vestir los productos Nike provisionalmente, al menos hasta que se resolviera definitivamente la causa pendiente. Los enojados pasaron a ser los alemanes: "Adidas emprenderá todas las acciones necesarias para proteger los intereses de sus símbolos. Tanto Adidas como Messi son de la opinión de que Messi es y era libre para negociar y firmar un contrato de patrocinio con Adidas".

Ganó Adidas, y por eso en las tiendas de Nike nunca se ve a Messi como figura promocional en solitario. Eso sólo puede hacerlo con Adidas. Si se trata de promocionar Nike, siempre estará junto a un compañero al menos, lo que no impide que su camiseta sea, de lejos, la más vendida entre los jugadores del club. Tanto, que en 2010 el actor hispano-alemán Daniel Brühl constató un pequeño fenómeno en Barcelona: se habían agotado las "S", de tanto "Messi" impreso en la espalda de las camisetas.

Curioso: el Real Madrid es el buque insignia de Adidas, pero allí juega Cristiano Ronaldo, que es gran figura de Nike. La situación es exactamente la inversa en el Barcelona, con un Messi que, al igual que su rival portugués, viste en su club calzado de la misma marca que patrocina a su selección nacional. Eso sí: durante bastante tiempo Cristiano cobró más que Messi por llevar esos botines. Para la temporada 2013-2014 la situación era más curiosa aún, porque el brasileño Neymar es hombre de Nike. Tan importante es el asunto de los negocios y los patrocinadores, que Johan Cruyff habló de la posibilidad de vender a Messi ante el peligro de tener "dos gallos en el mismo corral", idea que hizo abrir los ojos de asombro a más de uno. En todo caso, Messi padre lo sabe: todo es negociable cuando se representa al mejor futbolista del mundo.

Lacueva sigue sin entender cómo pudo todo terminar tan mal entre Gaggioli y Jorge Messi, dos personas que compartieron tantas cosas: "Creo que si ha habido algún perjudicado en esta operación, ése ha sido Horacio. Nunca supe qué pasó entre ellos. Jorge es complicado. Lo curioso del caso es que Messi, que me vio a mí tantas veces en doce años, entra aquí y no me reconoce". Lacueva tiene un buen recuerdo de Messi. "Leo no es pesetero. Otra cosa es el padre, que ya se cuida de ser el doble de pesetero..." Y vuelve al tema que lo obsesiona: "Horacio fue absolutamente ingenuo. Estamos hablando de muchísimo dinero. Y sacó mucho dinero de su bolsillo".

A Gaggioli se le amarga algo el tono de voz cuando escucha el comentario de Lacueva. Habla por teléfono, está en Brujas junto al futbolista Víctor Vázquez, en una fría tarde de inicios de la primavera de 2012. Allí, en Bélgica, pasaba el rato junto a Vázquez hablando de la mayor historia que compartieron, el inigualable Leo Messi.

"Justo le decía a Víctor, que él y Leo eran los jugadores 'diferentes' en aquel equipo juvenil." ¿Y el dinero? Gaggioli admite que las cosas deberían haber ido mejor, pero asegura que nunca llevará a los Messi ante la justicia. "Es cierto que puse mucho dinero y que posiblemente fui muy ingenuo. Pero nunca me querellé contra nadie, no es mi estilo. Siento, en todo caso, la enorme satisfacción de haber participado muy directamente en este proceso y de ser el depositario del documento más importante de la historia del fútbol contemporáneo: la servilleta en que se firmó el contrato. Está autentificada por notario, protocolizada y certificada por Carlos Rexach. Los que dicen que la tienen, que la muestren." ¿Y Messi? Cierta tristeza se adueña de su voz: "Leo era para mí como un hijo, tenía por él un sentimiento de la hostia".

¿Cómo consiguió llegar tan alto? Con ayuda, claro, y en el camino hacia la gloria algunas personas quedaron marginadas. Olvidadas. Los nombres de Soldini y Montero no forman parte de la historia oficial de Messi. Y, sin embargo, es innegable que su sociedad, Marka Group, firmó un contrato de representación con "el jugador Lionel Andrés Messi". Su tierna firma de niño de trece años aparece en las cinco páginas del documento. También la de su padre, Jorge Messi, y la de su madre, Celia María Cuccitini. "Y fue Juan Mateo, un agente aceptado por la FIFA, quien firmó en nombre de nuestra sociedad", aclara Martín Montero. El contrato es oficial y, como afirma Juan Ubieta, abogado de Marka Group: "Nadie obligó a los Messi a comprometerse. Cuando se firma un contrato hay que respetarlo". Marka Group se comprometió a buscar un club "europeo" para el pequeño prodigio. Y fue gracias a Juan Mateo, un colaborador privilegiado de José María Minguella, que Leo terminó por hacer una prueba en Barcelona. La continuación de la historia sobre los terrenos de juego y su fulgurante ascenso son bien conocidas, lo que no quiere decir que haya sido un camino sencillo y amable.

El 3 de noviembre de 2000, Messi ya había seducido a los reclutadores del Barcelona y esperaba ansiosamente, en Rosario, a que el Barça le hiciera firmar su primer contrato. "Como nada se movía, Martín Montero fue a Barcelona —sostiene Soldini— para meterle presión al club y a Minguella." Protagonista de la llegada de Maradona a Barcelona dos décadas atrás, Minguella entendió enseguida que volvía a tener una oportunidad de oro y, por medio de su sociedad Intersport, hizo firmar a los Messi un contrato de representación ese mismo 3 de noviembre.

"Era para calmar al padre —explica Juan Mateo—, porque Jorge no podía seguir esperando. Esta vez fue Martín Montero quien firmó los papeles. Su nombre, dirección y número del documento de identidad aparecen claramente. Con ese contrato, Intersport Management se comprometía a entregar una suma cada mes a la familia y a alquilarle un apartamento en Barcelona a la espera de que el club formalizara su interés."

Algunos meses después, tras intensas negociaciones, Messi se convertiría oficialmente en jugador del Barcelona. "Pero este contrato, con fecha 1° de marzo de 2001, nunca entró en vigor —prosigue Mateo—, porque después de la polémica suscitada tras el pase de Giovanni [un jugador brasileño comprado por 14 millones de dólares al Cruzeiro] llegó un nuevo dirigente: Javier Pérez Farguell. Éste decidió revisar el contrato y mejorar sus condiciones para evitar que otro club le robara Leo al Barça." Messi pasó así de sufrir por no tener contrato a firmar dos en pocos meses. Soldini, Montero, Mateo e incluso Gaggioli estaban en Barcelona para aconsejar a la familia y defender mejor sus intereses. "Llegado el momento de pagar, Jorge Messi dejó de responder al teléfono", asegura Mateo, que dice que ni él, "ni Soldini, ni Montero" vieron "un céntimo" de ganancias tras formar una sociedad con Messi padre. "Y, sin embargo, legalmente sigo siendo el agente de Leo, pues Jorge nunca ha roto oficialmente nuestro contrato".

Para comprender la enrevesada situación hay que remontarse al contrato del 9 de julio de 2000 entre Marka Group y Lionel Andrés Messi. En la segunda página, la cláusula número dos sería la clave de la guerra que le declararía Jorge Messi a la empresa. Estipula que "el tiempo mínimo de este contrato es de una duración de 5 (cinco) años a partir de la fecha de la firma. Las dos partes aceptan que se renovará de forma automática si ninguna de las dos partes se opone al menos treinta días antes de la fecha de su final". Y Juan Ubieta, el abogado de la sociedad Marka, es categórico: "Los Messi jamás han roto oficialmente este contrato. Tenemos un proceso abierto contra ellos. No reconocen el trabajo realizado por Marka. No pueden negar la existencia del contrato, pues lo firmaron. En la actualidad niegan la validez afirmando que la FIFA prohíbe los contratos de más de dos años. Pero existe una confusión jurídica: el contrato no es sólo un contrato de jugador, también es de ayuda económica. Si Jorge reacciona hoy con tanta virulencia es porque no quiere pagar".

¿Qué tendría que pagar? En el documento del 9 de julio de 2000 se estipula claramente que la sociedad no tocaría un céntimo de los salarios del jugador. El 10 por ciento de comisión se refiere sobre todo a las primas, las renovaciones de contrato y los acuerdos comerciales. Pero primero es necesario que los haya habido. "Fuimos nosotros quienes comenzamos las negociaciones con Adidas", asegura Soldini al tiempo que exhibe una prueba: un correo electrónico fechado el 24 de mayo de 2004 y enviado por Fernando Solanas, "el responsable de los contratos de Adidas de los jugadores promesa en España", como él mismo se presenta. "Os escribo porque me gustaría poder encontrarme con vosotros en los próximos días para hablar de Leo Messi." En aquel momento Messi seguía siendo jugador de la firma estadounidense, pero un año y medio más tarde firmaría uno mucho mayor con la alemana.

Soldini, Montero y Mateo están convencidos de que tienen legítimo derecho a cobrar algo. "Lo que queremos es terminar de una vez por todas con esta historia —explica Juan Mateo—. Y somos gente razonable. Queremos sentarnos a una mesa para hablar y negociar con Jorge; pero, por el momento, él no quiere."

"Ahora estamos intentando determinar los ingresos de Messi entre 2000 y 2005 —explica Juan Ubieta— para calcular la suma que debe entregar a la sociedad Marka de acuerdo con el contrato firmado. Exigimos también que se nos pague una cantidad en concepto de daños y perjuicios, pues perder a Messi fue un duro golpe para Soldini, Montero y Mateo. Tener a un jugador como Messi pudo atraerles otros clientes". En marzo de 2013, Ubieta, ex abogado de Rosario Central, fue procesado por "delitos de estafa y administración fraudulenta".

Jorge Messi no quiere oír hablar de Soldini, Montero, Mateo o Minguella, pero recomienda investigar para saber quiénes son los dos primeros, los nombres que más lo irritan. Asegura que no son tan inocentes como parece y que ya abandonaron de mala forma a jugadores como Paulo Rosales. Al momento de hablar con él, el talentoso centrocampista tiene veintiocho años y cumple una buena campaña en un modesto club de la Primera División argentina, Unión de Santa Fe. Por teléfono, Rosales tiene la voz de un jugador que simplemente es feliz al haber conseguido vivir de su pasión. No tiene nada que ocultar y acepta contar su historia. "Sí, conozco a Leo. En Rosario teníamos los mismos agentes: Fabián Soldini y Martín Montero. La última vez que lo vi fue en el estadio de Newell's Old Boys, poco tiempo después de que debutara con el Barça." Paulo Rosales es nativo de Cosquín, una ciudad que cada año es sede del mayor festival de música folclórica argentina. A los trece años dejó Córdoba para irse a vivir a Rosario, al internado de Newell's Old Boys. Tres años más tarde, ya con dieciséis, Montero y Soldini le alquilaron un departamento, que compartía con otros tres jugadores. En su carrera jugó en Newell's, Unión y Talleres de Córdoba. En el año 2009 atravesó el Atlántico para probar en el fútbol europeo, en el modesto Olympiakos Volou, y tras un paso por Independiente en 2012 saltó al Bahía de Brasil en 2013. La historia de Rosales es la de cientos de jugadores profesionales, que viven una realidad diferente de la de Messi. "Soldini y Montero fueron mis agentes durante cuatro o cinco años. No tengo ningún problema con ellos." Paulo Rosales no tiene ni una sola palabra desagradable hacia los dos socios. De hecho, prefiere hablar de fútbol y de Messi: "¿Leo? Es de otro planeta.

Con él todo es posible sobre un terreno de juego. Es el único jugador del mundo que hace todo lo que quiere con la pelota. El único".

CAPÍTULO 16

La rivalidad

Woody Allen se las arregló para que pareciera limpio y reluciente en *Vicky, Cristina, Barcelona*, interesante hazaña sólo atribuible a la magia del cine. Porque el bar Marsella podrá ser atractivo, seductor, vibrante o incluso sensual, pero nunca limpio. No por eso pierde atractivo, allí suceden muchas cosas. En una noche de jueves, por ejemplo, dos jóvenes de unos veinte años pueden entrar y decirle "¡ponme dos absentas!" con total naturalidad al camarero que atiende detrás de la barra. Tras cruzar sus puertas de madera y cristal, con las lámparas de araña cayendo lánguidas desde los techos altos para sacarle destellos a las mesas de mármol y a los espejos cubiertos por generosas dosis de polvo, una parte importante de sus parroquianos se dedica a disfrutar de la bebida "prohibida". Absortos por el delicado espectáculo de la cuchara y el terrón de azúcar sobre la copa, los chorritos de agua mineral les ayudan a bajarse, de a poco, la mítica absenta. El Marsella es el bar más antiguo de Barcelona, abierto en 1820, una muestra de que no toda la ciudad es víctima de la "dictadura" del diseño y lo moderno. No es, por cierto, un bar que frecuenten los jugadores del Barcelona, y mucho menos Messi.

Los clichés son a veces demasiado poderosos. En Barcelona impera el diseño, la gente moderna y la sofisticación europea. Los catalanes son "diferentes", muy distintos y distantes de ese rancio espíritu franquista que persiste en una Madrid atada a tradiciones caducas y que subsiste económicamente gracias a que el gobierno central tiene sus oficinas allí. Prejuicios tan instalados en muchos como casi groseros en su simplicidad dual. Pero así y todo, avanzado ya el siglo XXI, prejuicios que sirven de llamativo combustible para nutrir la eterna discusión de una España siempre fascinada por negarse a sí misma. Lo cierto es que Barcelona impacta con su cuadrícula urbana y las amplias avenidas, el modernismo que eriza la piel en el Paseo de Gracia, la Sagrada Familia inacabada, la rambla que desemboca en el mar, los oscuros y enrevesados callejones del Raval y el Borne, la elevación de Montjüic dominando una ciudad felizmente aprisionada por la montaña y el mar. Barcelona encanta con algo tan aparentemente banal como el "pa amb tomàquet", ese pan especial sobre el que se frota un tomate también especial para dar forma a un plato tan sencillo como único. Gastronómica, cultural y socialmente, la capital catalana es una delicia para los sentidos, una ciudad a la que siempre se quiere volver. Y también lo es Madrid, una gran ciudad que se liberó hace tiempo de su complejo de "poblachón manchego" y fue creciendo en vibración, multiculturalidad y atractivos en sus abigarradas y sinuosas calles sin perder una de sus señas distintivas: es difícil sentirse "de afuera" allí. Sobran los problemas, claro, pero la capital española, en la que edades, clases sociales y "tribus" se mezclan con más armonía que caos, es una ciudad que integra como pocas al que viene de otros rincones de España o de países lejanos. A muchos catalanes les cuesta decirlo, pero Madrid les gusta. Y lo mismo le pasa a muchos madrileños, aunque la Barcelona de los últimos años haya tropezado con una llamativa paradoja: elogiada desde siempre por su carácter universal y europeo, su clase política redobló el entusiasmo en enfatizar lo "diferente" que son los catalanes respecto del resto de España, lo que terminó, insólitamente, dándoles cierta imagen de provincianos, precisamente lo que le solían achacar a Madrid, ese ente tan lejano y diferente. Y en Madrid —debido a que los extremos suelen tocarse, porque marcando diferencias ganan algunos aunque pierdan muchos más—, ver a todos los catalanes como "antiespañoles" ("polacos", los llaman las viejas generaciones) también fue negocio en lo político y en lo deportivo. Hay explicaciones históricas para el fenómeno; hay una Guerra Civil que más de siete décadas después de haber terminado permite entender muchos comportamientos en España; hay desgarros, dolores y agravios aún vivos, entre ellos el de un idioma en su momento perseguido y reprimido —el catalán— e incontables muertos que ya nunca podrán enterrarse. Pero también hay algo que los extranjeros suelen observar con más facilidad que los españoles: catalanes y madrileños no son tan diferentes. Es más, se parecen más de lo que querrían admitir. Vistos desde fuera son todos españoles, tanto como los gallegos, andaluces o vascos. ¿Qué les queda entonces a los apasionados por el aldeanismo? Más de un camino, aunque sin dudas uno de los más potentes sea el de canalizar todas sus diferencias, las reales, las aparentes y las imaginarias, a través del deporte, a través del Real Madrid Club de Fútbol y del Fútbol Club Barcelona. En parte es por eso que el Barcelona es "más que un club", en parte de ahí brota la idea de que cuando gana el Madrid, gana España, aunque esa España haya conquistado la Eurocopa 2008 y el Mundial 2010 jugando con las estrellas del Barcelona como columna vertebral, éxitos que no a pocos hinchas del Real Madrid les costó celebrar: al fin y al cabo, Piqué es un irredento catalán antiespañol, y el mismísimo Iniesta un traidor de La Mancha que ahora habla catalán. También sienten muchos que un triunfo del Barcelona sobre el Real Madrid es un golpe a España, aunque el Barcelona tenga hinchas en todo el país, aunque el Real Madrid tenga seguidores en Cataluña, aunque esos jugadores del Barcelona que derrota al Real Madrid como encarnación de España sean los responsables de que el mundo admire a la selección de fútbol de... España, la misma con la que en 1992 Guardiola —que habla de "pequeño país" al referirse a Cataluña— ganó el oro olímpico. Más allá de las rencillas domésticas, hay algo casi indiscutible: el brillante Barcelona de los años de Guardiola logró quitarle al Real Madrid el título de "equipo planetario". Lo sintetiza muy bien Ramón Besa, periodista de *El País* y una de las plumas más precisas y brillantes a la hora de reflejar el deporte en España. "El Barça tiene tres íconos: uno es Xavi, ícono local; el otro es Iniesta, ícono español, y el tercero es Messi, ícono global. No hay mejor postal que ésta. Aquí el Barça le ha ganado la partida al Madrid."

Muchos años atrás, durante la dictadura de Francisco Franco, no era así. El Real Madrid del argentino Alfredo Di Stéfano no sólo ganó cinco copas de Europa, también generó una superioridad anímica sobre un Barcelona autodestructivo y victimista, un equipo que por entonces era incluso menos que el Atlético de Madrid o el Athletic de Bilbao. El Camp Nou era un reducto antifranquista, un escenario en el que expresarse con menos peligros que en otros sitios. Pero en los sesenta el que ganaba era el Real Madrid, tanto, que entre 1960 y 1969 conquistó ocho de las nueve Ligas disputadas. Dos décadas más tarde el *dream team* al mando del técnico Johan Cruyff ganaría cuatro Ligas consecutivas y la primera Champions. Aquel equipo que marcó época tuvo también sus raíces en un elenco brillante en el que actuaban Rexach y Cruyff, entre otros, aquel que ganó la Liga española de 1973-1974. Besa cita un partido de ese campeonato, lo ve como un antes y después: "El Barça ganó 5-0 en el Bernabéu. Aquello fue como si se hubiera acabado el franquismo".

La exaltación de la diferencia, uno de los deportes predilectos de los españoles, le es absolutamente indiferente a Messi. Él también vivió muchos años entre la montaña y el mar, en Gavá, una localidad sobre la costa y a media hora de la ciudad. Ya en pareja con Antonela se mudó a Barcelona. Inmerso en la "burbuja" de "Little Rosario" —aguda definición de Minguella—, Messi parece de amianto: no se le pega nada, no tiene el más mínimo giro catalán al hablar, su acento parece hacerse más argentino a medida que pasa el tiempo. Todo un tema, porque el del idioma es un asunto especialmente sensible en Cataluña. El catalán convive allí en el día a día con el español, al que los independentistas locales —que no son mayoría, aunque se hacen notar— ven como ajeno, como lengua impuesta. Cualquier independentista catalán es hincha del Barcelona, muy difícilmente del Espanyol, llamado "Español" hasta hace unos años y catalanizado finalmente. Pero ante Messi tienen que olvidar la reivindicación por el idioma, porque es una batalla perdida. Hasta el 16 de mayo de 2010 Messi no había dicho en su vida en público una palabra en catalán, y todo indicaba que el Barcelona no se atrevió a pedírselo, ni siquiera el entonces presidente del club, Laporta, que no duda un instante al definir a Cataluña como una "nación" con lengua propia. Diputado en el Parlamento catalán y posteriormente concejal en el Ayuntamiento de Barcelona, Laporta tiene entre sus propuestas estrella un referéndum de autodeterminación. Esa "lengua propia" busca sobrevivir ante un español al que se considera allí históricamente mucho más fuerte. Por eso el sistema educativo catalán da apenas dos horas de español a la semana. El resto de las materias se dictan en catalán. Marisol, la hermana menor de Messi, no lo soportó, reveló en mayo de 2008 el diario rosarino *La Capital*. "Cuando mi hermanita María Sol iba a la escuela, le hablaban en catalán, lloraba y no le gustaba. Entonces mi vieja decidió volver a Rosario con ella y mis hermanos, Matías y Rodrigo, para que siguiera la escuela allá", dijo Messi al periódico argentino. Curioso: Messi no es el primer argentino universal con el que se encuentra el Barça, y tampoco lo había sido Maradona. El primero fue Carlos Gardel, cantante de tangos, que en los años veinte y treinta entabló una intensa amistad con dos estrellas azulgrana como José Samitier y el arquero Ricardo Zamora. Un íntimo amigo de Gardel, Edmundo Guibourg, aportó detalles de aquel idilio: "Los españoles lo querían de verdad. Y, cuando en 1931 viajaron a Londres para un histórico partido con los ingleses, Carlos, que estaba en París, decidió ir a verlos. Yo fui con él. Con nosotros viajaron Pierotti y Duggan, propietario de caballos de carrera. Íbamos a salir en avión pero Carlos se opuso. No quería. A veces pienso que fue una premonición y entonces me arrepiento de haber sido yo quien lo presentó a Alfredo Le Pera, porque fue justamente él quien le sacó esa aprensión. Cuando el equipo de Barcelona llegó a París, en camino ya hacia un partido decisivo con los ingleses, Carlitos fue a verlos. No les podía fallar a Samitier y Zamora, con quienes ya había compartido una casi sangrienta final con el Real Madrid, cantándoles mientras se reponían de golpes y machucones". Hay una vieja foto en blanco y negro que refleja ese momento: Gardel sentado en una silla, Samitier vendado en la cabeza y el cuello en una cama de hospital y otro jugador en un rincón vendado en la cabeza. En esos tiempos Gardel le dedicó un tango a Samitier, y los primeros compases no ofrecían dudas de su admiración: "De las playas argentinas, donde el tango es la ilusión, tu mereces, bravo Sami, que te brinde esta canción".

Gardel moriría en un accidente aéreo en Medellín,

una historia que poco le dice al Messi amante de la cumbia. En todo caso, siempre en sordina, sobre todo mientras siga haciendo triunfar al Barça, muchos se asombran en el club y su entorno de que Messi no diga una palabra en catalán y mantenga a prueba de balas su acento argentino a la hora de hablar castellano. "Leo entiende el catalán perfectamente, eso es seguro. Pero no lo habla. Nunca", admite José Miguel Terés, el hiperactivo y eficiente responsable de relaciones internacionales del Barcelona. "El club ofrece clases gratuitas de catalán a los jugadores que vienen de afuera", agrega Terés, sin advertir quizás que estaba planteando un tema central. Porque ésa es una buena pregunta: ¿de dónde es Messi? ¿De aquí o de allá? Messi, que vivió una mitad de su vida en Rosario y la otra en Barcelona, juega al fútbol desde los trece años con compañeros que hablan entre ellos muchas veces en catalán, pasó miles y miles de horas con ellos en la escuela de La Masía —el centro futbolístico de formación del Barcelona— y vive en una ciudad en la que esa lengua suena cada vez más. "Lo entiende, pero le da vergüenza hablarlo", coinciden los que lo rodean. Messi no es como Thierry Henry, el francés que con sólo dos años en Barcelona se descolgó con una frase para la polémica —"Cataluña no es España"—, o como Eric Abidal, que en 2013 coronó la cima de una montaña desplegando una bandera independentista catalana. No, Messi —que a esa altura de su vida admitía sin problemas haber leído sólo un libro, *Yo soy el Diego de la gente*, y ni siquiera hasta el final— jamás entraría en esos debates bizantinos que tanto excitan a los españoles y que en 2017 sumó la fallida declaración de independencia de Cataluña. Nadie en Barcelona le propuso seriamente que hiciera un gesto de simpatía por el catalanismo, ni hablar de enviarle un guiño al independentismo. Martino, que en sus primeras semanas en el Barcelona participó en una ofrenda durante la celebración del día "nacional" de Cataluña, aprendió rápido a zafar del espinoso debate político: "Si no hablo en la Argentina, menos lo voy a hacer acá". Lo mismo podría decir Messi, que se escurrió igualmente de cualquier gesto político en su muy polarizado país, la Argentina. En Barcelona aspiran en el fondo a bastante menos. "Sería un golpe fenomenal para los catalanes que dijera alguna palabra en catalán, como hicieron en su momento otros jugadores", dijo Minguella a la edición argentina de la revista *Rolling Stone*. Pareció que ese momento no llegaría jamás, pero un día, Messi habló en catalán, vivó a su equipo y a su ciudad, y lo hizo cuando medio mundo tenía clavados sus ojos en él: "¡Visca el Barça, visca Catalunya y aguante Argentina, la concha de su madre!". "Visca" es el término catalán para "viva", aunque pocos discutirían que Messi no fue exactamente elegante en aquella tarde-noche de celebración del título de la Liga española, el dato de que el argentino estaba perdidamente borracho a la hora de lanzar su soflama permite entender muchas cosas: la principal, que a Messi, efectivamente le da vergüenza mostrar algo tan obvio como que inevitablemente entiende y habla —si quisiera— el catalán. Difuminar aunque sea levemente su perfil de habitante de "Little Rosario", como define Minguella la "burbuja" de Messi, quizás sea íntimamente sentido por el jugador como una traición a esa Argentina que tantas veces le dio la espalda y lo criticó. Sólo con unas cuantas copas de más el zurdo que marca época se libera y les cuenta a su gente y a los argentinos que también tiene algo de catalán, algo de español. Algo, apenas un poquito, tras haber pasado media vida en Barcelona, una ciudad a la que, si pudiera, trasladaría Rosario entera: el Paraná en el Mediterráneo. "Posiblemente lo haría, porque es mi ciudad", admitió Messi a *Rolling Stone* durante una entrevista publicada en 2009. ¿Y si sólo se tratara de traerse a Barcelona algunas cosas de allí? Messi no lo ve posible. "No sé qué podría llevar, porque todo es diferente." Sus "mejores recuerdos", insistió, están "en Rosario", aunque jamás olvidará a Barcelona, la ciudad que lo vio "crecer". Y allí tiene a casi toda su familia, lo que permite pensar que "Little Rosario" no perderá pujanza. Basta escucharlo hablar a Messi, ahondar en sus gustos musicales —cumbia, una música que "ustedes no entienden", le dijo alguna vez a los españoles—, en sus ritos diarios, para darse cuenta de que, cuanto más tiempo pase desde que dejó la Argentina, más argentino se sentirá.

En ese contexto, que Messi se haya convertido en la pesadilla de un Mourinho detestado por el Barcelona es una notable paradoja, porque el portugués estuvo cerca de ser, en 2008, el sucesor de Rijkaard. El promotor de su fichaje fue Laporta, probablemente otra muestra más de que las distancias entre Barcelona, Real Madrid, catalanes y madrileños no necesariamente son tantas o tan insalvables, de que el esencialismo es más funcional al negocio, la política y la pasión que real. "Yo creo que Mourinho siente que Guardiola le robó el puesto que le correspondía. Presentó un plan y un compact disc a la junta directiva de Laporta", recuerda Besa. "Y volvió a sentirse rechazado como en las épocas en que se lo veía como el traductor de Bobby Robson en su tiempo de entrenador del Barcelona", aventura el periodista. Algo de eso debe haber, porque en aquel abril de 2010 en el que el Inter de Mourinho eliminó al Barça de Guardiola el portugués saltó triunfante al campo de juego alzando un dedo. Alguien, en las entrañas del Camp Nou, reaccionó abriendo los aspersores del riego y cortando antes de lo debido los festejos del club italiano. Fue, en efecto, Guardiola el que recaló en Barcelona, y tras dos años de fracasos el Real Madrid decidió contratar a Mourinho, al que veía como "antídoto" contra los azulgrana. Había razones para hacerlo: dirigido por Mourinho, el Inter de Milán había eliminado en abril de 2010 al equipo de Messi y Guardiola en las semifinales de la Liga de Campeones de Europa. Harto de no ganar, el Real Madrid de Florentino Pérez se entregó —y no es exageración— al portugués, que como detalle añadido había salvado a los blancos de una dura humillación: de haber ganado la semi ante el Inter, el Barça habría jugado la final de la Champions ante el Bayern Munich en el estadio Santiago Bernabéu. De sólo pensar que el Barcelona era claro favorito en ese potencial partido, a cualquier hincha del Real Madrid le brotaba urticaria.

Así, ya antes de empezar, Mourinho había hecho mucho por el club. Sólido y astuto entrenador, el portugués vive por y para su profesión, en la que es además un maestro de las puestas en escena. El 27 de abril de 2010, un día antes de aquel 1-0 que le sirvió de poco al Barcelona tras la derrota por 3-1 en la ida de las semifinales en Milán, Mourinho fue directo a la yugular del rival y comenzó a desenrollar la alfombra roja que lo depositaría en el Bernabéu. En una calculadísima aparición en una colmada sala de prensa en el Camp Nou pública, el portugués aprovechó para atacar al Barcelona donde más le duele y comenzar a jugar 24 horas antes de lo previsto aquella decisiva vuelta de la semifinal de la Liga de Campeones. "Ellos alcanzaron el sueño de ganar la final en Roma, en París", dijo el entrenador del Inter sobre el Barcelona. "Pero ahora no tienen un sueño, tienen una obsesión, que se llama Madrid y Santiago Bernabéu." Mourinho, un lince de entonces cuarenta y siete años que durante cuatro años había sido el número dos del equipo catalán, lanzó aquella vez varias cargas de profundidad. Lo hizo con buen estilo: frontal, pero con humor; duro, pero elegante; serio, pero irónico. Nada quedaba del traductor de Robson, porque aquel día el Barcelona asistió atónito a la exhibición de un *killer* frente al micrófono. Un *killer* que atacó, paradójicamente, apelando a términos como "sueños" y "pureza". "Tenemos jugadores de más de treinta años con mucha experiencia y que pueden manejar la situación. Hay que perseguir el sueño, pero que no sea una obsesión. Sólo un sueño", dijo sobre su equipo. "Para el Barcelona no es un sueño, es una obsesión, y hay una diferencia entre un sueño y una obsesión. Un sueño es más puro que una obsesión, un sueño tiene que ver con el orgullo. Mis jugadores van a estar muy orgullosos de jugar la final, no importa dónde." Mourinho se hizo el desentendido cuando se le mencionó la presencia de un guardaespaldas en la rueda de prensa, y desvió la atención hacia el ambiente de expectativa en la ciudad. "¡Eh, que te puede pegar!", le dijo a un periodista. "El guardaespaldas es un buen tipo. No lo necesito. Yo voy al banco, no creo que nadie salte al campo. Este ambiente puede ser un problema para los hinchas del Inter, pero no para mí, que voy del hotel al autobús y al campo de juego". Más sutilezas provocadoras, Mourinho ganaba la batalla verbal previa al partido, derrota que Guardiola revertiría un año más tarde con su llamativa frase acerca del portugués como "el puto amo" de las salas de prensa, prólogo para el éxito del Barcelona ante el Real Madrid en las semifinales de la Champions. Mourinho fue en efecto el "amo" en aquella aparición en la primavera de 2010 ante los atónitos catalanes. Incluso destacó que su compatriota Luis Figo estaría junto a él en el banco. Alguna vez gran ídolo del Barcelona, Figo era a esa altura sinónimo de la mayor traición posible para los blaugrana: dejar el Camp Nou para entregarse a la pradera del Santiago Bernabéu. Ya retirado, en 2010 era representante internacional del Inter. Feliz al ver el efecto que estaba causando en los periodistas locales, Mourinho profundizó en su teoría de la obsesión. "La obsesión se ve y se siente. Yo estaba aquí en el 97 como traductor [fina ironía del portugués], con la final de Copa del Rey en el Bernabéu entre el Betis y el Barcelona. Lo vi. Lo vi como traductor, pero lo vi. Estar con la bandera catalana en el Bernabéu fue un disfrute increíble. Se cantaba '¡vamos a Madrid, todos a Madrid!'. Es una obsesión, el antimadridismo no es un sueño, es una obsesión. Imagino una final de la Champions en Turín: ¡una obsesión para el Inter! Y no estoy criticando. Lo vi con una final de Copa del Rey, imagínate ahora." Por ese entonces, Messi —que había debutado profesionalmente ante el Porto de Mourinho en 2004 y enloquecido al Chelsea del portugués y a su marcador Asier del Horno en 2006— tenía un problema con el luso, porque en seis partidos ante equipos dirigidos por él no había sido capaz de anotar un solo gol. Al día siguiente sumaría el séptimo encuentro de sequía, situación que cambió totalmente una vez que Mourinho pasó a dirigir al Real Madrid. Antes, en la primavera barcelonesa de 2010, Mourinho mostró un rasgo de humildad y buen humor al referirse al argentino, al que aseguró que no le haría ningún marcaje personal: "Yo contra Messi pierdo 50-0 y no toco el balón".

Veinte meses más tarde el panorama era totalmente diferente. Hacía ya un año y medio que Mourinho dirigía al Real Madrid, y las cosas no estaban saliendo como los hinchas blancos habían soñado. Quizás fuera el calor y el aire enrarecido en una sala con demasiada gente, quizás lo afectara el cansancio de fin de año, pero lo cierto es que en aquel almuerzo de diciembre de 2011 Florentino Pérez reflejó cabalmente la confusión del Real Madrid en los años de oro del Fútbol Club Barcelona. El presidente del "mejor club del siglo XX", según la FIFA, había invitado a una comida navideña a los periodistas españoles y extranjeros que habitualmente siguen a los blancos. Mientras al resto de los comensales se les servía un entrecot, Pérez había pedido un arroz caldoso. A su derecha, el nuevo director del diario deportivo *Marca* escuchaba atentamente. En aquel discurso Florentino —así, por su nombre, lo conoce toda España— comenzó destacando el "salto cualitativo importante" que, a su entender, había dado el club en el año que terminaba. Pero enseguida llegó un lapsus de tintes freudianos: "Hemos sido segundos en la Champions tras muchos años". En algún recoveco del cerebro florentinista, haber perdido la semifinal de la Liga de Campeones de Europa ante el Barcelona equivalía a ser segundos. Con el inconsciente aflorando por sus labios, Pérez reconocía sin querer la enorme superioridad del rival. Era lógico: aquella comida fue un martes, y el sábado anterior, en ese mismo estadio, el Barcelona de Guardiola había vuelto a humillar al Real Madrid de Mourinho con un claro 3-1 en el estadio Santiago Bernabéu. Más allá del lapsus, humano al fin, lo que llamó la atención fue el balance triunfal del presidente blanco y su respaldo enfático al entrenador que peores resultados consiguió en los últimos sesenta años a la hora de medirse al Barcelona. "La derrota nos hará más fuertes", argumentó Pérez refiriéndose a la caída del sábado. "Hemos llegado a las semifinales de la Liga de Campeones después de ocho años, Cristiano Ronaldo ha sido Bota de Oro y el mejor pichichi de la historia de la Liga, Casillas ha sido Guante de Oro, José Mourinho ha sido Balón de Oro como entrenador y el mejor entrenador de la FIFA, y lo que es más importante: ganamos la Copa del Rey en una final histórica con un magnífico gol de Cristiano. Para muchos ha sido la final más importante de la historia de la Copa." Pero faltaba el aspecto más insólito del balance: "Ya hemos conquistado algún récord estos meses, con esos quince partidos seguidos ganados [en la Liga española] y la mejor fase de grupos de la historia de la Champions con todas las victorias y una diferencia de 17 goles que creo que es un récord muy importante. Todo el mundo sabe que es algo que nadie ha podido alcanzar".

En Barcelona debieron sentirse abrumados ante tantos récords y logros del rival; al fin y al cabo, lo de los hombres de Guardiola y Messi en 2011 había sido llamativamente pobre: tercera Liga española consecutiva conquistada, ganadores de la Liga de Campeones de Europa y, apenas días después del triunfal discurso en las entrañas del Bernabéu, campeones del Mundial de Clubes. Florentino se aferraba al 1-0 sobre el Barça en la final de la Copa del Rey, el único triunfo ante los azulgrana en la "era Mourinho". Que en la ida de las semifinales de Champions el Real Madrid jugara en su estadio como un equipo chico, acomplejado ante el rival, no importó. Que Mourinho, al que se lo había contratado para quebrar al Barcelona tal como lo había hecho al mando del Inter, fracasara ampliamente en el intento, tampoco.

CAPÍTULO 17

El duelo

Pasos de autómata, la mirada perdida, los ojos enrojecidos: perder es duro, y si el que pierde no está acostumbrado, la sensación quizás se acerque a la del mismísimo infierno. En la madrugada de abril de 2011 en Valencia Leo Messi veía sin ver y caminaba porque no tenía otra alternativa. De haber sido posible, habría preferido la teletransportación a "Little Rosario". Quería que todo pasara lo más rápidamente posible. Subir al autobús del Barcelona y evadirse, dejar de sentir en los huesos y el alma esa humedad y ese frío que despedía el cemento de las paredes desnudas en las catacumbas del estadio de Mestalla. Quitarse una tristeza que esa noche para el Barcelona era casi física, y más potente aún en el caso de Messi, porque en aquella final de la Copa del Rey el autor del gol de la victoria, el único del partido, había sido Cristiano Ronaldo. El argentino seguía con la mirada perdida. Un paso, dos, tres... Y varios hinchas del Real Madrid al otro lado de la calle, a ínfimos diez metros, celebrando con gritos y risas el 1-0 que les daba su primer título en dieciocho años en la Copa del Rey y al fin un éxito tras seis frustraciones en los clásicos ante el Barcelona de Guardiola. Las victorias, que en televisión suelen estar revestidas de drama, épica y grandiosidad, suelen ser un asunto mucho más banal a las puertas del vestuario, en las entrañas de los estadios. Más banal y simple aún suelen ser los minutos posteriores a la derrota, que es siempre una posibilidad que acecha en el deporte. Lo sabe Dani Alves, íntimo amigo de Messi y uno de los únicos dos jugadores azulgrana que emiten palabra esa noche. El brasileño se frena ante los periodistas, encara el enjambre de micrófonos con decisión y define el momento con la misma maestría que en sus arrancadas de lateral: "Esto es el fútbol, y a veces es muy cabroncete".

Cristiano Ronaldo no podía creer lo que estaba pasando. Los hinchas del Real Madrid lo estaban silbando en el mismísimo estadio Santiago Bernabéu. No era un abucheo estruendoso, ni mucho menos, pero en aquel 10 de diciembre de 2011, esa masa que debía idolatrarlo estaba haciendo exactamente lo contrario. Los silbidos llegaron en la derrota por 3-1 ante el Barcelona en la Liga española. Le estaban diciendo al portugués que esperaban más de él, que está muy bien ser el máximo goleador del fútbol europeo, pero que ya era hora de que apareciera en los partidos decisivos ante el Barcelona, algo que, salvo en aquella final de Valencia, no venía siendo el caso. Cinco semanas más tarde los silbidos del Bernabéu apuntarían a otro portugués: José Mourinho. Fue en los tramos finales de una goleada de 4-1 sobre el Athletic de Bilbao de Marcelo Bielsa. Mourinho fue fiel a sí mismo cuando se le preguntó por el tema: "Zidane ha sido silbado aquí. Ronaldo y Cristiano Ronaldo, Bota de Oro, han sido silbados aquí. ¿Por qué no puedo ser silbado yo? No es un problema para mí. Zidane respondió con su fútbol y los otros, Ronaldo y Cristiano, también". Fiel a sí mismo, sí, porque el portugués ya había razonado de la misma manera tiempo antes, aunque la frase fuera mucho más impactante: "Tampoco Jesucristo era simpático para todos, así que imagínate yo". Jugar en el Bernabéu y dirigir al Real Madrid nunca fue sencillo, pero en esos años era peor. Saber que 600 kilómetros en dirección noreste existía un equipo llamado Barcelona y un jugador que respondía al nombre de Leo Messi complicaba todo aún más, presionaba a todos el doble, impacientaba al público más de lo habitual. Por eso no sorprendía que Cristiano no jugase en su nivel cuando llegaba el gran momento, quizás porque enfrentarse al Barcelona exigía de él lo que no está en su naturaleza: asociarse a sus compañeros, moderar el individualismo, sufrir y defender si es necesario. En aquellos catorce meses que transcurrieron entre el 5-0 del Barcelona el 29 de noviembre de 2010 en el Camp Nou y el 2-2 del 25 de enero de 2012 en el mismo escenario los dos gigantes se midieron diez veces, y el balance para el equipo de Mourinho fue desolador: perdió cinco veces, empató cuatro y ganó una. Fue incapaz de ganar en su estadio, en el que llegó a comportarse con las prevenciones y temores de un equipo chico y sin ambiciones, un equipo derrotado de antemano. Aquello generó tensiones evidentes en el vestuario, en especial entre los que la prensa define como "los españoles": Iker Casillas, Sergio Ramos y Xabi Alonso, tres pesos pesados que más de una vez cuestionaron las precauciones de Mourinho. Aunque había que comprender al portugués: Florentino Pérez se lo trajo del Inter con la gran y casi exclusiva misión de quebrar al Barcelona. Cómo hacerlo y qué fútbol mostrar era un asunto secundario. Tanto es así que cuando Mourinho se burló públicamente del "señorío" del Real Madrid, ese intangible que los dirigentes blancos aseguraron por décadas que distingue al club de los demás, ni Pérez ni nadie con autoridad contradijo al entrenador. Se trataba de ganar, no de gustar. Las tres "G" —ganar, golear y gustar— hacía tiempo que estaban en manos del Barcelona, o al menos eso fue lo que sintió Mourinho desde la histórica derrota por 5-0 en noviembre de 2010. Aquello marcó su paso por el Real Madrid: a partir de entonces el portugués potenció su carácter obsesivo, desconfiado y autoritario, al menos de puertas para afuera, porque son muchos los jugadores que destacan, en los diferentes equipos que dirigió, que Mourinho es compañero, que entiende al jugador. Pero el portugués no quería saber nada con repetir un resultado siquiera parecido a aquel 5-0, la mayor humillación de su carrera. Así, con bandazos tácticos, contradicciones llamativas y más ruido que fútbol, Mourinho logró que se sucedieran derrotas y empates, pero nunca más una goleada en contra de aquel calibre. Varios jugadores sentían, según *El País*, que en la larga serie de enfrentamientos nunca atacaron al Barcelona "con todos los medios disponibles". A Mourinho no le importaba: al menos controlaba parte de lo que pasaba dentro de la cancha, porque fuera de ella ya había perdido y perdería, más de una vez, el control.

Madrid era un páramo el 14 de agosto de 2011, la ciudad estaba vacía aquel domingo de calor ardiente. Protegidos en sus casas, en bares o en parques, los que evitaban el sol que caía a plomo sobre el asfalto y se detuvieron en la sección de Deportes de *El País* se encontraron con una historia inusual, un relato que en un par de horas generó dos *trending topics* en la red social Twitter: #DiegoTorres y #diegotorresfacts. No se trataba del cantante argentino, sino de un compatriota del mismo nombre que por entonces cubría para *El País* todo lo que sucedía en torno al Real Madrid y contaba con una serie de fuentes de primer nivel, muchas veces no identificadas, pero que ofrecían revelaciones y frases muy jugosas. Con un sugestivo titular que casi obligaba a la lectura —"El baño de Red Bull"—, el artículo comenzaba así: "Las noches del 17 y el 27 de abril [de 2011], fechas del clásico de la Liga y la ida de las semifinales de la Champions, los vestuarios del Bernabéu, con sus pasillos y sus zonas de paso, fueron el escenario de algunos de los momentos más tensos de la historia reciente del fútbol español". En el artículo Torres aseguraba que Mourinho se enfureció al escuchar cómo, varias horas antes del partido, un canal de televisión adelantaba lo que le había exigido a los jugadores que se mantuviera en secreto: la alineación de Pepe como medio centro, junto a Alonso y Khedira. Como si hubiera estado en aquel vestuario, Torres exprimió a sus fuentes y contó lo que se vivió allí adentro, la explosión de ira de Mourinho: "'¡Sois unos traidores!', gritaba. '¡Os pedí que no filtraseis la alineación y me habéis traicionado! ¡Se nota que no estáis conmigo!'. Los jugadores nunca le habían visto tan angustiado. Según dicen los testigos, no paraba de insultarlos. Repasó uno por uno a los que tenía a su alrededor. Cuando se encontró con la cara de [el futbolista Esteban] Granero, que se desvive por halagarlo, le señaló. Según un empleado del club, dijo algo así: 'El único amigo que tengo en este vestuario es Granero. ¡Pero ya ni me puedo fiar de él! ¡Me habéis dejado solo! ¡Sois la plantilla más traidora que he tenido en mi vida!'". Podía pensarse que en la crónica de Torres ya estaba todo dicho, que no podía haber más tensión ni detalles por relatar. Nada de eso, lo mejor estaba por venir: "Presa de una emoción intensísima, Mourinho cogió una lata de Red Bull y la arrojó contra la pared. Al estrellarse, el recipiente se partió y liberó el líquido gaseoso con un efecto de lluvia. Bañados con esta bebida energética con sabor a frutos del bosque, azúcar y cafeína, algunos jugadores se quedaron perplejos. Otros lo observaron con indiferencia. Casillas se fue a las duchas junto con otros españoles. Abatido como parecía, el entrenador se inclinó y clavó una rodilla en el suelo y emitió un llanto desconsolado. Luego, se levantó, se enjugó los ojos y les aseguró a todos, entre sollozos, que hablaría con el presidente, Florentino Pérez, y con el director general ejecutivo, José Ángel Sánchez, que tenía medios para descubrir al culpable y que, una vez descubierto, emprendería represalias. En palabras de uno de los asistentes, Mourinho hizo una analogía entre la guerra y el fútbol: 'Si yo estoy en Vietnam y veo que se ríen de un compañero, con mis propias manos cojo una pistola y mato al culpable.

Ahora sois vosotros los que tenéis que buscar al que ha filtrado la alineación'".

Que los frutos del bosque no estaban por ese entonces en la composición del Red Bull o que la lata probablemente se haya abierto, pero difícilmente partido, fueron algunos de los comentarios burlones que Twitter acumuló en aquellas febriles horas previas al partido de ida por la Supercopa de España. Nimiedades, en el fondo, porque el detalle clave fue que nadie, nunca, desmintió con firmeza lo allí relatado. Ni siquiera Florentino Pérez, que veintiún meses más tarde, en la rueda de prensa en la que se desprendió de Mourinho, calificó de "novelista" a Torres. Una pequeña gran paradoja, porque el presidente del Real Madrid acababa de confirmar que Torres no iba desencaminado en sus historias. ¿O acaso no estaba reconociendo que el vestuario del Real Madrid y la propia dimensión del Real Madrid se habían terminado devorando a Mourinho?

Torres contó una anécdota un día de octubre de 2013, durante la presentación de su libro sobre Mourinho, *Prepárense para perder*. "Días después de aquella rueda de prensa en la que me definió como novelista me lo encontré a Florentino. Me dijo que Vargas Llosa había comenzado así y terminó escribiendo *La fiesta del chivo*". ¿Elogio o ironía corrosiva del presidente del Real Madrid? Sólo él lo sabe.

Lo cierto es que tampoco se desmintió nunca otro de los artículos más llamativos de Torres, el de abril de 2011 en el que abunda en detalles de lo que Cristiano Ronaldo y su entorno sienten y dicen cada vez que Messi se les aparece en el televisor. No ven al mejor futbolista del planeta. No. Según Torres, ven a un "enano".

"Sus colegas saben que Cristiano está obsesivamente dedicado a una prolongada lista de cuestiones. Sus abdominales, sus cejas, su melena, la lucha contra el humo del tabaco, sus títulos, sus goles y, sobre todo, la reconquista del Balón de Oro, le causan una suerte de impaciencia espiritual. Y el Balón de Oro, desde 2009, corresponde a Messi", escribió Torres, que asegura en el artículo que el portugués se obsesionó con el argentino. "La crispación de Cristiano ante la aparición de Messi, que le desposeyó del Balón de Oro obtenido en 2008, es cosa sabida en todo el Madrid. Dicen los empleados del club que ver a Cristiano mirar por televisión un partido en el que juega Messi es un espectáculo sobrecogedor. Sobre todo, si está presente su representante, Jorge Mendes, que también es el agente de Mourinho. Hay privilegiados que los han visto a los tres ante una pantalla observando a la estrella del Barcelona. Dicen que, en estas situaciones, Mendes y Mourinho se muestran paternalistas. Que, ante las hazañas de su adversario, Mendes lo anima con frases como: '¡La gente no entiende de fútbol! ¿Cómo han podido darle el Balón de Oro a este tío?'. Y que Cristiano, desdeñoso, nunca menciona su nombre. Cuando habla del Enano, todos saben a quién alude".

Meses después de aquel artículo, Torres se sentaba ante un café y una tostada con tomate y profundizaba en el tema: "Mendes dice que no entiende cómo Messi puede ser Balón de Oro con ese físico, que la FIFA y la gente se engañan con ese chico. Cristiano repite que es un enano. Un jugador que fue testigo de esos momentos me dijo que le daba vergüenza ajena escuchar lo que decían". Según el periodista, no sólo el

orgullo está en juego, también el dinero: "El que gana el Balón de Oro tiene siempre los mejores contratos de patrocinio". Pero dinero le sobra a Cristiano, que es, ante todo, futbolista, y trabajó muy duro para llegar donde está. "Messi es una obsesión para el 'clan portugués' del Madrid. En los descansos Cristiano le pregunta al banco '¿quién ha marcado?'. De cara al clásico de diciembre de 2011, que el Barcelona gana 3-1 en el Bernabéu, las charlas tácticas —y Mourinho daba muchas antes de cada partido— eran monotemáticas: cómo frenar a Messi. Pero es curioso: si miras los goles que le hizo Messi al Madrid de Mou, hay varios que se repiten: Messi agarraba la pelota en el medio de la cancha y termina en la red tras entrar por el medio, donde se supone que el equipo está más protegido."
Messi fue, dice Torres, bastante más que una espina clavada en la carrera de Mourinho: "A Messi lo insultaban desde el banco del Madrid, y Rui Faría, asistente de Mourinho, era el insultador oficial. Mourinho odió a Messi con todas sus fuerzas, sentía que le estaban quitando algo, y que los árbitros protegen a Messi". Decidido a controlar todo lo que pueda afectar siquiera tangencialmente al equipo, Mourinho impuso el temor como método en el vestuario, añade el periodista: "Era la Gestapo. Si estabas en ese vestuario, tenías miedo. En su momento había un empleado del club que tenía una carpeta con un extracto de los llamados y SMS del móvil, jugador por jugador. Mourinho hizo echar a varias personas del club dando entender a todos los empleados que lo hacía para castigar filtraciones a la prensa. Empezó por Jorge Valdano, director general del club, continuó con los jugadores Fernando Gago,

Pedro León y Sergio Canales, e incluso despidió al cocinero y al jefe de los servicios médicos".

En su etapa final en el Real Madrid, Mourinho redobló la apuesta: aprovechó que durante un entrenamiento Álvaro Arbeloa le lesionó la mano a Iker Casillas para dejarlo fuera del equipo y apostar por Diego López. No contento con su decisión —al fin y al cabo prerrogativa de cualquier entrenador—, Mourinho se refirió públicamente al capitán de su equipo de forma entre irónica y despreciativa más de una vez. Quizás Casillas pagaba la sospecha de ser una de las principales fuentes de Torres. "He llorado, he sufrido, lo he pasado mal, he tenido noches durmiendo poco y mal…", admitiría luego el arquero en la Copa Confederaciones de Brasil. Semanas después el nuevo entrenador blanco, el italiano Carlo Ancelotti, también lo relegaría a la suplencia en la Liga.

Mourinho logró irritar incluso al imperturbable Vicente del Bosque. ¿Por qué? En esos últimos meses propios de un discípulo de Nerón, el portugués había acusado a la FIFA de manipular la elección a mejor entrenador del año, ganada por el seleccionador nacional español. "El tiempo demostró que no tenía mucho recorrido…", se limitó a responder Del Bosque, al que el rostro relajado se le transforma cuando escucha los apellidos Pérez y Mourinho, dos hombres que le complicaron la vida y la selección.

Más allá de los reparos que muchos ponen ante la falta de fuentes identificadas y ante cierta obsesión anti-Mourinho, la valentía y el toque "diferente" de los artículos de Torres se destacan en el panorama del periodismo español. En otro formato y con otro estilo, David Gistau, columnista de *El Mundo*, primero, y *ABC*, luego, también escribe con libertad antes de que lo alcanzara la muerte prematura. Lo hizo, por ejemplo, al referirse a la envidia que cree que Cristiano siente por Messi: "Si sólo con Dios empata sin enojarse, cómo no iba a vivir de modo tan agónico la competencia personal con un 'hobbit'". Pero Torres y Gistau son algunas de las excepciones en un panorama fuertemente influido por los diarios y las radios deportivas, que demasiadas veces replican la lógica dual que tan fuertemente impregna a España y los españoles. Así, algún columnista en Madrid puede escribir que Messi es "cortito" en cuanto a inteligencia. Otro en Barcelona puede ensañarse con la minucia más absurda referida a Cristiano, obviando que el Barcelona estuvo en su momento muy interesado en ficharlo. "En el fondo somos muy sectarios y muy *hooligans*", se lamenta Besa. "Creo que ya no hay prensa deportiva como tal, hay prensa de club. Y sucede lo mismo con las emisoras de radio", añade. Fino analista del ambiente en el que se mueve, Besa transmite cierta desesperanza por lo que vive: "El periodismo deportivo ha pasado a ser un negocio". Coincide con él otra de las firmas más destacadas de los medios en Barcelona, que alerta sobre un detalle: las promociones de los periódicos, en las que los lectores pueden obtener "el piyama del Barça", el "traje de baño del Barça" o lo que fuere con el escudo del club, son malas para el periodismo: "Sirven para controlar a los periódicos, porque sólo el club puede autorizarlos a usar los productos con su logotipo. A veces se los dan a unos, a veces a otros. Y esas promociones aumentan la circulación, garantizan publicidad, puestos de trabajo… Son un condicionante sutil, pero importante". Besa está de acuerdo: "La prensa deportiva vive de las portadas, de la venta y de las promociones. Si estás en contra del club no las puedes tener".

Y cuando se habla de prensa deportiva, España es un país único: tiene cuatro grandes diarios dedicados íntegramente al deporte y varios programas de actualidad deportiva que comienzan a la medianoche, quizás algo lógico en un fútbol que ha llegado a iniciar sus partidos a las once de la noche e incluso cinco minutos después de medianoche, y que tiene como horario frecuente el de las diez de la noche en pleno invierno. Si el Real Madrid gana, *Marca* y *As* venden más. Si los éxitos son del Barcelona, los beneficiados son *Mundo Deportivo* y *Sport*. En el afán de potenciar el equipo propio y fidelizar la masa de seguidores, arañándole algunos a la competencia, se dan situaciones absurdas. *Marca* contabilizó en forma consistente durante toda la temporada 2010-2011 un "gol fantasma" de Cristiano Ronaldo. Dada la influencia del principal periódico deportivo español, la confusión se extendió a muchos medios de todo el planeta. El 18 de septiembre de 2010, en el 2-1 del Real Madrid sobre la Real Sociedad en el estadio de Anoeta, un tiro libre de Cristiano Ronaldo pegó en su compañero Pepe y se desvió camino al gol. El árbitro se lo dio al defensa y no al delantero, pero *Marca* se lo adjudicó a Cristiano. El cronista de aquel encuentro era Santiago Segurola, quizás la firma más respetada de España cuando se habla de periodismo especializado en deportes. "Yo no pude ver la jugada repetida hasta que terminó el partido. Y antes de verla envié la crónica", explicó a la agencia de noticias DPA

Segurola. "Es un gol más que discutible para dárselo a Ronaldo. La intervención de Pepe fue accidental, aunque decisiva. Y tampoco sabemos si la intención de Ronaldo fue decisiva", añadió, al tiempo que destacó la falta de un criterio uniforme. "Normalmente, si el balón le pega a un defensa, el gol se le atribuye al delantero. Pero si le da a un compañero del delantero, el gol es para el compañero. ¿Es el último jugador el que marca el gol? ¿Hacemos eso? Si hay que plantear un criterio, se corrige. Yo soy simplemente el cronista. Si en el periódico se abre un debate sobre el tema, estoy dispuesto a participar", concluyó Segurola. Pero en aquellos meses *Marca* vivía sus momentos más desembozados de madridismo, y el debate no se abrió. Cristiano Ronaldo se encargaría, en la recta final de aquella Liga española, de anotar una buena cantidad de goles para que la carrera con Messi no se definiera por un gol, y el "Pichichi" acabara en justas manos. Bautizado así en honor al apodo de Rafael Moreno, un jugador del Athletic de Bilbao que destrozaba redes entre 1910 y 1920, el "Pichichi" es un premio que *Marca* entrega desde la temporada 1952-1953 al máximo goleador de la Liga española. En la 2009-2010 se lo había dado a Messi, autor de 34 tantos. El problema es que para contabilizar los goles el periódico deportivo más leído de España se basa en lo escrito por sus cronistas, y no en las actas arbitrales. Y como fuera de España muchos creen que el "Pichichi" es un trofeo oficial de la Liga española, la confusión está asegurada. En la temporada 2004-2005 el camerunés Samuel Eto'o vio cómo el premio iba al uruguayo Diego Forlán porque *Marca* le quitaba un gol ante el Mallorca que la Federación Española de Fútbol

(RFEF) sí le había otorgado oficialmente. Así, Forlán sumó 25 y Eto'o 24. El delantero uruguayo, además, se llevó la Bota de Oro del fútbol europeo, porque *Don Balón*, la revista que manejaba en España la estadística para el galardón europeo, revisó el video del partido y consideró que el gol fue del portugués Deco.

Pese a las sospechas que puedan generar las intenciones de aquel *Marca* —con Óscar Campillo, el nuevo director que asumiría a mediados de 2011, muchas cosas cambiaron—, mucho más grave fue lo que hizo *As* en febrero de 2011. El diario borró de una foto a un jugador del Athletic de Bilbao, Koikili, que habilitaba a Dani Alves en una jugada que el brasileño terminaría en gol. Si se veía la foto de *As*, el fuera de juego de Alves era un escándalo, un error grosero de los jueces. La grosería, sin embargo, era periodística. De existir un línea que marcara el antiperiodismo, al *As* habría que haberle levantado la bandera y situarlo en offside. Alfredo Relaño, por entonces director del diario, y una de las firmas más lúcidas del periodismo especializado en deportes en España, lo reconoció al día siguiente: "Me he encontrado con eso esta mañana, cuando he visto que los foros estaban incendiados. Estoy avergonzado y pido disculpas por ese error a todos los compradores de *As* y, más allá de ellos, al barcelonismo en general. Ya he entrado en dos radios de Barcelona para hablar del asunto. Estoy esperando a los del departamento de infografía para que me lo expliquen. En principio doy por buena la primera versión que me dan, según la cual se trataría de algo involuntario, fruto de un efecto al superponer unas instantáneas sobre otras. Espero que me lo demuestren. En nuestro descargo puedo aducir que en la edición web del periódico la jugada está bien reflejada desde el principio y que esta misma mañana, en cuanto se detectó el error en el papel, se incluyó en la misma la rectificación a la edición de papel. Y también incluiremos mañana, en nuestra edición de papel, la rectificación con nuestras excusas, dado que no todos los compradores-lectores de papel acuden a la web. Y estoy a disposición de cualquier radio u otro tipo de medio que quiera interpelarme sobre el asunto".

Manipular la realidad para hacerla más atractiva no es sólo un atentado contra la ética periodística. Es, además, innecesario, porque el duelo entre el Barcelona y el Real Madrid o entre Messi y Cristiano ofrece ingredientes atractivos de sobra. Cada vez que se miden, Messi y Cristiano son de los últimos en saludarse en el tradicional choque de manos previo a los partidos. Esbozan una semisonrisa, más tensa la del portugués, llamativamente relajada la del argentino, y prácticamente no se miran. ¿No ve Cristiano a Messi? Si se atiende a la votación del Balón de Oro 2010, podría pensarse que no. Como capitán de Portugal, Cristiano debía elegir, en orden de preeminencia, a los tres mejores futbolistas de 2010. El delantero optó por Xavi, del Barcelona, Casillas, del Real Madrid, y Wesley Sneijder, del Inter de Milán. De Messi pareció no acordarse. El argentino, que en la elección para 2010 aún no era capitán de su selección —ni el seleccionador ni el capitán argentino respondieron a la FIFA en aquella elección—, le devolvería un año más tarde la "gentileza" a su rival al elegir en 2011 a Xavi, Andrés Iniesta y Sergio Agüero.

El portugués siente que Messi tiene el favor de la crítica; por eso en noviembre de 2011 en Madrid, al recibir la Bota de Oro como máximo goleador de las Ligas europeas con 40 tantos, hizo su análisis particular de lo que estaba viviendo: "Cuando se compite con los mejores se es mejor. No sólo me gusta competir con Leo, hay otros grandes jugadores". Y añadió: "Yo quiero estar en la página de los mejores jugadores de todos los tiempos". También quisiera volver a ganar el Balón de Oro que alzó en 2008, pero en aquella fría tarde en Madrid, Cristiano desató aplausos y algunas risas cuando se le planteó optar entre uno y otro: ¿No es el Balón de Oro un premio más importante que la Bota de Oro? El portugués, flanqueado por dos grandes como Alfredo Di Stéfano y Eusebio, fue casi tan veloz como en el área: "Éste no depende de los votos de nadie".

Messi siempre fue héroe y figura del equipo, incluso en aquellos tiempos de niño con la camiseta de Newell's.

Jorge y Celia Messi cuando aún no podían imaginar cuán lejos llegaría su hijo.

Mundo Deportivo, el centenario periódico español, le dedicó en 2003 su primera tapa a Leo Messi. El pelo largo y la naranja para hacer "jueguito" son coherentes con el adolescente de dieciséis años que era entonces. Messi comparte primera plana con Roger Federer, que —también con el pelo largo— conquistaba su primer Masters.

El oro olímpico: una medalla en Pekín para relativizar aquello de que Leo Messi no ganó nada con la Selección argentina.

Lionel Messi y Diego Maradona, una imagen con toneladas de gran fútbol.

Pensativo tras la derrota de Argentina por penales ante Alemania en el Mundial 2006.

Siete hombres clave del Barcelona más exitoso de la historia (de izquierda a derecha): Xavi Hernández, Andrés Iniesta, Lionel Messi, Dani Alves, Gerard Piqué, Josep Guardiola y Sandro Rosell.

AMANDA PEROBELLI /ADOBESTOCK / COLOSOIMAGES

Messi recupera la alegría: alzando el trofeo de la Copa América junto al Seleccionado Argentino, 10 de julio de 2021 en el Maracaná.

8 de agosto de 2021: la emotiva rueda de prensa de Messi y su despedida del club en el que forjó su leyenda a lo largo de 18 años.

11 de agosto de 2021: la presentación oficial de Messi con la camiseta 30 en el Paris Saint-Germain.

La premiación de Qatar 2022: Enzo Fernández (Mejor Jugador Joven), Lionel Messi (Balón de Oro), Emiliano "Dibu" Martinez (Guante de Oro) y Kylian Mbappe (Bota de Oro).

Estadio Lusail, Doha, Qatar, 18 de diciembre de 2022: después de la recepción del Balón de Oro por su desempeño en el Mundial, Messi besa por primera vez la ansiada Copa.

REUTERS/ KAI PFAFFENBACH/ ALAMY STOCK / COLOSO IMAGES

Apenas un rato
después del triunfo,
Messi festeja y se
relaja junto a su
esposa Antonela
Roccuzzo y Thiago,
Mateo y Ciro, los tres
hijos de ambos, en
el campo del estadio
Lusail.

REUTERS / KAI PFAFFENBACH /
ALAMY STOCK / COLOSO IMAGES

Una de las imágenes del 18 de diciembre de 2022, que quedará para siempre en la memoria colectiva: Messi, capitán del Seleccionado Argentino, alza la Copa rodeado por el equipo ganador.

Regreso a Argentina: Scaloni y Messi, Copa en mano, en su llegada al Aeropuerto Internacional de Ezeiza.

El Obelisco, el hormiguero humano y una postal única: se calcula que alrededor de cinco millones de personas salieron a las calles a festejar el triunfo argentino y recibir a la selección el martes 20 de diciembre de 2022.

CAPÍTULO 18

El clan

Flashback a la primera década del siglo XXI. Dos hombres de una cierta edad, con el torso desnudo, están sentados en sillas de plástico mientras toman mate tranquilamente. Cuando algún curioso pasa por delante, lo interpelan amablemente. Un "buenos días" y una breve conversación que nunca dura más que unos pocos segundos. Cuando no, hablan de la lluvia, del buen tiempo, de mujeres, de su familia, de la actualidad y de fútbol. Sus miradas están al acecho, no quieren perderse ni un instante del espectáculo que les ofrecen a lo lejos unos niños que golpean incansables una pelota. Sólo los autos que deciden pasar por allí son capaces de interrumpir ese pequeño partido entre amigos.

Los escasos espectadores del improvisado *match* son algunos perros vagabundos, famélicos. La calle Estado de Israel es una más de las miles que como ella existen en la Argentina. Es una línea casi recta bordeada por casitas modestas de la misma altura. En ella todos se conocen. Todos hablan con todos. La mayoría de sus habitantes viven allí desde hace decenios y, a menudo, padres, hijos y nietos se van sucediendo. Fue en esa calle del barrio Las Heras de Rosario donde todo empezó para los Messi. Por más que se haya comprado una casa a treinta kilómetros, Leo sigue pasando por aquí; claro que no siempre se detiene, para respirar su particular ambiente y ver la casa donde creció, situada en el número 525. Sus abuelos paternos siguen viviendo en esa calle, al igual que su abuelo materno.

Eusebio Messi y Rosa Pérez Mateu, los abuelos paternos, llegaron al barrio hace ya mucho tiempo. Todavía eran una pareja joven. Cuando sus escasos medios les permitieron comprar un terreno en la zona no lo dudaron ni un instante. Allí construyeron su casa y allí tuvieron a Jorge, el padre de Leo, y a Gladis, una tía a la cual la estrella no ve casi nunca. Eusebio y Rosa nunca se han mudado. Cuando uno ve su modesto hogar resulta muy difícil imaginar que su nieto haya hecho una fortuna. Su ventana siempre está abierta, porque su casa también funciona como el almacén del barrio. La idea es redondear los ingresos para llegar a fin de mes. Venden azúcar, mate, café, mermelada, pasta y arroz… alimentos de primera necesidad; pero tanto su puerta como sus labios permanecen cerrados cuando se trata de hablar con periodistas. Están hartos de la prensa. Hartos de hablar de ese nieto prodigio. En una de las raras entrevistas concedidas por Eusebio, al semanario argentino *Perfil*, dijo: "Jorge nos ayuda poco, pero tampoco vamos a quejarnos". Sin embargo, en el barrio algunos vecinos aseguran que los dos octogenarios están abandonados, aunque no quieren añadir nada más. Tienen miedo a las represalias de una familia que, según algunos, "controla todo lo que se dice y no acepta la menor crítica". Nadie, excepto los propios interesados, conoce los pormenores de la compleja relación que mantiene Jorge con sus padres. El misterio sigue sin develarse. No obstante, los abuelos están orgullosos de las proezas y de la carrera de su nieto. De hecho, en el living tienen colgado un póster de él. También se sienten orgullosos de que se haya convertido en el príncipe de Barcelona. Es una vuelta al punto de partida, porque Rosa Pérez Mateu tiene unos lejanos orígenes catalanes. Su historia se asemeja a la de millones de otros argentinos que emigraron a comienzos de siglo desde el Viejo Mundo. Según *Mundo Deportivo*, los bisabuelos de Leo se conocieron en los años veinte en el barco que los llevaba hacia el país que era una de las historias de éxito a nivel mundial. A Rosa le hubiera gustado visitar algún día Cataluña, la tierra de sus antepasados que tan bien trata a su nieto, pero es algo que no se dio. Eusebio y Rosa nunca nadaron en la abundancia; sin embargo, cuando el reembolso del tratamiento de hormonas se retrasaba un poco y el dinero escaseaba, contribuyeron como pudieron al pago.

No hay registro de que el nieto más famoso se los haya agradecido públicamente. De hecho, no suele mencionarlos. Cuando habla de su amor por un abuelo, todos sus pensamientos y sus palabras se dirigen hacia Celia Oliveira Cuccitini, su adorada abuela materna, muerta en 1998. Le debe mucho, puesto que fue ella quien siempre lo animó a que se convirtiera en futbolista, también la que le preparaba sus platos preferidos. Y es a ella a la que dedica cada gol cuando señala con los dedos al cielo. "La extraño muchísimo —asegura

Messi—. Me hubiera gustado tanto que viera en lo que me he convertido. Por eso le dedico mis goles, porque me gusta pensar que me ve desde donde quiera que esté ahora." Celia siempre creyó en él y siempre supo que la Pulga tenía algo especial. De hecho, la leyenda dice que cuando le tocaba acompañarlo al colegio en realidad muchas veces terminaba llevándolo a jugar al fútbol con otros niños. Pero se fue demasiado pronto y ese episodio marcó la vida de Messi. Su abuelo, Antonio Cuccitini, que falleció en 2018, siguió viviendo en la calle Estado de Israel. Al igual que Eusebio Messi y Rosa Pérez Mateu, quienes también fallecieron, ya no soportaba a los periodistas. Cuccitini estuvo siempre muy orgulloso de su nieto futbolista. La última vez que aceptó hablar con un periodista fue en una radio local, justo después de que Leo consiguiera su segundo Balón de Oro, en 2010: "Lloré mucho cuando vi las imágenes de Leo con ese trofeo en las manos. Pensé mucho en mi esposa, que tanto se ocupó de él cuando era pequeño. Es en esos momentos cuando me doy cuenta de todo el camino que ha recorrido. De niño era un enano y hoy, no es que sea un gigante, pero tiene una altura normal. Cuando lo veo me cuesta creerlo. Tiene brazos y piernas normales y cuando corre es como un avión a reacción. Pero lo que más feliz me hace es que todo el mundo lo quiere". Durante esa entrevista telefónica a Antonio se le escapó sin darse cuenta una confidencia: "Siempre le digo a Leo que tiene que divertirse, que tiene que salir con sus amigos y que aproveche antes de sentar cabeza. De hecho, ya no tiene ni novia, creo que se pelearon. Es mejor así". La prensa del corazón argentina enseguida se hizo eco de esas palabras. Ante las numerosas reacciones que provocaron, Leo salió rápidamente a desmentir la información: seguía enamorado, seguía junto a Antonela Roccuzzo.

No le fue sencillo a la bella morena hacerse un hueco en la familia Messi. Durante mucho tiempo se limitaron a tolerarla, porque no había más remedio. Y, sin embargo, no parece que haya caído en brazos de su futbolista por casualidad. "Conozco a Antonela desde que tenía cinco años —recordó Messi al periódico *Clarín*—. Es la prima de mi mejor amigo, Lucas Scaglia. Nuestras familias se conocen bien. Es de Rosario, como yo. La vi crecer, ella me vio crecer." Messi-Scaglia-Roccuzzo: tres apellidos italianos que reflejan la columna vertebral de la Argentina. Antonela está lejos de responder al cliché de las mujeres de los futbolistas, las famosas WAG (*Wives and Girlfriends*, Esposas y Novias), como las definen los ingleses. La primera aparición en público de la pareja data de 2009, cuando los dos fueron fotografiados del brazo en el carnaval de Sitges. Algunos días después, en otra foto, se la vio paseando con su novio y toda su familia por las calles de Buenos Aires. En primer plano aparecía hablando con Celia, su futura suegra, que no siempre se había mostrado demasiado cariñosa con ella, como de hecho con ninguna de las mujeres que se acercaron demasiado a su hijo. Se dice que una vez incluso llegó a amenazar con una sartén a una de las llamadas "conquistas" de Leo. Es lo que afirmó Macarena Lemos, una especie de modelo siliconada en un programa polémico de la televisión argentina: "Me crucé con Celia en un supermercado. Estaba furiosa. Y se me acercó para decirme: 'Nena, fuiste con tus amigas a ver a mi hijo y te echó. Te inventaste todo sólo para hacerte famosa'. Después agarró una sartén de la estantería y amenazó con darme con ella".

Son, en efecto, muchas las "vedettes" que sueñan con hacer despegar su carrera de modelo/cantante/presentadora/actriz de comedia haciendo ver que han tenido una aventura con una estrella del balón. Celia les tiene alergia a esas mujeres, bautizadas como "botineras" por los argentinos. "Siempre que Leo encuentre una mujer que lo quiera por lo que es y no por lo que tiene, todo irá bien", dijo. Pero incluso en ese caso, como sucedió con Antonela, que terminó dándole tres nietos, la madre tuvo problemas para soltar su presa. Para ella su hijo todavía es joven y, quizás, un poco inocente.

Nada de eso. El Mundial de Sudáfrica 2010 fue clave para Messi no sólo por irse sin convertir un gol y llorando desconsoladamente en el vestuario tras la derrota por 4-0 ante Alemania. No, aquella estadía en Pretoria también fue complicada por la tensa y a veces claustrofóbica relación entre Antonela y los Messi. Tanto fue así, que en cuanto terminó el Mundial, Messi le dio forma a un gesto de independencia: se llevó a su novia de vacaciones, nada menos que a Brasil. Estaba empezando a escribir su propia historia también en lo personal, una historia a la que un par de años después, el 2 de noviembre de 2012, llegaría Thiago, su primer hijo.

Antonela parece ser un verdadero cable a tierra para un Messi que dedicó toda la vida al fútbol.

Messi no sólo es hábil con la pelota. Ante los reparos

de Celia, que en la etapa de noviazgo llegó a decir un "la estamos estudiando aún" cuando se le preguntó por su futura nuera, el "10" deleitó con una jugada maestra: se hizo tatuar el retrato de Celia en el omóplato izquierdo. Un tatuaje muy edípico que exhibió por primera vez durante unas vacaciones en Ibiza en compañía de... Antonela.

Todos los que se han cruzado con ella en alguna ocasión coinciden en que Celia es "una mujer con carácter". No siempre amable, no siempre fácil de tratar. El hecho de que su hijo se haya convertido en una estrella la habría vuelto más desconfiada aún. Desconfía de todos los que se acercan a Leo, que no son demasiados, porque el clan Messi es una burbuja hermética que sólo en muy raras ocasiones se abre al exterior. Celia dejó de trabajar muy pronto para ocuparse de sus cuatro hijos. Según Leo, es una cocinera sin igual que hace las mejores "milanesas a la napolitana" del mundo. Está muy unida a su familia y a su hermana, la mujer de Claudio Biancucchi, el padrino de Leo. Hogareña y de gustos muy sencillos, no es de las que salen de casa vestida de punta en blanco. Ama Rosario, pero su vida fue marcada por el tratamiento de su hijo, que le obligó a tomar decisiones drásticas. La primera fue la de desarraigarse y mudarse al Viejo Mundo en 2001, pero apenas unos meses después de su llegada, Celia, Rodrigo, Matías y Marisol deshicieron el camino para regresar a su casa de la calle Estado de Israel. No se adaptaron a la nueva vida. La decisión de dejar al pequeño Leo, que por entonces tenía trece años, solo con su padre al otro lado del mundo no fue fácil. Pero no por ello deja de ser menos extraña, según Gaggioli. "No comprendo que una madre pueda separarse de ese modo de su hijo; de hecho, Leo sufrió mucho." ¿Cuántas veces se encerró Leo en su habitación, lejos de la mirada de su padre, para llorar? Porque tampoco a él le fue fácil a su llegada a Barcelona. "Hay que admirar a Jorge —afirma Soldini—. Hizo de padre y de madre a la vez. Siempre se ocupó muy bien de su hijo." De hecho, fue él quien dejó elegir a Leo: quedarse en Barcelona o regresar a Rosario. Y fue Leo quien decidió quedarse para jugar "en primera división con el Barça".

Jorge Messi hizo todo lo que estuvo a su alcance, y quizás más que eso, para que su hijo se convirtiera en futbolista profesional. Siempre lo apoyó, tanto en lo bueno como en lo malo. Discreto y de pocas palabras, difícilmente hable si no tiene nada que decir. El parecido con su hijo es pasmoso. La misma cara, los mismos rasgos, el mismo pelo y en buena parte el mismo carácter. Cuando la familia todavía vivía en Rosario, Jorge trabajaba desde las cuatro de la madrugada hasta las cuatro de la tarde. Cuando comprendió que su hijo tenía un talento especial se dedicó a ello en cuerpo y alma, como si supiera que el pequeño podría sacar adelante a toda la familia. Aprendió sobre la marcha los códigos del implacable mundo del fútbol. Jamás abrió la boca cuando se encontraba junto al terreno de juego. Jorge no era de esos padres que chillan a los árbitros o a los defensas con especial fijación por los tobillos de su hijo. Su divisa es muy simple: primero, la familia. Así se explican sus tumultuosas relaciones con los agentes de Leo y con todos aquellos que intentaron interponerse en su camino. Jorge es uno de los representantes de Leo y el presidente de Leo Messi Management, la empresa que se encarga de las actividades comerciales del número 10 del Barcelona. Lo controla todo.

Su hijo mayor, Rodrigo, trabaja a su lado como director de Comunicación de la empresa familiar. También él es su vivo retrato, con algunos kilos de más. Rodrigo le lleva siete años a Leo. Es más afable, más extrovertido. En cuanto tuvo la posibilidad regresó a Barcelona para vivir con su adorado hermano menor. Antes de dedicarle todo su tiempo a Lionel estudió para cocinero. Él mismo minimiza ese pasado de chef que se puede rastrear en Internet. "Cocinero", aclara, quitándole *glamour* al asunto. Hizo todo por su hermano. Fue su jefe de seguridad, su chófer y su factótum. Uno de sus hijos se convirtió en el ahijado de Leo. Un padrino feliz que no dudó en llevarse a toda la familia a Disneyland París para divertirse con Mickey y compañía. Rodrigo es el más mediático de la hermandad de los Messi.

En cualquier caso, más que el "rebelde" de la familia, Matías, que tiene cinco años más que Lionel y llegó a tatuarse en el brazo izquierdo el rostro y el busto de su hermano menor vestido con la camiseta de la selección argentina. Matías sigue viviendo en Rosario y en su momento dio que hablar en la sección de sucesos de *La Capital*, que en 2008 publicó que había sido detenido por posesión de armas. La historia comienza una tarde en que los vecinos llamaron a la policía para avisar de que había un hombre paseándose por la calle con un revólver metido en la cintura del pantalón, como si fuera un vaquero perdido en un poblado del lejano oeste. Cuando las fuerzas del orden llegaron el revólver en cuestión, un calibre 32 cargado con cinco balas estaba sobre la acera y Matías había huido. No tardó en ser capturado y, después de nueve horas en comisaría, fue puesto en libertad. Algunas semanas después declaró ante el juez Osvaldo Barbero que el revólver no era suyo y que si salió corriendo fue para escapar de dos hombres que querían secuestrarlo. El asunto no fue más allá. Y, según el abogado de la familia, todo habría sido orquestado por los medios de comunicación porque el nombre de Messi hace vender periódicos. Tres años después, Matías apareció de nuevo en los periódicos. Esta vez el asunto fue más inquietante. Una tarde del mes de abril de 2011, dos hombres en moto se pararon delante de su casa y uno de ellos disparó numerosas balas calibre 9 mm contra ella. En esta ocasión, el abogado de la familia achacó el suceso "a la inseguridad que se ha apoderado de la ciudad", aunque, prudente, no descartó ninguna pista. Fernando Carrafielo, un periodista rosarino, no comparte su opinión: "Matías no tiene una vida demasiado tranquila. Digamos que no hace honor al apellido Messi. Él no suele estar en casa de noche y no deja de llamar la atención que los desconocidos disparasen cuando sí estaba".

Periodistas que hablaron con Messi aquellos días en Barcelona recuerdan que lo vieron "hundido", muy preocupado por Matías. Años más tarde, Jorge Messi explicaría que Matías había sido víctima. Algo está claro: no es sencillo ser el hermano de un ídolo planetario.

María Sol, su discreta hermana menor, es el otro desvelo de Leo. Cuando la familia todavía vivía en la calle Estado de Israel, compartían el cuarto; ella también está muy unida a su hermano y conoce todos sus secretos. Sigue viviendo en Rosario, continúa sus estudios y sueña con convertirse en actriz. Marisol es más discreta que sus hermanos. Es la única que no está implicada directamente en los asuntos familiares. "Es posible que de vez en cuando se sienta un poco asfixiado —reconoció Rodrigo al semanario argentino *Perfil*—, pero no es algo que hagamos a propósito. Quizás se sienta sobreprotegido, pero somos así porque lo queremos y deseamos que todo le vaya bien. A Leo lo único que le interesa es jugar al fútbol. Nosotros nos encargamos del resto y hay mucho que hacer."

Todo esto es, a esta altura y en buena parte, historia antigua: el Messi del futuro se revelaría como el gran jefe de su familia. Y de la selección.

CAPÍTULO 19

El brasileño

"Ronaldinho baila, baila y baila. Son las 5:15 de la madrugada en Castelldefels y el futbolista está lejos de dar por acabada su noche de fiesta. A unos 1.400 kilómetros sus compañeros de equipo duermen: al día siguiente deben enfrentarse al Manchester United, el partido que terminó con derrota y puso fin al proyecto que el brasileño alguna vez lideró."

Es el texto de un periodista, Daniel García Marco, que en un primer párrafo de sesenta palabras sintetizó lo que buena parte de sus colegas en Barcelona sabían, pero no se atrevían a contar. García Marco es español y en ese entonces trabajaba en Madrid como editor la agencia alemana de noticias DPA, de la que luego sería corresponsal en los Estados Unidos, para más tarde pasar a la BBC. No era sencillo, pero supo resolver con elegancia un dilema que se le plantea con frecuencia a los periodistas que escriben sobre deportes: ¿es amarillismo, es incorrecto contar lo que hacen las estrellas cuando están en su tiempo libre? Depende de qué se cuente, de cómo se lo cuente y de por qué se lo cuente. García Marco no fue enviado a Castelldefels a hurgar en la vida privada de Ronaldinho, sino a comprobar si era cierto lo que media Barcelona decía en voz baja: que el astro que había liderado un equipo de fantasía, que el alguna vez mejor futbolista del mundo ya no tenía el compromiso que de él se esperaba con el Barcelona.

Era abril de 2008, el Barcelona de Rijkaard estaba ya descompuesto como equipo y García Marco se encontró en la localidad playera al sur de la capital catalana cara a cara con el hombre del que muchos hablaban, pero sobre el que nadie escribía.

A eso de las diez y media Ronaldinho cena con seis amigos en el Casanova Beach Club, restaurante y pub de reciente inauguración en el Paseo Marítimo de Castelldefels. La elegante terraza con vista al mar está cerrada en la fresca noche del lunes 28 de abril. En el interior sólo hay una mesa ocupada, además de la del futbolista, que disfruta de un rodizio brasileño con chuletas de cerdo, vacío y picanha [picanya, según cataklaniza el restaurante]. De postre, un suculento buffet de tartas. El rodizio sustituyó esta vez a la habitual pasta y pizza del cercano Casanova, restaurante propiedad del italiano Mimo, dueño también del Casanova Beach Club, además de amigo y protector del brasileño. El nuevo local no dispone aún de esa impronta Ronaldinho del Casanova. Mimo reservó en la acogedora pizzería un lugar de preferencia para el brasileño, que suele acudir de noche acompañado de amigas, familia o con su habitual grupo. Lo que más destaca en Casanova es "El rincón del crack", una esquina del local en la que se sientan siempre Ronaldinho y compañía para degustar spaghetti carbonara y entrecot.

De beber, "clara" [cerveza con limón]. A veces, vino. Muchas noches invita la casa, invita Mimo. ¿Propina? A veces 12 euros. A veces, nada. Si por algo se destaca el "rincón" es por su mural. En él aparece pintada la figura del delantero vestido de azulgrana, con los brazos extendidos en cruz sobre la ciudad de Barcelona, a modo de Cristo del Corcovado en Rio de Janeiro. Un Cristo redentor que parece haber perdido su aura [...].

El delantero y compañía abandonan el Casanova Beach Club y llegan al Sandunguita a la 1:15. Hoy dejaron el Hummer en casa y se mueven en dos Range Rover. Todos lo esperan. Es lunes y hay fiesta brasileña en el local, un reducto caribeño de Port Ginesta, cerca de Castelldefels, un pueblo sin el *glamour* en el que vive el jugador. Reparte besos y abrazos. Sobre todo, besos. Todos lo conocen, y los que no, buscan conocerlo. Pide cerveza, y todos los presentes, muchos brasileños, posan su mirada en su figura alta, musculosa, con cinta oscura en el pelo, camisa y camiseta interior blancas de tirantes, jeans y zapatillas blancas. A las dos de la madrugada sus amigos afinan voces e instrumentos. El reggaeton y la "Umbrella" dejan paso a la samba y el funk en directo. Ronaldinho canta, toca los timbales y la pandereta. Y baila, baila sin parar. Invita a cervezas. Y baila. Hasta media en una pelea. No quiere que nadie le arruine la *noite mais linda*. Baila sin rastro de la lesión de aductor que le impide dormir a esa hora junto a sus compañeros en Manchester. En lo futbolístico fue un buen día para Ronaldinho, ya que por la mañana volvió a correr sobre el césped tras semanas sin hacerlo. Sobre la pista tiene buen movimiento de cadera y de cintura, algo que bien recuerdan muchos defensas. A las cuatro de la madrugada suena el célebre "Más que nada", se acaba la música brasileña y empieza otra vez el reggaeton "por culpa" del DJ. Y la noche sigue. Es tiempo de quitarse la camisa. Con su camiseta de tirantes blanca, el brasileño, rodeado de bellas mujeres, demuestra todo su arte como bailarín. "Cierra a las cinco", dicen. Pero pasada esa hora la Sandunguita sigue abierta y Ronaldinho, bien acompañado, muestra la sonrisa que hace tiempo no enseña en las canchas.

Años más tarde, al recordar ese momento crítico del club, el comentario en Barcelona es coincidente: Rijkaard había perdido el control del equipo. Era tan responsable —o más— el entrenador como el jugador. Un jugador que nadie olvida que le dio momentos de gloria a un Barcelona que venía golpeado por los éxitos del Real Madrid y de otros equipos en la Liga española. Pero Ronaldinho fue mucho más que victorias. Así como en los ochenta el público iba 45 minutos antes al estadio para ver calentar a Maradona —la tradición en el Camp Nou y el Bernabéu es llegar a último momento al estadio y comenzar a vaciar el estadio incluso antes de que termine el partido—, con el brasileño hubo un vínculo similar de admiración, de devoción, de casi agradecimiento por el disfrute que ofrecía.

Elegido por la revista *World Soccer* como el mejor jugador de la década 2000-2009, el brasileño llegó al Barcelona en 2003 proveniente del París St. Germain. Su habilidad con la pelota tenía y tiene pocas comparaciones posibles, y quizás por eso no fue casual que Messi se convirtiera pronto en un ahijado, una especie de hermano menor para él. ¿Qué dejó Ronaldinho en el Barça? Muchísimo, son incontables los videos sobre el brasileño en Youtube en los que se ofrecen sus mejores jugadas, y casi emociona uno de un partido ante el Athletic de Bilbao en el que la belleza está en lo que Ronaldinho hace con la pelota, pero también en el asombro y la emoción agradecida del público de las primeras filas, extasiado ante lo que casi nadie es capaz de hacer y el brasileño ofrecía con generosidad. Pero muchos aficionados recuerdan especialmente un partido, el 3-0 ante el Real Madrid el 19 de noviembre de 2005 en el Bernabéu. Comenzó el encuentro riendo junto a su compatriota Ronaldo —por entonces en el Real Madrid— y lo terminó yéndose aplaudido del estadio tras anotar dos goles. Aquello fue memorable, porque son escasísimas las veces que los hinchas blancos aplaudieron a un azulgrana en su templo. Otro punto de contacto con Messi: él también se fue alguna vez aplaudido, antes de que su juego y el exabrupto del "balonazo" se convirtieran ya en demasiado para los hinchas blancos y pasara a ser enemigo predilecto.

El fútbol-arte también puede ser reflejado por un sismógrafo. Es lo que sucedió en la madrugada del 3 de septiembre de 2003, cuando el Observatorio Fabra, a cuatro kilómetros y medio del Camp Nou registró "un movimiento sísmico parecido al efecto de un trueno", según escribió *El País*. Eran los 80.237 espectadores celebrando el primer gol del brasileño en el Camp Nou, en un partido contra el Sevilla por la segunda jornada de la Liga 2003-2004. Los 27 millones de euros de su fichaje eran, se comprobaría pronto, un regalo. Aquel gol en el que eludió a cuatro rivales antes de definir con un potente disparo que pegó en el travesaño y entró fue el primero de 93 tantos, muchos de ellos extraordinarios, como extraordinario era ese duelo con el Sevilla, jugado cinco minutos después de la medianoche como un modo de eludir ciertas imposiciones horarias de la UEFA. Quedaría en el recuerdo como el "partido del gazpacho", por la sopa fría que se entregó a los más de 80.000 espectadores, además de chocolates y chupetines.

Ronaldinho sintió espontánea y rápidamente simpatía por Messi, pero lo adoptó de lleno y casi con respeto reverencial cuando el argentino logró lo que nadie: ganarle al fútbol-tenis, una muestra suprema de habilidad. Dos escritores españoles, Enrique Vila-Matas y Javier Marías, definen a Ronaldinho como un "jugador de playa", que es lo que el Barcelona, triste, necesitaba en su momento. "Ronaldinho fue el tío que consiguió devolver la alegría al club", asegura Ramón Besa. Más concluyente aún es Xavi: "Nos pidió la pelota y detrás de él salimos del desierto. Nos sacó del pozo".

Si Ronaldinho era de playa, Messi era de ciudad. Ellos dos, junto a Deco, un talentoso mediocampista brasileño nacionalizado portugués, conformaron un trío inseparable, a tal punto que el "30", el número de la primera camiseta que llevó Messi en el Barça, es la fusión de sus dos amigos: el "10" de Ronnie más el "20" de Deco. En esos primeros años en los que Messi era aún un *teenager* y Ronaldinho y Deco, estrellas establecidas, el argentino aprendió de ellos. Mucho, y no sólo de fútbol, sino bastante de la vida, de lo que cualquier joven estrella del deporte tiene a su alcance: coches, fiestas, mujeres, y no necesariamente en ese orden. Otro integrante del grupo, en el inicio, era el brasileño Thiago Motta. "En ese tiempo hubo un momento de confusión para Messi", asegura uno de los periodistas que de más cerca sigue al argentino. El club respiró cuando se fue Motta y, al asumir, Guardiola exigió el traspaso de Ronaldinho. Su plan era darles el poder a las máximas figuras de la cantera del Barça. Pero en aquellos años de descubrimientos a Messi no le importó lo que pensaran de él. Se sentía feliz con el clan brasileño; de hecho, era el más brasileño de los futbolistas argentinos que jugaban en Europa. Y esa devoción le era correspondida: en el Barça, sólo Leo podía sentarse a la mesa de los brasileños. ¿Messi brasileño? Con eso bromeaban Ronaldinho y Deco cuando lo pasaban a buscar por la casa en aquellos años en que aún no tenía carnet de conducir. Y Ronaldinho siguió, durante un tiempo, pasando cada tanto por el hogar de los Messi. Al fin y al cabo, Milán no estaba tan lejos. Algo parecido le sucedió a Motta, que a fines de 2011, jugando en el Inter, demostró cuánto extrañaba al argentino. "Messi y yo somos muy amigos, es un chico sencillo y siempre me he encontrado a gusto con él. Nos llamamos muy a menudo y nos enviamos mensajes", dijo a la prensa italiana antes de lanzar un pronóstico que llamó la atención: "Si Messi se va de Barcelona, el primer equipo al que iría es el Inter. Todavía es muy joven y antes o después le llegará el momento de cambiar".

El pronóstico falló, Messi nunca jugaría en el Inter. Los años de gloria de Ronaldinho fueron, valga la redundancia, gloriosos. Faltaban pocas semanas para el Mundial de Alemania 2006 y el mundo tenía puesto sus ojos en él. Sentados sobre el césped del Camp Nou, junto al punto central, la conversación giró en torno al fútbol, la vida y, por supuesto, Messi. Ronaldinho respondió a todo, y prácticamente nunca dejó de sonreír.

Recordó los trece goles que marcó en un partido en el colegio —"a esa edad era fantástico. Fue perfecto, porque a partir de ahí empecé a ser conocido en la escuela y en todo esto"— y admitió que soñaba bien en grande: "Mi sueño es seguir los pasos de los grandes jugadores como Pelé, Maradona o Beckenbauer. Yo quiero conquistar la máxima cantidad de títulos para que un día se acuerden de mí como un jugador que ha hecho algo importante para el fútbol". En aquel 2006 Messi era, para Ronaldinho, una "muy buena persona" que llegaría "muy lejos" como jugador.

Releer aquella entrevista ayuda a comprender lo breves que pueden ser los grandes momentos en el fútbol. Y a ver las diferencias entre los mejores de todos los tiempos y un crack que brilló por unos años.

No todos los brasileños son iguales. Si Maradona era gran amigo de Careca en el Napoli, Messi tuvo durante un tiempo un brasileño de perfil muy distinto al de Ronaldinho, Deco o Motta como "hermano mayor" en el Barça: Sylvinho, un lateral izquierdo, muy religioso —"atleta de Cristo"—, que "adoptó" a Messi cuando el argentino, desorientado aún a sus diecisiete años, se encontró casi sin amigos en una gira por Japón.

"Leo era un chaval, un pibe… No conocía a mucha gente, estaba solo", cuenta Sylvinho, al que aún hoy se recuerda en el Barcelona como la más inagotable máquina a la hora de hablar. "Leo me preguntaba cosas. Un día quería cambiar euros por yenes y no sabía cómo hacerlo. Bajé a la recepción a ayudarlo."

El acento argentino del brasileño Sylvinho se debe a Nelson Vivas, que fue compañero y amigo en el Arsenal inglés. Un acento que se perpetuó gracias a sus charlas con Messi.

¿Charlas con Messi? ¿Existe eso? Sylvinho sonríe y asiente. "Leo es tímido, sí, pero es muy observador. En general las personas muy observadoras son más inteligentes también, porque observan más, saben más. Mide sus palabras, sigue siendo el Leo de los diecisiete años, pero en el vestuario a veces se suelta un poco más, habla, hace bromas también."

En esas incontables noches al año que pasaban en hoteles, Messi y Sylvinho solían reunirse en una habitación. "Se habla de todo, nos juntamos a veces a ver una película, un partido. Procuro contarle cosas que a lo mejor le van a venir bien dentro de un par de años. Hablamos de fútbol, juega a la PlayStation, de chicas también. Incluso de política. Pero la mayor parte del tiempo hablamos de la familia, de cómo viene el futuro, de nuestras vidas."

Sylvinho enarca las cejas y lanza un levísimo suspiro cuando se le pregunta si es como un hermano mayor: "Sí, un poco en ese sentido".

Pero ser el "hermano mayor" no quiere decir que no haya límites. Contra lo que podría pensarse, Sylvinho no quiere convertir a Messi en un "atleta de Cristo". "Soy un cristiano, creo en Cristo como señor y salvador de mi vida. Con Messi hablamos de todo, de religión también. Pero tampoco estoy todo el tiempo hablando de eso, no saco el tema yo, hablo si los demás quieren. No quiero ser pesado."

¿Qué ve Sylvinho desde atrás en esos partidos en los que Messi salta a otra dimensión futbolística? "Leo es un jugador que no es normal. Es muy vertical, no te tira un taco, no gira... Mira al arco todo el tiempo."

No es exactamente Juan Román Riquelme, el "10" de Boca al que durante muchos años unos cuantos argentinos consideraron superior a Messi. Que Messi acabara con la batuta de Riquelme en la selección —esa que al hombre de Boca se le cayó en el choque clave ante Alemania en los cuartos de final del Mundial 2006— no deja de tener su costado paradójico.

Al fin y al cabo, la primera vez que Messi vio a Riquelme de cerca, se quedó mudo.

"Leo tenía unos catorce años y lo invitamos con su padre a una barbacoa en el jardín de mi casa", recuerda Minguella. Un asado al que también se sumaron los brasileños Thiago Motta y Fábio Rochemback, según agrega Gaggioli. "Riquelme jugaba en el Barça, y vino. También estaba Marcos Franchi. Vinieron Messi y su padre. Con mi mujer nos llamó la atención la carita que ponía Messi al ver a Riquelme. Lo impresionado que estaba... No hablaba, sólo abría los ojos. El padre tampoco es muy hablador. Y Riquelme... Bueno, tampoco."

El entonces presidente Joan Laporta le hizo caso a Guardiola y vendió a Ronaldinho al Milan. Pero, consciente de lo que estaba haciendo, habló con Messi para ponerlo al tanto de la decisión. "A Leo le caía una enorme responsabilidad si se iba a Ronnie", recordó Laporta años después durante una entrevista en su despacho de abogado en la Avenida Diagonal. "Fui a casa de Ronnie a decirle que se había terminado. Me habían presionado y pedido que me desprendiera de Ronaldinho, pero pensé en darle una oportunidad más. Se la merecía, fue el hombre que le devolvió la alegría al Barcelona. El encuentro con Ronnie fue muy emotivo, porque era una persona que se hacía querer. Me fui luego a lo de Leo, que vive muy cerca, y hablé con él y con su padre. ¿Si Leo hablaba? Eso de que habla poco... Leo mira mucho, y habla con la mirada. Y en todo momento está al tanto de todo, es un hombre con gran personalidad. Le comuniqué que Ronaldinho dejaba el Barça y que pretendíamos que asumiera el liderazgo. Leo adoraba a Ronaldinho y tenía un punto de tristeza porque se le iba un amigo y una referencia. Les comenté las incorporaciones de Alves, Piqué y Keita, les dije que sería el líder en el terreno de juego, que daríamos protagonismo a la gente de casa, porque ya estaban preparados gracias a que habían tenido grandes maestros en Ronaldinho y Deco, un hombre que fue muy útil para la madurez de Xavi e Iniesta. Me acuerdo de que cuando le comenté a Leo que traía a Gerard Piqué del Manchester me dijo '¡traelo, traelo, que ese me defendía cuando yo era chico!'. Me quedó eso porque me lo imaginaba a Piqué grandote y a Leo pequeño, lo típico del fútbol de un defensa grandote defendiendo al pequeño habilidoso. Me hizo gracia."

Se cerraba así el tramo decadente de la "era Rijkaard", esa recta final en la que no se pudo sostener lo mucho y bueno que había hecho en los años previos. Aún se recuerda en el Barcelona un partido en el que el equipo filial, dirigido por Guardiola, "bailaba" al primer equipo, al mando de un Rijkaard que fumaba

247

abúlico en la tribuna. Guardiola le pidió a sus jóvenes y entusiastas jugadores que bajaran el ritmo, que levantaran el pie del acelerador. Tampoco era cuestión de pasarse de frenada. Al fin y al cabo, el tiempo de la cantera ya había llegado, aunque siempre habría un brasileño en la vida de Messi, y éste llegaba esta vez desde Sevilla.

Buzo amarillo fosforescente para los dos. En un extremo del campo, cerca del córner, la pelota va y viene entre dos amigos bendecidos por un talento especial. Uno es Leo Messi, el otro, Dani Alves. Es el 10 de abril de 2010, un rato antes de un superclásico entre el Real Madrid y el Barcelona en el Santiago Bernabéu, pero la imagen se repite en cualquier campo, porque Messi y Alves calientan siempre juntos, y siempre buscan un extremo, una banda para hacerlo juntos. Noche agradable, leve brisa, la primavera en estado puro. También el fútbol, porque lo que se ve es perfecto: empiezan con toques al balón en el aire sin que la pelota toque el piso. Cuando el balón ya se mueve veloz al ras y sobre el césped, Messi intenta controlar con la mano un rebote que eleva la pelota. Y, aunque en marzo de 2012 su compañero Carles Puyol lo inmortalizara en una fotografía que lo muestra estirando el brazo con envidiable estilo de arquero para desviar un tiro que era gol, Messi demuestra en general que sus pies ofrecen bastante más que sus manos: la pelota se le escapaba, no podía controlarla, pero el argentino arregla todo con un toque con la punta del pie. Domina el balón, lo eleva por encima de su cabeza, gira, lo vuelve a encontrar y lo envía al mejor destino posible: Alves. Que la pelota vaya entre Alves y Messi no sólo es un disfrute para ellos, también es bueno para el Barcelona. Son incontables los goles y las jugadas de peligro que se generaron a partir de la sociedad entre el veloz, hábil e incansable lateral derecho y el incontrolable argentino. En esa sociedad hay un buen porcentaje de los títulos de la "era Guardiola", pero también una sólida amistad. Por eso Alves dijo en las semanas previas al Mundial 2010 algo que quizás, sólo quizás, incomodó a Messi: Maradona esconde en el subconsciente una envidia a Messi, y por eso impedía que su sucesor llegara al máximo nivel en la selección argentina. Impensable, pero real: un brasileño atacando a Maradona para defender a Messi.

Tres años después de aquello la relación entre Alves y Messi seguía viento en popa. El brasileño había tenido una temporada discreta en el Barcelona, pero de a poco comenzaba a levantar vuelo.

"Creo que Messi es el brasileño más argentino. Nació en Brasil y lo llevaron a la Argentina para criarlo allí", explicó alternando carcajadas. "Yo me llevo muy bien con los argentinos porque tenemos la misma idea de competir, de 'aj' [hace un gesto de rabia, de garra]; me identifico muchísimo con ellos."

En aquella entrevista en la Ciudad Deportiva, Alves admitió que Messi manda en el vestuario sin hablar demasiado. "Es donde tiene que mandar él, y en su casa también. Pero con el vestuario tan maravilloso que tenemos no hace falta que alguien mande. Todo el mundo sabe lo que tiene que hacer, conoce sus responsabilidades."

La paternidad, dijo Alves, ayudó a alumbrar un

Messi evolucionado. "Sí, sobre todo en lo de ser padre. En el fútbol yo creo que Messi no ha dejado de ser lo que era, aunque antes no se lo reconocían. Ahora, si con cuatro Balones de Oro no se lo reconocen... apaga y vámonos porque eso está oscuro... Yo creo que ha madurado con el nacimiento de su hijo y, seguramente, lo ha hecho mejor persona."

Pícaro, Alves no elude la antinomia Messi-Cristiano, y deja muy bien parado a su socio y amigo: "Messi es don y Cristiano es trabajo, ésa es la diferencia. Messi nació y le dijeron que iba a ser el mejor y lo es, y no tiene que trabajar para serlo. Trabaja, pero no lo necesita tanto. Desde afuera, Cristiano es muy bueno, pero está muy bien trabajado para mejorar y ser el mejor. Messi, sin embargo, trabaja normal y es el mejor porque está tocado por Dios; en mi humilde opinión, claro".

Años después otro brasileño, Neymar, se cruzaría en la vida de Messi. El "10" del Santos pisó Barcelona con humildad a prueba de balas: llegaba para "aprender" y consideraba un "honor" y un "sueño" jugar con Messi.

Excepcional, porque la de brasileños y argentinos es una antinomia de vibrante vigencia y que en el fútbol se resume históricamente en Pelé y Maradona... Aunque antes de ellos estuvo Di Stéfano, al que los más veteranos siguen considerando el mejor futbolista de todos los tiempos. Y alguna señal hay de que el propio Di Stéfano se ve con derecho a sentirse el más grande o, al menos, grande como Pelé, aunque el brasileño haya ganado tres mundiales y él, ninguno. El periodista español Enrique Ortego, coautor de *Gracias, vieja*, un libro autobiográfico del ídolo eterno del Real Madrid, contó jugosos detalles de lo que sucedió durante un encuentro entre Di Stéfano y el alemán Franz Beckenbauer en marzo de 2012. El mítico "Káiser" del fútbol alemán iba a recibir un premio del diario *Marca*, y Di Stéfano lo esperaba en el salón de un hotel madrileño, sentado en una silla y aferrado al bastón. Que Beckenbauer le pidiera a Di Stéfano aquel bastón para mostrar su *swing* de golf no molestó en exceso a la "Saeta rubia", que sí se encendió al escuchar una frase del alemán: "Es un honor para mí que usted esté aquí, el más grande del mundo de todos los tiempos, usted y Pelé, Pelé y usted".

Di Stéfano, relató Ortego, no entendió lo que le dijo Beckenbauer, pero sí supo que mencionó a Pelé, y reaccionó desde las vísceras: "Ni Pelé, ni melé, ¡qué coño Pelé!".

Cierta razón tiene Di Stéfano para que Pelé no le caiga simpático. Al fin y al cabo, si hay un ex futbolista al que le encanta hablar de sí mismo, y siempre en términos elogiosos y de superioridad sobre los demás, ése es Pelé. Santiago Solari, ex futbolista argentino devenido en agudo columnista del diario español *El País*, ubicó a Pelé en una categoría especial, la del "Egosaurus Rex", en la que también incluye a Maradona y al mexicano Hugo Sánchez. No es el camino que eligió Di Stéfano, que tampoco recaudó ni por asomo el dinero que sumó Pelé en décadas de aceitados negocios. El brasileño es una generosa usina de declaraciones, muchas de ellas contradictorias, la mayoría de alta resonancia, como cuando le planteó al diario francés *Le Monde* las condiciones para que Messi pueda comenzar a pensar en una comparación con él: "Cuando Messi haya marcado 1.283 goles y ganado tres mundiales, hablamos". Hubo también elogios al argentino en esa entrevista, pero aquella frase gustó muy poco a Messi, que debió escuchar también que Pelé le mandaría unos videos para que supiera lo que era su juego. Esta vez Messi no fue parco e insulso al hablar. No, hábil y ligeramente irónico, su respuesta incluyó una mención a lo que más puede molestar al brasileño: Maradona. "Todavía no recibí nada. Pero me gustaría verlo en acción. Nunca lo vi jugar, así que es difícil dar una opinión. Todo el mundo dice que es extraordinario, me lo imagino, porque gano un montón de cosas. Pero nunca lo vi jugar y a Diego, sí", dijo en una entrevista con *France Football*.

Lo mejor era hablar con Pelé, intentar saber si lo que dice es en serio, en broma o las dos cosas a la vez.

"Messi es una figura muy importante en el Barcelona, pero lo sería en cualquier otro equipo, porque es un genio del fútbol. Está claro que Messi no juega solo, el Barcelona es un gran equipo", dijo Pelé cuando se le planteó la doble pregunta que tantos se hacen: ¿Sería Messi el que es si no jugara para el Barcelona? ¿Y sería el Barcelona el equipo que es sin Messi?

No fue excesivamente generoso con el intento de saber si coincide con lo que futbolistas y expertos repiten extasiados: nadie, en la historia, combinó la velocidad y la precisión de Messi. Pelé diluye ese análisis: "Messi es un jugador veloz, pero más importante es su dominio de la pelota. Tuvimos otros como Cruyff, Di Stéfano, Zico, Maradona o George Best que tuvieron esa misma habilidad".

A Pelé le choca un poco que Messi sea "tímido" y dé "pocas entrevistas", aunque destaca que es "muy amable". Pero entonces el brasileño vuelve a desconcertar, descoloca al entrevistador tal como lo hacía con sus adversarios, porque se rinde plenamente al talento de Messi: "No tiene nada malo como jugador, sólo le falta la altura necesaria para ser un cabeceador". Y otro guiño a Messi: "No se necesita ganar el mundial para probar que eres un gran jugador, Di Stéfano no fue campeón mundial".

"Pero entonces… ¿No había dicho que Messi recién podría comenzar a hablar con usted el día que ganara tres mundiales y anotara 1.283 goles?" Pelé, que en octubre de 2013 publicó un libro autobiográfico titulado precisamente *1283*, no se altera: "Es una broma entre ídolos".

CAPÍTULO 20

El argentino

El Buquebus surca a plena velocidad las oscuras aguas del Río de la Plata. Junto a la ventana del barco que comunica Uruguay con la Argentina, Lionel Messi tiene la mirada perdida en el horizonte. Se siente ligero como una pluma. Está contento, aliviado y emocionado a la vez. Su padre, Jorge, está sentado a su lado. Padre e hijo, que no tienen por costumbre trenzarse en grandes conversaciones, ven interrumpido su silencio por Hugo Tocalli. Es evidente que el entrenador de la selección argentina sub-20 tiene algo que decirles antes de llegar al puerto de Buenos Aires. "Leo acababa de jugar sus dos primeros partidos con nosotros —recuerda Tocalli—. Regresábamos de Colonia, donde habíamos ganado a los anfitriones por 4-1 en un partido amistoso. Messi había marcado dos goles. De modo que me senté con ellos para decirles que iba a seleccionarlo para que se entrenara con el equipo nacional sub-20 durante todo el mes de diciembre de 2004. Era para preparar el Campeonato Sudamericano, que era clasificatorio para el Mundial de la categoría en 2005. Cuando se lo dije, Leo me respondió con una gran sonrisa. Su sueño se hacía realidad." Al fin, podría añadir.

Los primeros pasos de la Pulga con la camiseta albiceleste sobre sus endebles hombros datan de finales del mes de junio de 2004. Un video con sus hazañas llevaba muchos meses dando vueltas por la AFA (Asociación del Fútbol Argentino). Los agentes de Leo habían hecho llegar el video del superdotado adolescente a Claudio Vivas, el ayudante del obsesivo y riguroso Marcelo Bielsa, el seleccionador argentino. Horacio Gaggioli asegura que "Messi estaba por entonces en el radar de la selección española". Fabián Soldini confirma esta información: "Es cierto. Leo había recibido una convocatoria para la selección española sub-16. Me dijo: 'Ni loco'. Rechazó la invitación, pero la federación española no se dio por vencida. Para intentar engatusarlo le envió un mensajero. Se trataba de Amador Bernabéu, un dirigente del Barça que además es el abuelo de Gerard Piqué, su compañero de equipo. Pero Messi volvió a decir no".

Hugo Tocalli, por entonces uno de los responsables de las selecciones inferiores argentinas, vio el famoso video, pero sin prestarle demasiada atención. "No me di cuenta del fenómeno —reconoció años más tarde—. Algunas semanas después, durante el Mundial Sub-17 en Finlandia, perdimos en semifinales [3-2] contra la España de Cesc Fábregas, que nos metió dos goles. Fábregas jugaba en el mismo equipo que Messi, el Barcelona. Al final del partido los periodistas españoles me preguntaron por qué no jugaba Messi. No lo entendían. Como insistieron tanto me fui a ver a unos viejos amigos de la selección española para saber un poco más. Todos me dijeron que era un fenómeno. A mi regreso a Buenos Aires miré de nuevo el video. Hablé con Julio Grondona, el presidente de la AFA, que me dijo que organizara cuanto antes algunos partidos amistosos para evitar que los españoles nos lo robaran."

Tocalli, uno de los más cercanos colaboradores de José Pékerman, el gran responsable de una década dorada para los juveniles argentinos, un trabajo desperdiciado años después, obedeció. "Encontramos su número de teléfono y lo llamamos para decirle que íbamos a convocarlo —continúa—. Me acuerdo perfectamente del día de su llegada a Ezeiza [el centro de entrenamiento de las selecciones argentinas]. Lo recibí en mi despacho. Era tímido, no abría la boca, pero me miraba fijamente a los ojos. Le expliqué que teníamos miedo de que los españoles lo seleccionaran. Me interrumpió para decirme, seguro de sí mismo: 'Soy argentino. Quiero jugar con la selección argentina. Es mi sueño'. El día siguiente, durante su primer entrenamiento, me di cuenta de lo que teníamos entre manos. Para la ocasión lo subimos de categoría. Él, que había nacido en 1987, estaba con los de la generación nacida en 1985 y era el mejor de todos ellos. De hecho, lo demostró durante los dos primeros amistosos, contra Paraguay, con victoria de 8-0 y contra Uruguay, ganando por 4-1. Y también después, durante el Campeonato Sudamericano de 2005 en Colombia [Argentina terminó tercera], durante el cual Messi metió cinco goles, y sobre todo durante el Mundial sub-20 de ese mismo año. En Holanda, y pese a sus dos años menos, fue él quien nos hizo ganar el título. Fue elegido mejor jugador del torneo, del que terminó como máximo goleador. En la Argentina hubo mucha polémica por saber si era argentino o español. Algunos piensan que no quiere a la Argentina, pero son tonterías, francamente. Es argentino, quiere a la camiseta argentina y lo daría todo por ella. España le ha permitido crecer tanto en el sentido literal y en el figurado, así como conseguir una estupenda formación como jugador."

Es cierto que Leo le debe mucho a La Masía. Fueron muchas las temporadas durante las cuales empujó todos los días la puerta de hierro forjado del centro de formación del club. Una puerta sobre la que está grabado el escudo del FCB. A la derecha podía contemplar el Camp Nou, esa gigantesca nave espacial posada sobre la llanura del barrio de las Cortes. Un estadio que puede acoger a 99.354 espectadores, exactamente. La Masía forma parte de la historia del club. En Cataluña las masías eran pequeñas granjas utilizadas antaño por los agricultores que cultivaban las parcelas de tierra cercanas. Cuando los propietarios del club compraron las tierras para construir el estadio, esta masía no fue derribada. Primero fue ocupada por los arquitectos del estadio. Allí, por ejemplo, se construyó la maqueta del Camp Nou. Y cuando éste fue inaugurado, el 24 de septiembre de 1957, La Masía se transformó en la sede social del club. En 1979, el presidente José Luis Núñez decidió darle otra función y utilizarla para albergar a los jóvenes jugadores del centro de formación que no son originarios de Barcelona. En los 610 metros cuadrados de la antigua granja hay un inmenso salón, una biblioteca, oficinas, habitaciones para doce internos y vestuarios. Es un lugar agradable para vivir.

Leo iba todos los días, pero no pasaba allí las noches. "Aunque no durmiera allí era para mí como una segunda casa —declaró al *Mundo Deportivo*—. Muchas veces comía ahí y me entrenaba hasta terminar el día." Antes de comer, por la mañana, Leo estaba obligado a ir a clase, al colegio Juan XXIII, con todos sus compañeros de promoción. "No trabajaba mucho —recordó uno de sus profesores a *El País*—; cumplía con el mínimo. No era nada revoltoso pero, y era algo que se notaba, no había nacido para estudiar." No, Messi había nacido para jugar al fútbol. Y en La Masía iba a descubrir una filosofía muy particular. "En La Masía no formamos futbolistas, sino hombres que juegan al fútbol —asegura Andoni Zubizarreta, ex arquero de la selección española (126 partidos) y actual director deportivo del Barça—. Por un motivo muy sencillo: nos hemos dado cuenta de que cuando nos preocupamos primero de las personas, el proceso de formación del futbolista es mucho más sólido." Joaquim Rifé continúa con la idea: "No hay que olvidar que La Masía es sobre todo un colegio. Y en el colegio se aprende, no se gana. Los entrenadores tienen la misión de formar jugadores y no de ganar partidos". Los equipos de las categorías infantiles del FC Barcelona tienen fama de desarrollar un juego muy cuidado, a base de pases y técnica. De hecho desarrollan el mismo esquema táctico que el primer equipo. "En La Masía, lo primero que buscamos en un jugador joven es su inteligencia futbolística —explica Albert Benaiges, ex coordinador del fútbol base del FCB—. También debe poseer una buena técnica. Su altura y su corpulencia física no nos importan. Xavi, Iniesta, Pedro o Messi son la prueba de que jamás hemos buscado gigantes. Nuestro secreto es trabajo, trabajo y trabajo. A diferencia de otros centros de formación, no hacemos preparación física antes de los dieciséis años." Guillermo Amor, que entró en La Masía en 1979 y fue el primero en triunfar en el primer equipo, insiste en el aspecto técnico de esa formación: "Trabajábamos mucho los controles, los pases, la velocidad del juego, la posesión de la pelota y el deseo de controlar nosotros el juego." Todos los equipos del Barça siguen el mismo esquema de juego. "De este modo, cuando llegas al primer equipo no te encuentras perdido, sabes cómo jugar, cómo situarte, es muy tranquilizador", confirma Leo.

Messi es un producto puro de La Masía, pero haber recibido clases en ella no lo ha convertido en un jugador español. "En La Masía los jugadores se automatizan. Todos excepto Messi. Normalmente, allí juegan en distintas posiciones para comprender mejor el juego. Todos excepto él. Leo conoce la filosofía, pero juega de forma diferente. Hace su juego", analiza Ramón Besa. "Al principio tenía problemas para soltar la pelota y me hicieron comprender que era necesario que jugara un poco más con el resto —confirma Leo en la revista argentina *El Gráfico*—. No fue fácil, porque soy cabezadura. Aprendí muchas cosas en España, pero jamás intentaron transformarme. Jamás cambié mi forma de jugar, la que tengo desde que era un nene." Joaquim Rifé, que estaba al borde del terreno de juego número 3 del miniestadio durante la primera prueba de Leo, comparte esta opinión: "Juega del mismo modo en que le vi jugar la primera vez. No ha cambiado. El fútbol es algo instintivo para él. Sobre el terreno de juego es muy inteligente. Tiene una lectura perfecta del juego. Como conoce a la perfección el estilo y la filosofía de juego del Barça, sabe exactamente cuándo el bloque contrario comienza a resquebrajarse y cuándo puede acelerar". Messi se siente como un pez en el agua en el sistema del Barça; pero lo que lo hace diferente es lo que aprendió en la Argentina. No es casualidad que naciera en Rosario. "Su talento —afirma Tocalli— no se lo ha dado La Masía. Es muy argentino en su forma de estar sobre el terreno de juego. Tiene mucho *potrero* en él." El potrero forma parte del ADN de los futbolistas argentinos. Se trata de un terreno poco definido en el cual los niños desarrollan su técnica, su *picardía* y su instinto de competición. Es en este tipo de terrenos improvisados donde pasan horas y horas dándole a la pelota y forjando su carácter. En la Argentina, es una tradición, los más grandes jugadores afirman ser *hijos del potrero*. "Y Messi tiene mucha picardía en su juego —añade Tocalli—. Le encanta desaparecer para reaparecer mejor. Se marcha con la cabeza gacha hacia un lado del campo, deja que se olviden de él y de repente acelera." El defensa Jean-Alain Boumsong declaró para *L'Équipe Magazine*: "Si lo sigues con los ojos te vuelves loco. Está allí y luego en el otro lado. Puede que durante un momento no tenga a nadie en mi zona, todo parece tranquilo, y de repente entra Messi. Pensabas que estaba en el otro lado y te aparece delante de las narices. Es algo aterrador y maravilloso a la vez".

Pero la mejor arma de Messi es sin duda su explosividad, su rapidez con el balón en los pies. "Tiene un arranque excepcional. En dos pasos ya está en velocidad máxima. Nadie puede seguirlo. Además, su movimiento de caderas es desconcertante y su control de la pelota igual de excepcional, es tan eficaz con la pierna derecha como con la izquierda", analiza Tocalli. "Lo que te deja sin piernas es su famosa aceleración cuando recibe la pelota —confirma el defensor francés Julien Escudé—. A base de cambiar de apoyos, de aceleraciones, de frenazos, tu cuerpo acaba maltratado. Después de noventa minutos contra él terminas baldado." "Y, además —añade Bacary Sagna, otro defensor francés entrevistado por *L'Équipe Magazine*—, toca la pelota casi en cada apoyo. Eso es lo que le permite desestabilizarte: cambia de dirección cuando tú todavía estás buscando el apoyo."

Sin embargo, Messi tiene también sus críticos o, al menos, gente que relativiza sus dones y atribuye sus éxitos a una Liga española demasiado blanda a la hora de defender. "Messi y Cristiano, si jugaran en Italia, no meterían más de veinte goles por temporada. ¡Incluyendo los penales!" Son las dos de la madrugada en Doha y el que habla es un campeón mundial. Algo sabe del asunto. Alessandro Altobelli fue delantero en aquella Italia campeona en España 82, un *pedigree* que le allanó el camino para convertirse en comentarista de la cadena pandeportiva árabe Al Jazeera.

El italiano desgrana su análisis precisamente en los días en que Messi viene moviendo redes sin piedad, pero ese dato sólo sirve para reafirmarlo en su análisis: el "10" tiene cierta "ayuda" de sus rivales. "En España, Messi hace la diagonal y se mete hasta el área chica. En Italia no lo dejarían entrar en el área. El campeonato más competitivo es el italiano, donde los equipos grandes pierden con los chicos."

"Spillo", tal su apodo en los años de jugador en el Inter, Brescia y Juventus, le echa un vistazo al animado Souq Wakif de la capital qatarí, quizás el único sitio con vida nocturna en Doha a esa hora, y le deja un consejo a Messi: "Si alguna vez decidiera jugar en Italia, debería hacerlo en el Napoli, porque ahí darían la vida por él. En el norte es distinto".

Asier del Horno ve las cosas bastante diferente de Altobelli. Messi se cruzó en el camino del lateral izquierdo español en febrero de 2006, en una fría noche de invierno londinense. Por entonces defendía los colores de un Chelsea entrenado por José Mourinho. Los "Blues" recibían al Barça en el césped de Stamford Bridge en el partido de ida de los octavos de final de la Liga de Campeones. El defensa, que se encontró con un Messi intratable, vivió un calvario. "Nuestro entrenador había preparado el partido minuciosamente para contrarrestar el juego del Barça —recuerda Asier del Horno en el libro *Messi, el niño que no podía crecer*—. Pero eso no impidió a Messi marearnos rápidamente. Y después, en el minuto 38, tras hacerle un túnel a Robben cerca del banderín del córner, intenté pararlo y se cayó para después dar una vuelta completa sobre sí mismo. El árbitro no dudó en sacarme la tarjeta roja. Messi lo hizo muy bien, exageró como debía, porque yo apenas lo toqué. Su mejor arma es su control de la pelota: va muy rápido con la pelota en los pies. Sus apoyos, sus cambios de dirección a menudo toman por sorpresa a los defensores." En resumen, Messi es incontrolable en los terrenos de juego europeos. Es imparable, demasiado rápido, demasiado explosivo para los defensores contrarios. Pero en los tiempos en que no era capaz de mostrar esa temible eficacia vistiendo la camiseta de la Argentina, muchos de sus compatriotas creían que Messi no era lo bastante argentino. Que no "siente" la camiseta.

En Barcelona, en cambio, nadie duda del color de su pasaporte. Zubizarreta, director deportivo del Barça, define a Messi con una frase muy imaginativa: "Es un rosarino que juega en el Camp Nou". Messi vive al borde del Mediterráneo y en "Little Rosario". Come argentino, escucha cumbia, mira los partidos del campeonato argentino y no perdió ni el acento ni las expresiones típicas de su país. "Messi pasa mucho tiempo con su familia —comenta Minguella, el agente que le abrió las puertas del Barcelona—. No habla español, habla argentino, qué digo… ¡rosarino! Si pudiera transportar Rosario a Barcelona lo haría sin dudar ni un instante." Nadie lo pone en duda. "Desconcierta a sus compatriotas —piensa Joaquim Rifé— porque no es un bocazas como ellos. Es discreto, introvertido, al contrario de la imagen que los argentinos tienen de sí mismos." La falta de comprensión fue durante años total entre el hijo pródigo y lo que él considera su familia, su patria. Álvaro Abós, un conocido escritor argentino, decidió en esos años duros utilizar su mejor pluma para defender al jugador de la incomprensión de sus compatriotas: "Messi es el argentino distinto. Si un argentino es un italiano que habla la lengua de Castilla, Messi es de los argentinos que podrían ser ingleses u holandeses. Es difícil delinear estos rasgos sin caer en los prejuicios o los clichés. Desde ese punto de vista, un argentino (o quizás habría que decir un porteño) de caricatura es un tipo prepotente, malevo, llorón, astuto, tramposo y gritón. Se parece a cualquier personaje de la comedia italiana. [...] En cambio, Messi es un argentino tranquilo, voluntarioso, comedido, silencioso y digno, humilde y sereno. [...] Algunos hinchas argentinos se resisten a Messi. Expresan el salvajismo que impera en el mundo del fútbol argentino, que es territorio de corrupción y violencia. En los últimos años, en las canchas de fútbol, han muerto trescientos argentinos en feroces peleas o abatidos a balazos. Para aquellos que degradaron al fútbol argentino, pero para unos cuantos más también, incluyendo a la asombrosa Vanessa Sabella, la hija del seleccionador argentino, Messi es un 'pecho frío'".

CAPÍTULO 21

Los incomparables

Es el primero en llegar. A las ocho y media de la noche en punto, Lionel, acompañado de su padre, de su tío Claudio Biancucchi y de su primo Emmanuel, desembarca discretamente en los estudios de Canal 13. Es acompañado de inmediato a un camarín del tamaño de un vestuario. Allí hay un buffet libre, todo tipo de comida y bebida. Sin embargo, Leo no tiene hambre. "Estoy temblando", les dice a sus familiares. Los minutos pasan y Messi consigue relajarse un poco pensando en los autógrafos y las fotos que va a poder pedirle a uno de sus ídolos. Es entonces cuando Diego Armando Maradona abre la puerta bruscamente sin anunciarse. Leo se queda petrificado, paralizado. Maradona es encantador, parece un padre protector. Lo tranquiliza y se va tan rápido como llegó, porque tiene un programa que preparar. "No nos dio tiempo ni de pedirle un autógrafo", dirá posteriormente Messi. Ese mes de agosto de 2005, Lionel acaba de cumplir dieciocho años. Sólo tiene en su haber algunos partidos jugados con el Barça.

Con esos mismos años, Maradona era ya una estrella en la Argentina. Con la camiseta de Argentinos Juniors metía goles y daba espectáculo todos los domingos. Messi no está acostumbrado al *show business*, al oropel y las lentejuelas. Y todavía menos a compartir ese foso de los leones en el que puede convertirse un estudio de televisión con Diego Maradona. Leo es uno de los invitados del programa *La noche del Diez*, presentado por un Maradona retornado, en forma, al primer plano. Algunas semanas antes Lionel había dominado el Mundial sub-20 celebrado en Holanda. Gracias a él y a sus seis goles la Argentina había ganado un torneo de gran tradición en su país. Maradona lo ganó en 1979 en Japón, con César Luis Menotti como entrenador. Y, al igual que Maradona en 1979, Leo fue elegido el mejor jugador del campeonato. Tras derrotar a Brasil por 2-1 con un gol de Messi, Maradona llamó a la joven estrella para felicitarla. Era la primera vez que los dos hablaban. "Fue un periodista de *La Gazzetta dello Sport* que lo conocía bien quien me pasó el teléfono —recuerda Messi—. Diego me dijo: '¿Cómo va todo, campeón?'. Hablamos un par de minutos, pero antes de colgar le dije que me encantaría conocerlo." Maradona, al que memoria no le falta, se puso a trabajar en ello.

El gran día por fin había llegado. Cuando se levanta el telón Diego presenta a su invitado como "el futuro del fútbol argentino". Messi, con el pelo largo que le cae sobre los ojos y la nuca, le dirige una tímida sonrisa como única respuesta. Entre el ídolo y la futura estrella el diálogo no es demasiado fluido. Cuando Maradona le pregunta si los defensores de la Juventus lo habían maltratado mucho durante el reciente trofeo Gamper en Barcelona, el chico responde: "Era un partido amistoso, pero me la hicieron difícil". Ni una palabra más. Maradona, histriónico cual presentador italiano, no se da por vencido. Cambia de tema. Sabe que tienen un punto en común. Ambos jugaron su primer partido con la selección contra Hungría. Maradona el 27 de febrero de 1977, con dieciséis años; Leo, el 17 de agosto de 2005, con dieciocho. La diferencia entre ambos es que Messi tuvo una primera aparición muy corta. Sólo estuvo sobre el terreno de juego 47 segundos antes de ser expulsado de forma demasiado severa por un codazo involuntario. Diego le pregunta sobre el partido, jugado hace unos días. Messi se explaya un poco más: "Entré y salí, no duró ni un minuto, fue demasiado rápido para mí. El árbitro me volvió completamente loco. Tenía muchas ganas de insultarlo…". Maradona intenta interrumpirlo: "Esa tarjeta roja…". Pero Messi estaba lanzado: "No creo que el árbitro supiera que era mi debut. Yo no saqué el codo. Sólo quería alejar al defensor para poder continuar con mi jugada. Pero bueno, ya pasó, voy a tener otra oportunidad, porque estoy convocado para el próximo partido de la selección". Para terminar bien la noche, Maradona y Messi se encontraron vestidos de corto en un terreno de fútbol-tenis. Y, para los amantes del anecdotario, la pareja Messi-Tévez derrotó sin paliativos a la pareja Maradona-Francescoli. De modo que el primer encuentro entre Diego y Lionel tuvo lugar delante de millones de telespectadores argentinos. El programa fue un éxito y tuvo una enorme audiencia, seguido por una enorme audiencia, que alcanzó los 34,1 puntos de rating.

Tras ese primer encuentro los argentinos se dieron

cuenta de que ninguno de ellos tenía demasiado en común, aparte de un considerable talento futbolístico. Excepto porque ambos son zurdos, miden menos de 1,70 metros (1,65 Maradona y 1,69 Messi) y comparten la misma nacionalidad, son dos hombres a los que todo los separa. Su historia, su infancia, su carácter, su estilo de juego, nada es comparable. Es cierto que los dos conocen bien Barcelona. Es en Cataluña donde comenzaron su carrera europea, pero como afirma Lacueva, "Maradona buscó y encontró la peor Barcelona, mientras que en esta ciudad el padre de Messi siempre buscó lo mejor para su hijo".

Hacer llegar Maradona a Barcelona no fue sencillo. El culebrón del "traspaso del siglo" fue largo y sufrido para todos los implicados, porque José Luis Núñez, presidente del Barcelona, es un hombre testarudo; Jorge Czysterpiller, un agente muy exigente; y los presidentes de Boca Juniors y de Argentinos Juniors, dirigentes que querían sacar el mayor provecho de la joven estrella. Eso sin tener en cuenta la guerra interna que enfrentaba a Argentinos Juniors y a Boca Juniors por la propiedad del "10" argentino, ya que Maradona pertenecía en su mayor parte a su club formador, pero también un poco a Boca. En resumen, la negociación nunca fue fácil. El Barça esperaba a su mesías desde mayo de 1980, fecha en la cual realiza su primera oferta. Pero ese año, la junta militar argentina vetó la partida de su joya de la corona, ya que cada domingo los arabescos de Maradona permitían a los aficionados pensar en otra cosa que no fuera la situación política.

También Messi salió de un país en crisis económica y financiera del cual cada semana partían hacia el Viejo Mundo millares de argentinos en busca de un trabajo. De modo que la Argentina nunca lo retuvo.

Hasta el 4 de junio de 1982 Maradona no se convirtió oficialmente en jugador del Barça, dos años después de las primeras reuniones. El traspaso fue histórico, puesto que nunca antes un club había gastado tanto dinero en un jugador. El Barça desembolsó algo menos de diez millones de dólares para que el "Pibe de Oro" firmara un contrato de seis años de duración. Messi, por su parte, desembarcó en Barcelona con trece años de edad y en el anonimato más absoluto. A diferencia de Maradona, Messi jamás jugó en la primera división argentina. De hecho es el primer caso que se da en toda la historia de la selección albiceleste, lo que implica que cuando recibe críticas no tiene la "protección" de ninguna hinchada. Gonzalo Higuaín puede contar con los de River Plate, Sergio "el Kun" Agüero con los de Independiente, Carlos Tévez con los de Boca Juniors, al igual que Maradona, que no había cumplido aún veintidós años cuando aterrizó en Barcelona. Llegó acompañado de su agente y de su novia, Claudia Villafañe. Se trató de un momento especial para él, pues abandonaba Buenos Aires. Era su primera gran mudanza. Descubrió el Viejo Mundo. No era el mismo ambiente, la misma cultura. Para Maradona fue un gran salto, lo mismo que para Messi. Pero la Pulga estuvo rodeado de su familia y nunca dio que hablar; Maradona, en cambio, se hizo notar enseguida. Pasó los cuatro primeros meses en uno de los hoteles de mayor tradición de Barcelona, el Avenida Palace, y ya por entonces estaba rodeado de un grupo de exaltados, de amigos argentinos llegados para ir de fiesta y disfrutar de la generosidad de su amigo. A los barceloneses no les gustó ese lado de amante de los riesgos y de nuevo rico de Diego. Y todavía menos lo que hizo con su auténtica masía de Pedralbes, a la que terminó mudándose. Los tres pisos y las diez habitaciones eran demasiado ostentosos; ¿y qué decir de la pileta en la que hizo poner el escudo del FC Barcelona? No eran sencillas las cosas para Maradona, que desde el primer instante debió justificar en el terreno de juego su fichaje. Lo de Messi fue lo opuesto: tranquilidad y anonimato.

Ambos personajes conocieron fortunas diversas en Barcelona. Allí fue donde Diego descubrió la cocaína y su vida dio un giro. Él, que cayó enfermo nada más llegar (hepatitis) y luego sufrió una falta brutal del muy poco sutil Andoni Goikoetxea, nunca llegó a imponerse en Cataluña. Con todo, durante sus dos temporadas marcó 38 tantos en 58 partidos; pero no fue suficiente y fue obligado a salir por la puerta de atrás. Messi, por su parte, creció en la calma y su carácter, más introvertido, es mucho más cercano a la mentalidad catalana. No es considerado alguien que está de paso por parte de los barcelonistas. Muy al contrario, lo ven como propio, por eso siempre estará protegido. El Barça le permitió crecer y desarrollarse hasta imponer su fútbol para convertirse en el mejor jugador del planeta. Es adulado y muy pocos lo imaginan llevando otra camiseta.

En Barcelona Maradona dejó destellos de gran fútbol, pero en el Napoli se convirtió de inmediato en un héroe. La leyenda dice que en el sur de Italia lo ganó todo él solo, pero resulta ligeramente exagerado afirmar eso. Ciro Ferrara, Careca, Carnevale, por no citar más que a unos pocos, eran bastante más que simples soldados al servicio de su majestad Maradona. Surgía en aquellos años una pregunta: ¿Messi sería capaz de triunfar afuera, en un club con menos prestigio que el Barça, como hizo Maradona? Nadie lo sabe. Lo que sí es cierto es que ambos son competidores fuera de lo normal y que cuentan con una técnica y un físico por encima de la media. "Messi y Maradona son incomparables —casi se ofende Fernando Signorini, el preparador físico personal de Maradona durante muchos años y el de la selección durante el Mundial de 2010—. Es como comparar a Naomi Campbell con Gisele Bündchen, no tiene sentido. Compararlos es sacar las cosas de su contexto. ¿Qué habría hecho Diego en este Barcelona? ¿Qué habría hecho Leo en el Napoli de Maradona? ¿Qué habría hecho Pelé en el Ajax de Johan Cruyff o Platini en el Santos de Pelé? No lo sabemos. En algún momento de su carrera todos estos jugadores encontraron su media naranja. Un club, unos compañeros, un ambiente que les vinieron perfectos y con los cuales se realizaron." Para Signorini, intentar compararlos es simplista; pero todos tienen sus propias ideas al respecto. "Más allá de su paso por el Barcelona y más allá de que ambos lleven el número 10 de la selección argentina —afirma Hugo Tocalli—, Maradona y Messi no son comparables. En cuanto a fútbol, Messi va mucho más rápido, es mucho más explosivo y tiene un arranque del que Diego carecía." Paco Aguilar, una de las plumas más reputadas y veteranas de *Mundo Deportivo*, pone el acento en un detalle importante: "Diego consiguió en Barcelona lo que nadie ha conseguido; hacer llegar a la gente cuarenta y cinco minutos antes del comienzo del partido para verlo calentar con el balón. Hacía cosas increíbles, como nunca he visto. Era un verdadero espectáculo. Leo, por su parte, tiene algo que nunca había visto antes: su velocidad supersónica con la pelota; su control del balón es excepcional, microtoques a enorme velocidad. Nunca nadie ha sido tan rápido como él y no creo que volvamos a ver algo semejante en el futuro". Por lo tanto, ambos poseen cualidades inmensas, pero no el mismo carácter. Es indudable. "Maradona era capaz de cargarse el equipo a la espalda, de motivar a sus compañeros, de ser un verdadero líder en el vestuario, lo que no es Messi", analiza Hugo Tocalli. Algo similar sostiene Minguella, la persona que permitió que ambos jugadores firmaran por el Barça: "Leo y Diego son muy diferentes. Leo jamás hablará de la FIFA, el Che Guevara o de George Bush".

Cinco años después de su primer encuentro en un programa de televisión, los dos volvieron a compartir barco. Y de nuevo sus aventuras fueron seguidas por millones de telespectadores. Y de nuevo era Maradona el que "mandaba". Pero el joven Messi había madurado. Es indudable que en 2010 había crecido, porque no sólo había ganado el Balón de Oro y numerosos títulos con el Barça, sino incluso marcado un gol de antología contra el Getafe (en abril de 2007). Un gol "a lo Maradona", una copia de aquel que metió contra Inglaterra en 1986. Un gol que hizo de Maradona el enemigo público número uno en el reino de Su Británica Majestad. Ambos atravesaron el terreno de juego por más de sesenta metros con la pelota en los pies y zigzaguearon entre sus adversarios antes de catapultar el balón al fondo de la red. Al hacerlo, Messi se equiparaba al maestro, aunque el rival y el contexto fueran incomparables. Tres años después de aquel gol de Messi al Getafe, los dos tuvieron al país en vilo durante muchas semanas. Cuando, para sorpresa general, Maradona fue nombrado seleccionador argentino en octubre de 2008, y Leo entronizado con el número 10 por Diego ante Venezuela en marzo de 2009, muchos argentinos comenzaron a soñar con ganar el mundial, un trofeo que ven pasar de largo desde 1986, una eternidad para un país que vive, come y sueña fútbol.

Cuando el "Pibe de Oro" era jugador activo, generaba unanimidad. El amor era ciego y apasionado; pero su imagen se estropeó seriamente cuando se alejó de los terrenos de juego. Las juergas, la droga, los comentarios a destiempo y la decadencia física terminaron por cansar a muchos argentinos, aunque hay algo que debe quedar muy claro: no se puede entender a Maradona sin la Argentina, pero tampoco entender a la Argentina sin Maradona.

Su paso por la selección fue un fracaso, claramente reflejado en la caída por 4-0 ante Alemania en los cuartos de final del Mundial. Messi terminó llorando desconsoladamente en el vestuario y Maradona dio una absurda rueda de prensa en la que aseguró que Alemania no había mostrado una sola "idea" futbolística. Menos mal, podrían decir los hinchas albicelestes. Con un par de ideas teutonas quizás perdían 8-0.

En 2010 Messi aún esperaba triunfar con la selección. Estaba todavía a años luz de la carrera internacional de Maradona, coronada con un título de campeón del mundo en 1986 y la asombrosa final de 1990. Durante su etapa en la selección, Maradona, que es más un motivador que un entrenador, no dejó de enviarle mensajes por intermedio de los medios de comunicación. "Deseo que se convierta en el mejor jugador de todos los tiempos", dijo un día. En otra ocasión le pidió que se transformara en un líder: "Sería un pecado no darle la dirección del equipo a un jugador capaz de marcar semejantes diferencias". Alojado en una habitación de doble tamaño tras haber hecho tirar una pared en los departamentos del campo de entrenamiento de Pretoria, Maradona vivió semanas hiperactivas en las que fue hasta pegajoso con Messi, al que no dejaba de abrazar y tocar cada vez que se lo cruzaba. Maradona lo llamaba "Lío", y tiempo después Sergio Batista le diría "Leonel". Ni Leo, ni Lionel. En ese pequeño dato se podía quizás advertir que los seleccionadores argentinos no terminaban de entender cómo manejar la joya que tenían en sus manos. Al llegar al puesto, Alejandro Sabella no tuvo dificultades para utilizar el nombre y el apodo correcto del jugador: Lionel, Leo.

La Argentina superó la primera fase sin problemas. Tras una victoria de 1-0 contra Nigeria, goleó 4-1 a Corea del Sur y completó el pleno derrotando a Grecia 2-0. Para ese último partido de la fase de grupos Maradona confió el brazalete de capitán a Leo Messi. Quiere darle responsabilidad, hacer que se supere. Messi, que es un hombre parco, casi mudo, tiene muchos problemas para arengar a sus tropas, pero tiene que tomar la palabra antes del partido. "Fue un momento muy emotivo —recuerda Fernando Signorini—. Yo quería abrazarlo, protegerlo. Leo estaba desamparado, como si estuviera sólo frente a la tormenta. No conseguía hablar. Fue la primera vez que detecté una falla en él. Creo que vivió ese momento como si fuera una agresión."

Pero, por más que durante los partidos el "Pibe de Oro" tuviera un rosario entre las manos, la debacle ante Alemania llegó.

"En el vestuario Leo estaba inconsolable —recuerda Signorini—. Lloraba a lágrima viva. Sus sollozos eran tan grandes que daba la impresión de que tenía convulsiones. Ante semejante desasosiego me dije dos cosas. Primero, que era bastante preocupante ver a un jugador en semejante estado tras una derrota. Después, que era muy emotivo. Ver al mejor jugador del planeta tan triste demostraba que su pasión por el fútbol estaba intacta, que era tan intensa como cuando era un chiquillo. Y eso, teniendo en cuenta los tiempos que corren, no es algo muy habitual." En cinco partidos y 450 minutos de juego, Messi no marcó ni un solo gol, aunque el dato es engañoso, porque pudo haber anotado varias veces en el torneo. El principal culpable de que no lo hiciera fue un arquero, el nigeriano Vincent Enyeama.

Tres años después de aquella prodigiosa actuación suya en el Ellis Park de Johannesburgo, Enyeama resumió con modestia lo sucedido: "La principal explicación fue que tuve a mi lado a Dios. Él me ayudó". Probablemente no exagere, porque tres de las pelotas que sacó, en especial la primera, un tiro combado de Messi de derecha a izquierda con claro destino de gol, fueron un milagro. "No, no volví a ver a Messi. Aquella fue una gran actuación, pero no sé si la mejor de mi carrera", añadió el capitán de Nigeria durante la charla en Fortaleza, en el nordeste de Brasil. Asiduo de la Liga israelí y luego de la francesa, Enyeama no volvió a tener la oportunidad de situar a Dios a su lado para frenar a Messi.

Leo no fue, en definitiva, el líder que buscaba Maradona. Y Maradona no fue el técnico que necesitaba Messi. Lo que Maradona pretendía —que Messi fuera como él veinte años antes— no tenía sentido. Messi no es Maradona, lo que no quiere decir que no lo admire profundamente.

"Yo quiero crear mi propia historia —dijo Messi a Andy Kusnetzoff en un programa de radio en 2010—. No me molesta la comparación, pero pueden pasar millones de años y Diego seguirá siendo el más grande de la historia. Yo intento quedar en la historia por lo que hago, pero no ser Maradona." "Espero que llegue a superarme, que sea mejor que yo —le respondió Maradona poco después—, porque el potencial lo tiene. Yo no cuidé mucho mi cuerpo. No dormía mucho. La de veces que habré jugado un domingo después de haber pasado cuatro noches sin dormir. Él presta mucha más atención que yo a esas cosas. Descansa, no hace barbaridades."

Desde el Mundial de 2010, los dos evitan cuidadosamente responder a las preguntas que los comparan. Pero en febrero de 2011, Diego Maradona, fiel a su reputación, quiso poner los puntos sobre las íes: "Me hacen reír cada vez que escucho que Messi es mejor que Maradona. Sólo cuando termine su carrera se podrán hacer cuentas y decir 'es el mejor' o 'fue un gran jugador'. Que continúe escribiendo su historia y cuando cuelgue los botines decidiremos quién, si Messi o Maradona, fue el mejor".

El 25 de noviembre de 2020, cuando Maradona

murió a los 60 años, muchos se dieron cuenta de que aquella discusión había sido seguramente divertida, pero que no llevaba a nada. Maradona fue Maradona. Y Messi es Messi.

CAPÍTULO 22

Las turbulencias

Messi se mordía las uñas y el Camp Nou estaba atónito. Era la noche de un 1° de mayo muy, pero muy extraña, la culminación de una temporada que, tras iniciarse como un cohete, había llegado a la recta final con el Barcelona y el "10" vulnerables, frágiles, desorientados. Los catalanes tenían marcado como día clave de la temporada la final de la Liga de Campeones del 25 de mayo de 2013 en Wembley. Era el partido que querían jugar sí o sí. No estuvieron lejos, porque llegaron a semifinales, aunque quedaron a tres galaxias de distancia si se observa que el Bayern Munich los eliminó con un global de 7-0: 4-0 en Alemania y 3-0 en el Camp Nou.

Fue una inimaginable noche en la que los alemanes golearon a los españoles en su casa y el entrenador, Tito Vilanova, pareció no saber —¿o querer?— reaccionar, porque no hizo cambios hasta el minuto 82, cuando todo estaba ya perdido.

El símbolo más claro era el de ese Lionel Messi mordiéndose las uñas en el banco. A metros de él, los jugadores del Bayern Munich surcaban como aviones el césped del Camp Nou y una inevitable y pesada sensación de amargura, de tesoro perdido, se instalaba entre los más de 90.000 hinchas del Barcelona en un estadio colmado. "Petrificados en el campo y en el banquillo", sintetizaría *El País*, que también clavó lo sucedido la semana anterior en Munich: "La noche que la Pulga saltó al campo y no jugó. De las once ocasiones que intentó el regate, sólo le salieron bien dos. Es un dato tan inusual como absolutamente revelador de su poca inspiración".

Pero lo de aquel "Día del Trabajo" superó lo imaginable. La prensa de Barcelona había potenciado en los días previos la idea de que con Messi el "milagro" de remontar el 4-0 de Munich era posible. Incluso se llegó a escribir que el "10" estaba en gran nivel en los entrenamientos, sin secuelas de la lesión que había sufrido semanas antes en el choque con el París St. Germain. La verdad era otra, una verdad a la que los medios difícilmente podían acercarse, ya que les es imposible ver los entrenamientos. Otra cosa, eso sí, es creer a pie juntillas lo que diga el club.

La verdad era que Messi no estaba bien. A las diez de la mañana de aquel miércoles festivo aún tenía cierta esperanza de jugar, pero a las diez de la noche ya toda Barcelona se preguntaba atónita qué había pasado, cómo era posible que el argentino siguiera desde el banco el hundimiento del equipo. Todo un "Misterio Messi" en medio de la debacle ante el Bayern Munich.

"Bueno, vamos a ver qué podemos hacer hoy", escribió en la mañana del partido el argentino por SMS a un compatriota de su confianza. Mensaje lacónico, como casi siempre en él. Seguramente porque no estaba bien y no podía decirlo, aunque el Barcelona dejara florecer en los días previos la historia fabulosa del Messi en creciente buena forma. En parte, explicaría el club luego por vías informales, porque tampoco era cuestión de darle más información de la necesaria a un rival con ya demasiada ventaja de por sí. A los aficionados que pagaron hasta 300 euros para ver jugar a Messi, a aquellos que llevaban por primera vez a sus hijos a ver al mejor jugador del mundo, la explicación les habrá resultado insuficiente, y el aviso, tardío.

Messi venía de convertir un gran gol ante el Athletic en Bilbao. Con el "10" en esa forma, creían aficionados y periodistas en Barcelona, bien se podía soñar mínimamente.

El sueño fue pesadilla, y el desconcierto creció tras el partido, cuando se comprobó que el Barcelona echaba de menos la astucia en la comunicación que solía exhibir Guardiola, en pocas semanas nuevo entrenador del Bayern.

"No hay lesión, pero después de tantos días sin entrenar un jugador no se siente cómodo", explicó Vilanova. Pero... ¿podía jugar o no? Más que aclarar, Vilanova oscureció: "Tenía la sensación de que encontrándose así no iba a ayudar a su equipo", añadió el entrenador de los azulgrana, que mencionó el tramo final del 2-2 en Bilbao como el momento en el que Messi sintió algo "raro".

Todo un hito en la carrera de Messi: no estaba lesionado, pero abrió la posibilidad de no jugar, y luego aceptó no hacerlo. Sencillamente inédito.

"El plan era tenerlo en el banco por si el Barça se

ponía 3-0 y hacerlo entrar en los 10, 15 minutos finales si el cuarto gol se resistía", explicarían fuentes del club. "No estaba lesionado, pero sentía que podía estar a punto de lesionarse en un *sprint* o una jugada exigida".

Final de temporada con un equipo agotado, lleno de dudas y con el alma extraviada. Tanto que, sin estar lesionado, Messi no salió al rescate de sus compañeros en una Liga de Campeones que se daba por perdida. Asombrosamente, existía el temor a no ser capaces de rematar la Liga española pese a la amplia ventaja sobre sus perseguidores.

Ése no era Messi: ni el fantasmagórico de Munich ni el del banquillo en Barcelona. Ése no era el Barça. Aquellas dos amargas noches de primavera en las que el Bayern de Jupp Heynckes lo convirtió en juguete, confirmaron el extraño 2013 que venía viviendo el gran club dominante del último lustro, el ganador de 14 de 19 títulos, ese equipo que ya no era el mismo, incluso ganando días después la Liga española con 15 puntos de diferencia sobre el Real Madrid. Tan grande se había hecho el Barcelona que eso ya no alcanzaba.

Los "poderes mágicos" que Dani Alves le había atribuido días atrás a Messi no aparecieron. La "pesadilla alemana" que lo había hecho llorar tres años antes en un vestuario de Ciudad del Cabo volvía a corporizarse.

Había varias razones para la defección de Messi: la principal de todas era que llegaba al tramo final de la temporada, el más importante, con exceso de partidos. Aquella regulación y autorregulación que se había ido logrando con Guardiola ya no estaba. Sediento de partidos, de goles y de récords, Messi recorrió toda la geografía española hasta concretar algo inédito: moverle las redes a los 19 rivales de la Liga en partidos consecutivos. El Barcelona dependía de él más que nunca. Con Messi en su nivel, era insuperable. Pero aquella seguidilla de partidos, a los que se sumaban los de Liga de Campeones, tramos finales de la Copa del Rey y los compromisos con la selección argentina, derivó en lo que hacía cinco años no se daba: un Messi lesionado. Tras anotar 46 goles en 31 partidos de Liga, el argentino se perdió los cuatro últimos. Sus 46 tantos fueron apenas cuatro menos que la temporada anterior, cuando se impuso a Cristiano Ronaldo por un 50-46. Esta vez la ventaja sería mucho mayor, 46-34. Una vez más, los dos eran los máximos anotadores de las grandes Ligas de Europa.

La lesión de Messi era una pésima noticia para el Barça, que venía inmerso en una dinámica de creciente "Messidependencia". El rostro se le endureció a Vilanova cuando escuchó el concepto en aquella rueda de prensa posterior a la eliminación a manos del Bayern. La pregunta apuntaba a si esa dependencia no había crecido en los últimos meses, e incluyó la aclaración de que cualquier equipo consideraría una "bendición" tener semejante "problema". A Vilanova no le gustó el planteo, que despachó con una confusa explicación de por qué precisamente esa temporada se dependía menos que en las anteriores del mejor jugador del mundo.

Los últimos meses habían demostrado lo contrario.

Octavos de final de la Liga de Campeones: el Milan bate 2-0 a un Barcelona que pareciera no estar interesado en jugar. En el partido de vuelta Messi activa al equipo, convierte el tan necesario primer gol y lidera un 4-0 que los instala en cuartos.

Cuartos de final: tras el 2-2 en el Parque de los Príncipes ante el París St. Germain, el Barcelona pasa a semifinales con un 1-1 en casa muy extraño. Aquel 2 de abril Messi se recuperaba de una lesión en el bíceps femoral de la pierna derecha sufrida en la ida. Se saltó el partido ante el Mallorca en la Liga y nadie contaba con que regresara a tiempo para la vital vuelta ante el PSG. Lo hizo en el banco, entró en la última media hora y moviéndose lo justo atemorizó a sus rivales, que dieron dos pasos atrás y permitieron el empate.

El Barcelona, estaba claro, llegaba entre algodones a la cita con el Bayern. Una frase de Gerard Piqué en esos días —"Se acabó que ganen siempre los alemanes"— se demostró audaz en exceso. ¿No sabía Piqué lo que estaba sucediendo en su equipo? Figura clave del Barça, Piqué fue uno de los siete centrales utilizados por Vilanova en una temporada en la que la defensa se mostró vulnerable como nunca en el último lustro.

Los desajustes eran responsabilidad del Barcelona, pero había otro problema que básicamente excede al club: la escasa competitividad de la Liga española. Tanto el Barça como el Real Madrid daban la impresión de ganar cada vez que se lo proponían, algo que ante los grandes de Europa no es viable. Lo describió con precisión Santiago Segurola en *Marca*: "Cada vez está más claro que los dos equipos utilizan dos velocidades: una en España, otra en Europa. ¿Pero se puede cambiar de velocidad cuando la rutina doméstica permite ganar y pelear a medio gas? Probablemente no".

Y fue no, no se pudo.

En ese clima enrarecido mucha gente comenzó a hablar. El cocinero Ferrán Adriá contaba lo que Guardiola, una ausencia muy presente, opinaba de su equipo, la prensa aireaba que el club había espiado a la mayoría de los jugadores a través de una agencia de detectives bajo la presidencia de Joan Laporta, que a su vez criticaba la elección de Vilanova como entrenador.

La situación del técnico, enfermo de cáncer, había marcado al Barcelona. ¿Qué hacer en un caso así? El club decidió esperar a su entrenador y darle todas las garantías, pero en su ausencia el control de un vestuario de inevitables egos se relajó, a lo que se añadió la desaparición del capitán Carles Puyol en los meses clave al decidir operarse en marzo. "Cuando el capitán sale a comer, los marineros toman el barco", resumió *As*.

El problema de los "marineros" es que no contaban ni con un líder claro, ni con una estrategia común. Ya eliminado el Barça por el Bayern, Piqué pidió "cambios" y "decisiones" para encontrarse en una rueda de prensa con una respuesta durísima en boca de su técnico: "Supongo que el jugador que dijo eso no contaba con que él sea un cambio, ¿no?".

La sutileza por instantes melosa de Guardiola había dado paso a un duro, a un hombre que, para bien y para mal, modulaba mucho menos su mensaje.

En aquella primera parte de la temporada 2012-2013 el Barcelona de Vilanova había funcionado como un reloj: le metían más goles que antes, pero los devolvía con creces. Cuando se fue a Nueva York, todo comenzó a cambiar para mal, según le confesó Messi a la mexicana Inés Sáinz en una entrevista para TV Azteca: "La verdad es que no ha sido fácil, porque veníamos de un cambio tras el adiós de Guardiola. Cuando vino Tito nos encontramos muy bien porque prácticamente no cambió nada. Pero cuando se fue él a media temporada sí que notamos el cambio, no porque Roura o la gente que se quedó no pudieran hacerlo, sino porque nos faltaba el primer técnico, el que nos había hablado desde el primer día... No era lo mismo".

Xavi, que cuando da entrevistas con suficiente tiempo para explayarse demuestra ser un cerebro no sólo para elegir el momento, el compañero y la línea del pase, fue más allá durante una nota con el periodista de *Sport* Javier Miguel en la que las preguntas fueron saludablemente incisivas. Y, como consecuencia, las respuestas ganaron en calidad.

La teoría central de Xavi era que no se podía hablar de "fin de ciclo", porque entonces un año antes el Chelsea había sido el mejor, la cabeza de un "ciclo", por haber derrotado al Bayern en la final de la Liga de Campeones.

"¡Hombre, no me compare! ¡7-0!", le dice el periodista. "Si miramos sólo el resultado nos quedamos con lo superficial. Hay que ver los partidos, revisarlos, yo lo he hecho. El Bayern cambió contra nosotros, no jugaron tan alegres como suelen hacerlo, aprovecharon muy bien la velocidad de sus dos bandas, supieron presionarnos muy bien, defender sin fisuras. Llegaron mejor que nosotros de ritmo y fuerza. Pero el balón fue nuestro, no pudieron dominarnos."

Con ese análisis, Xavi recordaba aquella acusación de *La Gazzetta dello Sport* en la Eurocopa 2012, cuando definió a la España amante de la pelota y sin profundidad como un ejemplo de "masturbación táctica". O a la del ex jugador francés Bixente Lizarazu, que describió el fútbol de España como "demasiado amor y muy poco sexo".

A Vicente del Bosque, entrenador de la selección española, le brotó una sonrisa levemente maliciosa —impensable en él— cuando semanas después se le planteó el tema durante una entrevista en la agobiante Fortaleza, donde España disputaba la Copa Confederaciones 2013.

"Sería porque el sexo será el meter el gol, ¿no? En fin. Imagino…", dijo Del Bosque sin necesidad de añadir que su selección goleó 4-0 a Italia en la final de aquella Eurocopa 2012. Si los goles son sexo, la metáfora estaría servida. Pero España se iría de aquella Confederaciones sin anotar a lo largo de 2.010 minutos: ni en el 0-0 ante Italia resuelto por penales en semifinales, ni en la estrepitosa caída por 3-0 en la final del Maracaná ante Brasil.

En esos días de calor y humedad en el nordeste brasileño, Del Bosque y Xavi mantuvieron más de una charla sobre fútbol, lo que en parte equivale a una charla sobre el fútbol del Barcelona, ya que los vasos comunicantes entre la selección y el equipo azulgrana son innegables. Y el credo del seleccionador y las virtudes-problemas del Barcelona mostraban llamativas similitudes. "Algunas veces digo que todos nos deberíamos sentir un poco centrocampistas, que es tener el sentimiento de querer defender, el sentimiento de querer construir y el sentimiento de querer atacar", explicó Del Bosque antes de rematar con una frase con destino de titular: "Si tenemos diez centrocampistas seríamos mejores todavía".

El seleccionador español también dejó claro que debate mucho sobre fútbol con Xavi y con otros jugadores —"¡cómo no voy a hacerlo!"—, y leyendo al medio del Barcelona en aquella entrevista con *Sport* se entiende que Del Bosque quiera intercambiar ideas con él.

"Esta pregunta es una putada", le dijo Xavi a su entrevistador cuando éste le planteó que el Barcelona prioriza el jugar bien al resultado. "En una final, ¿qué prefiere? ¿Jugar bien o ganarla?" Según Xavi, ganar no es lo más importante: "Yo me acordaré siempre del Athletic de Bielsa, de su estilo, de su filosofía ofensiva, de sus criterios con el balón, pero te puedo asegurar que del Chelsea que ganó hace dos años la Champions no me acuerdo de nada. No me gusta nada ese fútbol rácano y resultadista. No lo disfruto, lo aborrezco".

Xavi siguió desarrollando ese argumento hasta superar al mismísimo César Luis Menotti. "Decir eso es muy resultadista", le espetó al periodista cuando éste le recordó lo evidente: en la temporada que acababa de terminar, los grandes partidos —Real Madrid, Bayern, PSG, incluso Milan— se le habían atragantado al Barcelona.

"Hemos dominado todos los partidos, nadie nos ha metido mano en la posesión", insistió Xavi apelando a una figura que no disgustaría a Lizarazu y *La Gazzetta*.

Xavi pidió que la Federación Española de Fútbol impusiera el partido único en la Copa del Rey para evitar el desgaste de Barcelona y Real Madrid. "Llevamos dos años consecutivos cayendo en las semifinales de la Champions. No es normal. Este año nos desgastaron las semifinales de la Copa, fueron muy duras. Si seguimos así es inevitable llegar peor que ellos en abril o mayo."

CAPÍTULO 23

El golpe

"Todo esto viene de Madrid, es una campaña difamatoria, ya te voy a explicar alguna vez lo que hay detrás." Doce años después de pisar por primera vez España, Jorge Messi ya estaba en cierta forma bien integrado, porque reaccionaba como tantos en Barcelona y Cataluña cuando algo no funciona como se querría: la culpa no es propia, el problema no está en casa, todo se debe a una conspiración desde la capital del país.

Jorge Messi envió varios SMS desde su teléfono móvil a los que en aquella turbulenta primavera/verano española de 2013 le preguntaban qué estaba pasando, si era cierto que él y su hijo habían evadido impuestos por cifras millonarias valiéndose de empresas fantasma y cuentas en paraísos fiscales. En muchos de esos SMS hablaba de "campaña difamatoria".

Campaña o no, el escándalo llegaba con el fútbol de vacaciones en España, lo que le permitía ganar espacio en los medios. Mientras Víctor Valdés, Gerard Piqué, Jordi Alba, Xavi, Andrés Iniesta, Cesc, Pedro y David

Villa jugaban la Copa Confederaciones en Brasil y se cruzaban con Neymar, el nuevo gran fichaje azulgrana, Messi visitaba el *showroom* de Dolce & Gabbana en Milán y volaba luego a Guatemala para un amistoso. Fue su último instante de "frivolidad" pública, porque el 13 de junio el diario *El Mundo* tituló con contundencia a cuatro columnas en primera plana: "Messi ensucia su imagen al hacer trampas para evadir impuestos". Acompañaba el titular una foto de un Messi cabizbajo llegando al aeropuerto de La Aurora, en Ciudad de Guatemala.

El contexto no lo ayudaba a Messi, porque España vivía desde hacía ya un largo tiempo una crisis económica de grandes proporciones, con la economía en recesión y más de un 27 por ciento de desempleo. Así, señalar como evasor de impuestos a una estrella del deporte le venía bien a todos: a los medios, porque la historia sintonizaba con las demandas de sus indignados lectores, y al gobierno, porque enviaba el potente mensaje de que en épocas de crisis no hay privilegios, mucho menos con los millonarios. O quizás no era así, porque muchos señalaron que no podía decirse lo mismo del primer banquero de España y uno de los más importantes del mundo, Emilio Botín, dueño del Banco Santander.

"Hay doble rasero", escribió en un blog en el diario catalán *La Vanguardia* el periodista Albert Castillón. "A Emilio Botín, su hermano Jaime y todos sus hijos, Hacienda les dio el tiempo que necesitaran para regularizar su situación cuando se les encontró una cuenta en Suiza con más de dos mil millones de euros. Pagaron doscientos millones y evitaron el delito fiscal, de hecho fue una amnistía fiscal encubierta. El caso de Botín apenas tuvo repercusión mediática, la noticia del supuesto fraude de Messi ha dado la vuelta al mundo y la cantidad supuestamente defraudada es cincuenta veces menor que la de Botín."

Según el periodista, que promete ser "libre, provocador, veraz y comprometido" en su blog, el gobierno utilizó políticamente el "caso Messi".

"¿Cómo se puede permitir que la Hacienda española coja cabezas de turco al azar para recaudar impuestos por el mecanismo del miedo, en lugar de bajar el tipo impositivo de nuestro país, uno de los más elevados del mundo? Messi pagaba el más alto: el 56 por ciento de lo que ganaba se lo quedaba Hacienda. En estas condiciones todos los que generan estas cantidades intentarán defraudar siempre. Además al ser residente en Gavá tuvo que declararlo todo. Cristiano Ronaldo que no es residente en España, sólo declara el 24 por ciento de lo que cobra en nuestro país. ¿Por qué entonces Messi no siguió siendo argentino? Cuando llegó a los once años no cambió su nacionalidad, pero sí lo hizo en 2005 porque el Barça tenía cubierto su cupo de jugadores extranjeros para alinear en el equipo." La conclusión podría firmarla el propio Jorge Messi: "Espero que el Barça le ayude ahora a pagar la multa de Hacienda". Rosell no tardaría mucho en decir públicamente un "no" rotundo a esa sugerencia.

El origen de Messi no fue un factor decisivo, pero sí jugó un papel, porque el trato mediático recibido no fue el mismo que si los acusados de evadir impuestos hubiesen sido el seleccionador nacional, Vicente del Bosque, o el capitán del equipo, Iker Casillas. Messi siempre será argentino, y en la tensa y dividida España, el hecho de que sea estandarte del Barcelona lo sitúa como objetivo para muchos medios, blogs, columnistas o tertulianos radiales de Madrid. De haber recalado Messi en el Real Madrid, como planteó Gaggioli, habrían sido los medios catalanes —que en general le dieron un bajo perfil al tema—, los grandes propaladores del asunto. Así funciona España.

Es más rendidor, además, poner en el foco a un futbolista —además extranjero— que a un banquero —español—. La segunda opción ofrece un peligro cierto, el de perder o ver drásticamente disminuidos los jugosos ingresos por publicidad que el diario recibe del banco en cuestión. El diario *El Mundo* fue en ese sentido ecuánime, porque dos años antes, cuando se conoció la evasión de unos banqueros, había titulado en el mismo espacio y con igual despliegue que en el caso de Messi: "El fiscal presenta una denuncia 'preventiva' contra los Botín".

Es el mismo diario que, años después, el 31 de enero de 2021, publicó una exclusiva mundial: el sueldo de Lionel Andrés Messi en el Barcelona. Con la firma de dos avezados periodistas como Martí Saballs y Esteban Urreiztieta, el diario español reveló que Messi cobraría 555.237.619 euros (¡555 millones de euros!) brutos entre 2017 y 2021, según el último contrato que —eso se sabría luego— lo uniría al Barcelona. La investigación, todo un hallazgo periodístico, fue recibida por el Barcelona y por muchos argentinos como un "ataque de un diario de Madrid a Messi". A esa percepción podría haber ayudado el titular en primera plana de "El Mundo": "El contrato faraónico de Messi que arruina al Barcelona". Todo un debate. Podría decirse que, desde su llegada al club, Messi no hizo más que abrirle puertas, oportunidades y negocios al Barcelona, que nunca había conocido semejante nivel de gloria deportiva. Eso fue gracias a Messi, sin él no habría sido posible. Se puede decir, también, que cualquier futbolista (cualquier trabajador) intenta obtener el mejor salario y condiciones posibles, y que es la empresa (el club) la que administra su patrimonio. Con el tiempo se vería que la deuda gigantesca del Barcelona —1.350 millones de euros— era lo que arruinaba al club. Lo que llevó a que Messi se fuera a París. La teoría del "diario de Madrid" también flaquea cuando se ve que es el mismo periódico que publicó informaciones altamente incómodas para Cristiano Ronaldo y el propio club blanco. Los 555 millones en cuatro años eran 297 millones en el bolsillo de Messi, ya que los impuestos y las cargas sociales se llevaban casi la mitad de la cifra acordada. A esa altura de su carrera, Messi y los Messi eran muy meticulosos con los impuestos, no querían volver a escuchar lo que habían escuchado unos años antes.

"¿Deberían encarcelar a Messi?", se preguntó en aquellos días 13TV —un canal marginal en la amplia oferta televisiva española— para obtener un 80 por ciento de "síes" por parte de sus televidentes. Demasiado para *Sport*. "Guerra sucia contra Messi: como buitres carroñeros, algunos medios de comunicación se lanzan por el crack argentino sin ni siquiera esperar a que él y su padre den su versión", escribió el diario deportivo catalán. "Ellos ya han condenado a Messi y hasta les gustaría que se pasara el resto de sus días entre rejas. ¿Qué será lo próximo? ¿Pedirán la cadena perpetua?"

Pasarse el resto de una vida entre rejas implica, de hecho, una cadena perpetua, pero en esos tensos días de junio cualquiera podía perder la calma.

En muchas de las columnas o análisis de los medios había elementos de verdad, pero la pregunta central seguía siendo si los Messi —porque la denuncia apuntaba a Jorge Messi como gran protagonista— evadieron impuestos.

La respuesta, según la denuncia de la Fiscalía, era un rotundo "sí". El dinero ganado por la comercialización de los derechos de imagen del argentino se había sacado del circuito español para evitar el pago de impuestos. Medios españoles como *El Mundo* aseguraron que empresas "fantasma" en países con fama de paraísos fiscales como Belice y Uruguay cobraron lo aportado a los Messi por firmas como Adidas, Pepsi, Telefónica, Danone, el Banco Sabadell o el propio Fútbol Club Barcelona. Los nombres de las empresas utilizadas eran llamativos: Jenbril SA y Forsy Corporation en Uruguay, Sidefloor Ltd. en el Reino Unido, Tubal Soccer GmbH o Lazario GmbH en Suiza, Sports Consultants Ltd. en Belice. El método es muy habitual entre los poderosos: jurisdicciones de conveniencia como Suiza o el Reino Unido que permiten enviar dinero sin tributar en origen a paraísos fiscales como Belice o Uruguay, donde las rentas obtenidas fuera del territorio están eximidas de impuestos. Así, con diferentes países, sociedades y jurisdicciones fiscales interpuestas, el rastreo del dinero se torna difícil.

Como difícil es imaginar que Lionel Messi, que tiene como centro de su vida el fútbol, fuera el ideólogo de un esquema que es propio de asesores fiscales. Messi era menor de edad cuando, según la Fiscalía, su padre y Rodolfo Schinocca crearon el entramado. Años después, ya con dieciocho años, Messi firmó lo que le dijeron que firmara. Lo reconocería el mismo Jorge Messi en septiembre de 2013 en un escrito presentado ante el juez: su hijo "se ha dedicado siempre y solamente a jugar al fútbol".

Seis días después del enojo de *Sport*, su competencia, *Mundo Deportivo*, titulaba con claridad: "Messi negocia con Hacienda". Bajo el titular, el llamativo epígrafe de una foto en la que se veía a un Messi tapándose el rostro con su mano izquierda: "Messi, durante un partido de final de temporada, entonces preocupado por su lesión. Ahora lo está por las investigaciones de Hacienda". El diario explicaba que los Messi pagarían "15 millones de euros por las declaraciones de impuestos de 2007, 2008 y 2009", al tiempo que corregirían la de 2010 y 2011.

Messi no iría a la cárcel, y su padre le ofrecería a la Justicia "colaboración" para "contribuir al completo esclarecimiento de los hechos". Pero la imagen del futbolista había quedado bastante magullada. Algo había que hacer, y para eso se recurrió en apenas días al británico Mike Lee, quizás el mejor *lobbista* del deporte mundial. Jefe de comunicaciones de la UEFA entre 2000 y 2004, Lee fue clave para que Londres, Río de Janeiro y Pyeongchang ganaran sus respectivas sedes olímpicas, para que Qatar se quedara con el Mundial de Fútbol de 2022 y para que el rugby se hiciera con uno de los dos lugares abiertos para nuevos deportes en los Juegos de 2016. Días después de salir en auxilio de Messi sumó otro triunfo: la conquista por parte de Buenos Aires de los Juegos Olímpicos de la Juventud de 2018. Ese año, días antes del inicio de aquellos Juegos, Lee moriría.

Apenas cuatro días antes de que el "10" del Barcelona saliera en un viaje relámpago a Senegal, la agencia de Lee envió a un grupo de periodistas una invitación con todos los gastos pagos para viajar al país africano. Messi entregaría allí 400.000 redes antimosquito con su imagen para reducir la epidemia de malaria. Los poderosos qataríes de la Academia Aspire, motores del proyecto y vinculados al Barcelona a través del patrocinio de Qatar Foundation y Qatar Airways, estaban también en Saly, adonde el jugador voló con su padre, sus hermanos y Juanjo Brau. Según la agencia de Lee, Messi dijo lo siguiente en aquellas horas en las que también Barack Obama visitaba Senegal: "El proyecto de la Academia Aspire 'Fútbol Combatiendo a la Malaria' es una iniciativa muy importante para mí, al haber visto la fuerza destructora de esta enfermedad en comunidades en África y todo el mundo. Estoy honrado de estar aquí en Senegal como parte de esta gran campaña para prevenir más sufrimiento por la malaria. Creo que podemos utilizar al fútbol y la fuerza inspiradora del deporte para marcar la diferencia haciendo comprender cómo se pueden salvar miles de vidas. En el tiempo que se tarda en jugar un partido de fútbol, 180 niños mueren innecesariamente en África debido a la malaria. Entregar las redes generará un inmediato cambio de vida para tanta gente... Estoy honrado de ofrecer mi colaboración a 'Fútbol combatiendo a la Malaria'".

Tras ese paso por Senegal, Messi siguió subiéndose a aviones para jugar amistosos en Bogotá, Lima y Chicago, suspender uno en Los Ángeles y enojarse con los organizadores tanto en Perú como en los Estados Unidos, saludarse con Neymar, rival en la capital peruana, y despertar el temor de muchos en Barcelona.

"Leo necesita vacaciones ya", escribió Josep María Minguella, alarmado ante la falta de descanso del jugador en el año previo al "nuevo" Barça que compartiría con Neymar y al mayor desafío de su carrera: la conquista del Mundial de Brasil 2014. Con más detalle y argumentos, Fernando Signorini dijo lo mismo que Minguella: "Antes, en las décadas del sesenta y setenta, los futbolistas de elite jugaban entre 80 y 90 partidos por año. El número uno del mundo está por encima de 120 entre Barcelona, dos torneos y la selección nacional. Existe riesgo para que llegue bien a Brasil 2014".

Según el ex preparador físico de la selección argentina, la solución era simple: "Lo que necesita el maravilloso delantero al que tuve en el juvenil siendo un pibe es unas vacaciones con su esposa e hijito. Jugando más de cien partidos con el rigor físico actual es imposible que Messi pueda estar siempre diez puntos". Mientras Messi jugaba en Chicago, su compañera estaba de vacaciones en Ibiza acompañada por Cesc Fábregas, su esposa Daniella y su hija Lía. Antonela pasaba sus días con su hijo Thiago. Cesc y Gerard Piqué son especiales para Antonela ya que cada vez que se sintió sola o no del todo bien tratada por su familia política, supo que podía contar con los dos compañeros y amigos de su pareja, que ejercieron de protectores. Días después Messi llegaría a Ibiza para sumarse al grupo. Quizás consciente de que a esa altura de su carrera, ya con veintiséis años, entraba definitivamente en ese momento en el que la clave pasa también por saber decir "no". Decir "no" a los demás, pero también a las infinitas oportunidades de ganar más dinero. Hacer menos para lograr más. Martino, que como ninguno de sus antecesores se impuso como meta la dosificación de su máxima estrella, un freno a la ambición de jugar todo y siempre, le ayudaría a encontrar ese camino.

CAPÍTULO 24

Los olvidados

Los años pasan, las temporadas terminan y la vida de Messi no deja de evolucionar. Desde el 16 de octubre de 2004 —fecha de su primer partido oficial con el Barça— su vida cambió mucho, su universo se fue transformando hasta situarlo en la cima del fútbol mundial, una estrella planetaria. Un multimillonario, también, que cambió la vida de su familia por muchas generaciones. Pero en el camino hacia la gloria, los actores clave de los comienzos de su carrera, los hombres que estuvieron con él en los días en los que había tanta esperanza como incertidumbre ya no están, fueron dejados de lado. Sólo Jorge Messi, su padre, y Rodrigo, su hermano, siguen ahí. Los demás han desaparecido.

Josep María Minguella, el agente que abrió las puertas del Camp Nou a Maradona y después a Messi, no sigue en contacto con ese chico enclenque transformado en hombre. No le quedan sino buenos recuerdos que compartir con sus muchos nietos. Messi jamás volvió a poner los pies en su mansión en las alturas de

Barcelona, tampoco en ese jardín en el cual se quedó mudo de admiración y timidez delante de Juan Román Riquelme.

Juan Lacueva, el testarudo dirigente que se peleó para que la Pulga firmara su primer contrato con un club por entonces consumido por una grave crisis interna, vivió los últimos tiempos consumido por una grave enfermedad. Frágil, pero completamente lúcido, Lacueva no puede evitar recordar aquellos años con cierto dolor: "Lo más curioso es que si Lionel entrara en esta habitación y me viera, seguramente no me reconocería".

Juan José Mateo Walter, el agente FIFA, el representante de Leo cuya firma aparece en sus primeros contratos, vive hoy en Porto Alegre (Brasil), a miles de kilómetros de Barcelona. Todavía se acuerda de esos días en los que llevaba a Leo al cine o al Museo de Ciencias Naturales de Barcelona. Iban con su hijo de la misma edad, Orlín, que por esas fechas entrenaba duro en la academia de Emilio Sánchez-Vicario y Sergio Casal para convertirse en el tenista que finalmente no fue. "Leo siempre fue un chico formidable, pero hace rato ya que no es un niño —recuerda Mateo—. Quizás algún día Leo le pregunte a su padre: '¿Papá, que pasó con Fabián Soldini, que era como un padre para mí?'. Leo ya es un adulto y quiero creer que un día tomará el teléfono para llamar a Fabián y darle una explicación."

Horacio Gaggioli, el hombre que durante muchos meses estuvo viviendo a la sombra de los Messi, viaja de vez en cuando a la melancólica y dulce ciudad de Brujas para ver a Víctor Vázquez. Junto al ex compañero de equipo de Messi en La Masía, que en esa época era considerado una de las mayores promesas del Barça, recuerdan los buenos tiempos. Pero cuando Gaggioli se encuentra a solas en su despacho sombrío, repasa con cuidado el pasado y se pregunta cómo se llegó a esto, por qué hoy los Messi lo ignoran: "Es un enigma. Eso me entristece, porque la verdad es que estaba muy unido a Leo".

Fabián Soldini, el confidente, el "hermano mayor" de Messi, el hombre que tuvo la idea de contactar con Minguella y logró convencerlo para que organizara una prueba para la frágil Pulga, sigue viviendo en Rosario. Afirma que la ruptura con Leo lo hundió en una profunda depresión, pues ni él ni su socio, Martín Montero, comprenden la reacción de los Messi. ¿Qué sucedió? "Quieren borrarnos de la historia como si jamás hubiéramos existido. ¿Por qué ignorar a quienes los ayudaron y les permitieron instalarse en Barcelona?"

El 9 de enero de 2012, en el confortable salón de un hotel de Zurich repleto de barceloneses eufóricos de alegría, el rostro de Jorge Messi se pone serio: "Todos los libros que se escribieron sobre Leo están mal, todos tienen errores. Y, además, nunca fueron autorizados".

La razón del encuentro era verse con él para informarle en persona que estaba en proceso de escritura un libro sobre su hijo. "Estamos preparando una biografía oficial de Leo. Ahí se va a saber toda la verdad, ésa será la historia real", se apresuró a decir.

Gentil, Jorge Messi escucha la propuesta de verse para hablar en detalle de tantos aspectos detallados en el futuro libro y acepta "con mucho gusto" una reunión para febrero de 2012 en Barcelona. La idea es tener su versión de los hechos. Algunos minutos después ya estaba atento a otras cosas. Sentado en primera fila no se perdía ni un detalle del espectáculo ni de la entrega, por parte del brasileño Ronaldo, de un tercer Balón de Oro consecutivo a su hijo. Toda una consagración.

Tras aquella breve conversación invernal, el padre de Leo recibió una, cinco, diez, veinte llamadas de los autores de este libro, así como SMS enviados con copia a Rodrigo Messi. Nunca hubo respuesta. Nunca, hasta el 1° de abril de 2012 a la hora de la comida. El SMS en el cual se mencionaban seis nombres —Minguella, Lacueva, Gaggioli, Mateo, Montero y Soldini— tuvo un efecto inesperado, porque el teléfono sonó dos veces en menos de media hora. Al otro lado del hilo telefónico, primero Rodrigo Messi y luego Jorge Messi.

Decir que ni Rodrigo ni Jorge sienten ninguna simpatía por los seis hombres mencionados más arriba es un eufemismo elegante. Algunos de ellos fueron objeto, incluso, de una ristra de insultos. ¿Conclusión? "Respeto el deseo de ustedes de escribir un libro —aseguró Jorge—, pero si esas personas hablan en él, yo no quiero aparecer en el libro."

Nada que hacer.

O sí. Viernes Santo de 2017, uno de los autores de este libro inicia una conversación con Jorge Messi en sus oficinas de Rosario. La charla es sumamente interesante y amable, además de larga. Es una charla agradable, en buen tono y con comprensión mutua. Se habla de muchos temas, y no necesariamente siempre de fútbol. Se repasan algunos asuntos mencionados en el libro y se llega a la conclusión compartida de que siempre es bueno hablar. En los años siguientes sigue habiendo contactos puntuales, diversos idas y vueltas sobre temas de interés. La reiterada oferta de una entrevista fue descartada con amabilidad. Tampoco fue posible hacerla con el gran protagonista, Lionel, aunque los autores de este libro tomaron por años sus recaudos: muchas preguntas que era necesario hacer de cara a historias mencionadas en el libro fueron planteadas en incontables conferencias de prensa y zonas mixtas con la presencia del jugador.

Tras los contactos con Jorge Messi algo quedó muy claro: Lionel puede estar tranquilo de contar con su padre, un verdadero león a la hora de proteger a su hijo. Lo refleja también una anécdota de hace dos décadas.

"Entre vos y mi papá, me quedo con mi papá." Futbolista poco hablador, Leo Messi no necesitó más que sus dedos, un celular y un SMS para poner fin a una relación de cinco años. O al menos eso es lo que asegura el destinatario del mensaje. "Me mató —afirma Fabián Soldini—. Pero quería seguir creyendo. Estaba convencido de que Leo iba a cambiar de idea y que nos volveríamos a encontrar, porque teníamos muchos sueños en común, como que participara en un mundial e incluso vivir juntos algún día en Cataluña." Hacía, sin embargo, ya un buen tiempo que Soldini intuía que de esos sueños poco quedaría. Fue a comienzos de diciembre de 2004, semanas después del gran debut de Leo con la camiseta del Barça. Soldini fue convocado a Las Cuartetas, el restaurante argentino de las milanesas que apasionaban a Messi. "Cuando llegué, Leo, Jorge y Rodrigo ya estaban sentados a la mesa. Jorge estaba más nervioso de lo normal. Me explicó que estaba harto de Minguella, que Rosell, por entonces vicepresidente del club, le había contado que no tenía buena imagen en el club. Jorge tenía miedo de que Leo sufriera las consecuencias. Me dijo que deseaba separarse de Minguella y los demás y me propuso que los dos representáramos a su hijo. Le hice comprender que era imposible y que no podía traicionar a mi socio, Martín Montero. Nuestra empresa había invertido bastante dinero en traer a Messi a Barcelona. Le dije entonces que si se quería separar de nosotros, bien, pero que era necesario un acuerdo. *A priori* mis argumentos no convencieron a Jorge. A partir de ese momento no volví a dormir en casa de los Messi y nuestra relación se fue deteriorando poco a poco hasta interrumpirse por completo." Años después de los hechos, Soldini sigue sin digerirlos: "Porque Jorge miente. Para él es como si nunca hubiéramos existido. Sin embargo, fuimos nosotros quienes le encontramos un club a Leo y si hoy está allí es gracias a Martín y a mí. ¿Por qué no lo reconocen?".

En el Camp Nou el ambiente raras veces hierve. Los catalanes, sencillamente, no son así. El estadio, de hecho, muchísimas veces no se llena, y muchos espectadores ingresan a las gradas con el partido ya iniciado y las dejan antes de su finalización. No es lo que se encontrará Messi el día que llegue a Newell's, donde la hinchada seguramente será capaz de crear un "cantito" ingenioso y con ritmo, algo que supere —no sería nada difícil— al monocorde "Messi, Messi, Messi" con que los aficionados del Barça honran al mejor jugador que jamás tuvieron.

Y, sin embargo, hay tardes o noches en las que el

espectáculo es excepcional y merece la pena sentarse en las gradas de esa especie de nave espacial catalana. Sucedió, por ejemplo, el 19 de mayo de 2013, la noche en que el Barcelona batió 2-1 al Valladolid para completar 100 puntos como campeón de la Liga española que ya era desde hacía días.

Esa noche se comprobó que con los jóvenes y recientes padres casi podía armarse un equipo completo: entre ellos estaban Cesc, Piqué, Villa, Pedro... y Messi, que se robó la noche. A Thiago, su hijo de apenas seis meses, se lo veía claramente asustado, intimidado ante el bramido del estadio, la música, los fuegos artificiales. Messi tuvo entonces un gesto instintivo, criticado por algunos por inconveniente en términos de salud para el bebé, pero definitivamente tierno: se puso en la boca el chupete de Thiago. En ese breve instante muchos entendieron el salto de Messi; también en uno posterior en el que su hijo miraba con aterrados ojos oscuros lo que sucedía mientras rodeaba con sus frágiles manos el cuello del mejor futbolista del mundo y, de tanto en tanto, estiraba los brazos hasta rozar el mítico "10" amarillo en su espalda. Messi, que se tatuó las manos de su hijo en el gemelo izquierdo, había dado un salto que iba más allá de lo futbolístico.

Messi era más incluso que el de catorce meses antes, el de aquel 31 de marzo de 2012 en el que casi cien mil espectadores vivieron dos horas de éxtasis.

La velada prometía ser espectacular, pues delante estaba al Athletic de Bilbao de Marcelo Bielsa, el romántico del fútbol que sólo juega al ataque. Una filosofía compartida por Guardiola, un fan incondicional de su adversario de ese día: "Bielsa es un regalo para el fútbol", dijo. En el partido de ida ambos equipos habían firmado un vibrante homenaje al deporte bajo una lluvia torrencial con un 2-2 para sellar el electrizante encuentro en San Mamés. Durante el partido de vuelta el espectáculo comenzó antes incluso de que el árbitro señalara el comienzo del encuentro, ya que una parte de las tribunas quedó cubierta por una inmensa pancarta de 2.162 metros cuadrados: "¡Leo ets únic! ¡Sos grande!". El homenaje, escrito simbólicamente en catalán y "argentino", estaba destinado al que era ya el máximo goleador de la historia del club: Leo Messi. Una vez más, el argentino no defraudó y, como si tanto cariño lo hubiera emocionado, empezó el partido pisando a fondo el acelerador. Cada uno de sus movimientos era registrado por un pequeño chip colocado en el interior de sus botines. La cantidad de kilómetros recorridos, su velocidad, su aceleración, todo quedó en la memoria para analizarlo después con más detalle. En el minuto 58 de juego Leo marcó el segundo gol de su equipo para poner el 2-0 y selló la suerte de los vascos.

Mientras que en la zona reservada a los invitados de honor Emma Revillo, la viuda de César Rodríguez —ese goleador histórico al que Messi había sobrepasado algunos días antes—, era cumplimentada por un ramillete de dirigentes del club, un espectador anónimo, sentado en la octava fila, vivía el partido con intensidad y emoción. "Me habían dado asientos demasiado cerca del terreno de juego para mi gusto, porque cuando uno ama y conoce el fútbol es mucho mejor estar situado un poco más arriba para poder ver la organización de los equipos. Y más todavía cuando el Barça se enfrenta al Bilbao de Bielsa." El que habla es Fabián Soldini, de visita en Barcelona. "Soy un gran admirador de Marcelo Bielsa, que también es de Rosario, y tenía muchas ganas de ver cómo jugaba su equipo contra el Barça. Yo estaba con un amigo, así que nos fuimos algo más arriba, a la fila quince. Pero apenas nos habíamos sentado cuando unos tipos de seguridad nos pidieron amablemente que regresáramos a nuestros sitios. Probamos de vuelta, algo más abajo, pero tampoco funcionó, así que nos volvimos a la octava fila."

El destino se le cruzó entonces a Soldini. Y a Messi. "Justo delante de mí había cinco asientos libres. Apenas me había sentado cuando cuatro chicas se ubicaron delante de nosotros. No lo podía creer, porque entre ellas estaba la novia de Leo. La llamé: '¡Antonela!'. Se dio vuelta, pero vi por sus ojos que no me reconocía, de modo que insistí: 'Te conozco desde que tenías doce años, Antonela. Soy Fabián. Fabián Soldini. ¿Podrías decirle a Leo que estoy en Barcelona?'."

Antonela estaba embarazada ya de Thiago, aunque nadie lo sabía. Y Soldini estaba emocionado, en shock: el pasado lo acababa de golpear de lleno. Durante unos instantes se olvidó de Bielsa, del partido y del Camp Nou. Sacó un bolígrafo del bolsillo y un trozo de papel. "Entonces escribí una carta y le pedí a Antonela que se la entregara a Leo. Recuerdo exactamente cada palabra que escribí: 'Leo, lo único que te pido es que te tomes un café conmigo y que me hables. No sé qué historias te habrán contado, pero para mí nada cambió. La vida nos hace jugarretas de vez en cuando'. Después le puse mi teléfono español y argentino y me despedí. Quizás me equivoque, pero estoy convencido de que no me llamará nunca."

CAPÍTULO 25

Siete minutos

Darse una buena ducha, escuchar "Light My Fire" de The Doors, lavar los platos o liquidar un arrebato sexual. Siete minutos dan para mucho. Lo normal es que pasen rápido, aunque algunos duren para siempre, latentes en esa zona indefinida de lo que pudo ser y no fue. La peor de las nostalgias, la de lo no vivido. Siete minutos pueden ser la distancia entre alcanzar el sueño y verlo pasar, que es lo que le sucedió a la selección argentina de fútbol en una imborrable tarde del 13 de julio de 2014 en el estadio Maracaná.

El Alemania 1-Argentina 0 pudo ser Argentina 1-Alemania 0. O pudo llegar a la definición por penales, sólo impedida por el gol de Mario Götze en el minuto 113. Faltaban sólo siete minutos para que el tiempo reglamentario muriera. Y quién sabe lo que podía nacer en los penales.

Son siete minutos especiales, durarán para siempre. Hay un tema de los Rolling Stones que dura exactamente esos 420 segundos, ni uno más. El nombre parece escrito a medida: "You can't always get what you want". Eso le pasó a Argentina, que quería la Copa del Mundo con un nivel de deseo incomparable al de casi ningún equipo, pero que además contaba con lo que el resto de los rivales sólo podía soñar, un Lionel Messi con tanta calidad como razones para situarse a la altura de Pelé y Diego Maradona.

Pero no siempre se puede tener lo que se quiere.

La final del Maracaná admite el adjetivo de notable por una razón sencilla: la victoria de Alemania fue justa e indiscutible, pero lo mismo se podría haber dicho de un triunfo argentino. Pudo ser 1-0 argentino con gol de Gonzalo Higuaín, de Rodrigo Palacio... O de Messi.

Meses antes de la final de Brasil 2014, uno de los dos autores de este libro conversó informalmente con Joachim Löw, el seleccionador alemán. Acababan de terminar una entrevista en la que el entrenador había mostrado todo su respeto y admiración por la Argentina de Messi, aunque el alemán no pudo evitar una leve sonrisa y una pequeña chispa de malicia ante el comentario del periodista: por favor, nada de otro 4-0 en caso de que Alemania y Argentina volvieran a enfrentarse.

El periodista le estaba recordando a Low la aplastante victoria de Alemania sobre Argentina en los cuartos de final de Sudáfrica 2010. Y entonces cometió el error de ironizar ante Löw. Y Löw es alemán, no es en general recomendable ironizar con un alemán.

"Bueno, de todos modos, eso sólo pasa una vez en la vida", añadió el periodista.

Löw pescó el comentario al vuelo: "Es cierto, pasa una sola vez en la vida, ¿pero un 3-0 sería suficiente, no?".

No había arrogancia en Löw, sólo el recuerdo de la historia reciente. Argentina llegó a la final del Maracaná con 11 goles alemanes en la memoria: los que habían convertido esa misma semana los germanos en el 7-1 sobre Brasil y los del 3 de julio de 2010, aquel 4-0 en el Green Point Stadium de Ciudad del Cabo que marcó el final de la "era Maradona" y dejó a Messi llorando en forma convulsa en el vestuario. Un Messi que otros cuatro años antes, el 30 de junio de 2006, había observado impotente el triunfo alemán por penales en el Mundial 2006. Aquella vez, Löw era el segundo de Jürgen Klinsmann. En 2010 y 2014 ya era el jefe, el máximo responsable de la selección alemana.

Cuatro años y nueve días después de la debacle sudafricana, argentinos y alemanes volvían a estar frente a frente, y esta vez no en un partido de cuartos, esta vez era por el título mundial.

A sus 27 años recién cumplidos, Messi llegaba en la edad ideal para tornarse indiscutible en la historia. Jorge Valdano, un ejemplar inusual de futbolista, porque es autor de un gol en la final de un Mundial, desgranaba una teoría en aquellos días rumbo a la final: ganar el Mundial "sería el final perfecto" para la carrera de Messi, pero el "10" no lo necesita.

"A Leo no le falta nada para ser Leo Messi, su lugar en el mundo ya lo consiguió. Ganar el Mundial solo lo redondearía".

Messi tendría una oportunidad más en Rusia 2018, otra en Qatar 2022 y probablemente la siguiente en Estados Unidos, México y Canadá 2026.

Pero lo de Brasil era otra cosa. Ganar el Mundial en el Maracaná implicaba bastante más que "redondear" la carrera del argentino. El título argentino en el más mítico de los estadios, nada menos que el corazón del fútbol brasileño, era un "solucionador" por centurias. Cualquier discusión futbolera podría haber sido zanjada por los argentinos con una frase breve y pesada: "Nosotros ganamos el Mundial en el Maracaná". Y, si el interlocutor era brasileño, añadir la coletilla malvada: "Ustedes se comieron siete goles en semis".

En vez de eso, Argentina extendió su travesía en el desierto de títulos en la Copa del Mundo —la última databa de 1986—, aunque a cambio recuperó el sentimiento por la selección de una generación que no sabía lo que era creer y soñar siguiendo a una Argentina exitosa.

Las diferencias entre un tricampeonato y lo que finalmente sucedió son enormes, pero la verdad es que los partidos se resuelven en detalles, si es que no interviene un genio. El único genio sobre el césped carioca era Messi, un hombre que es tan bueno jugando al fútbol, que incluso lejos de su nivel es capaz de llevar a su selección a las puertas de la final.

Porque hay algo irrefutable: sin Messi, Argentina se habría ido eliminada en la primera fase, fracasada en un grupo que compartió con Bosnia, Irán y Nigeria. Sin Messi, Argentina no habría superado a Suiza en octavos ni a Bélgica en cuartos. Y aunque pareció jugarlo opacado, sin Messi como rival, Holanda habría contado con otras libertades y confianza para salir a buscar la victoria en la semifinal.

Es imposible que Messi juegue mal: su mera presencia determina que tres rivales se ocupen de él. Que los otros nueve jugadores de campo argentinos no siempre puedan aprovechar eso no es necesariamente culpa del "10".

Una cosa es que Messi no juegue lo que puede. Otra cosa fue que ofreciera un Mundial de chispazos, de instantes, pero nunca de partidos.

Nada es casual: si Messi llegó a la cita de su vida por debajo de lo esperado fue porque venía arrastrando la temporada más compleja de su vida. Llegó con mil por ciento de motivación a Brasil, pero no en su mejor estado físico y futbolístico.

Algo de lo que sucedería pudo intuirse en la medianoche del 16 de abril de 2014 tras el 2-1 del Real Madrid sobre el Barcelona en la final de la Copa del Rey de España. Messi no fue Messi, por momentos parecía desentendido de su equipo, el mismo al que llevó a éxitos impensables con su aporte.

"No veas cómo están los jugadores en el vestuario del Barcelona... Furiosos con Messi. Dicen que los ha dejado tirados". La frase salió de los labios de un alto responsable del fútbol español que vivió en el vestuario los minutos posteriores a la derrota del Barcelona. Justa o no, la sensación de millones de espectadores no fue muy diferente: Messi se había desentendido de su equipo.

¿Era posible? ¿Messi, el niño, joven y profesional que quería jugar y ganar siempre?

Lo era. Una combinación de problemas con sus negocios y con su puesta a punto física terminó en el Messi apagado de los meses previos al Mundial, una historia que se remonta al 2013.

Messi venía confundido y enojado desde hacía tiempo. El entonces presidente del Barcelona, Sandro Rosell, había contratado a la máxima estrella del fútbol brasileño, Neymar, ocultándole que le pagaría más que a él. Quizás nunca se sepa cuánto cobra realmente por temporada el brasileño, pero apenas pisó el club ya era más que los 12 millones de euros de Messi. El salario del argentino, mejor futbolista del planeta en los últimos cuatro años, era inferior al de unos cuantos rivales.

No hay que confundirse: las disputas por dinero y contratos son comunes en cualquier estrella. Nadie llega a semejante nivel de exposición y fama para desaprovechar los millonarios negocios que se presentan. Y eso no quería decir que Messi tuviese problemas con Neymar. Nada de eso, el argentino veía con simpatía al brasileño, al que incluso ayudó como introductor en sus primeras semanas en el Barcelona, recordando quizás lo que hicieron por él en su momento jugadores como Ronaldinho, Deco o Sylvinho. Y años después se convertirían en íntimos amigos.

Pero en esas semanas en las que el Barcelona le prometía una mejora sustancial de su contrato sin concretar nada y "pateando" las decisiones para más adelante, algo cambió todo: la revelación de que Messi no había pagado todos los impuestos que le correspondían.

Que se lo viera como un evasor impositivo y un "pesetero" —así se conoce en España a los obsesionados por el dinero— fue demasiado para el delantero, que tenía razones para sentirse traicionado por su club. Tanto, que más de una vez, en arranques de enojo, le dijo a gente cercana que quería irse del club.

Según la cadena de televisión catalana TV3, Tito Vilanova, el ex entrenador del Barcelona, disuadió a Messi de dejar el club cuando el argentino se lo anunció.

"Me voy", le dijo Messi a Vilanova el 19 de abril de 2014. No es una cuestión de dinero, añadió. "¿Adónde te vas a ir, al PSG?", le repreguntó Vilanova, que moriría seis días después tras dos años luchando contra el cáncer.

Parte del origen de la decepción de Messi con el único club que conoció como profesional se remonta al 10 de abril de 2013, una fecha clave.

Un Messi aún lesionado entró en el segundo tiempo a jugar la vuelta de los cuartos de final de la Liga de Campeones ante el Paris St. Germain. Barcelona estaba perdiendo 1-0 en el Camp Nou, lo que equivalía a la eliminación. Messi, que se movió con cuidado extremo para no resentirse de la lesión, inició la jugada del gol de Pedro, del 1-1 que significó el pase a semifinales.

Aquella noche, el argentino arriesgó más de lo que debía. Se resintió, fue un fantasma en la semifinal ante el Bayern Múnich y la temporada terminaría sin que pudiera recuperar su mejor forma física. A ese final le siguió un verano europeo en el que se sumergió en una caótica gira de partidos amistosos por América junto a su padre y sus hermanos. En Ibiza, de vacaciones, esperaba su mujer Antonela, por entonces flamante madre de Thiago. Cesc Fábregas y su mujer eran los encargados de cuidar de ambos, a la espera del regreso de Messi, que estuvo apenas tres días en Ibiza antes de irse de pretemporada con el equipo que dirigiría Gerardo Martino.

"Sí, aquella gira por Estados Unidos fue un error. Innecesaria y perjudicial", admitiría años después una persona de la más estrecha confianza de Messi en conversación con uno de los autores de este libro.

Por aquellas fechas se produjo un "divorcio" que le costaría bastante a Messi, su ruptura con Juanjo Brau. El pequeño, fibroso e intenso español fue durante años la inseparable sombra del "10". Fisioterapeuta, recuperador físico, entrenador personal... Brau era el hombre que todo lo sabía de Lionel Andrés Messi. Salvo Antonela, nadie pasaba tanto tiempo con él como Brau. Messi estaba con él día tras día en el Barcelona, pero también en cada viaje con la selección argentina.

A Messi, decía Brau en los tiempos en que eran inseparables, hay que cuidarlo más que a otros jugadores, porque los problemas nacen de su fútbol, de su propia excepcionalidad. "Es dueño de un juego muy explosivo, los isquiotibiales sufren con esa explosividad. Y la cantidad de golpes que recibe en un partido es terrible. Si no le hacen más daño es porque es tremendamente fuerte y robusto. Todas las acciones las hace al límite, es por eso que su máxima virtud a veces se le vuelve en contra".

La frase de Brau era de principios de 2009, en los albores de los mejores años de Messi en la orquesta sinfónica de Josep Guardiola.

En 2013 las cosas eran diferentes. Messi comenzó a inquietarse con sus lesiones, con las recuperaciones incompletas y las recaídas. Ya en la segunda parte de aquel año, sin Brau y con la preparación física del equipo dirigida por el argentino Elvio Paolorroso, al que muchos jugadores criticaban por lo bajo y ya más abiertamente una vez que dejó el club junto a Martino, las cosas se complicaron.

Críticas para tomar con pinzas: hay voces en Barcelona que aseguran que referentes del equipo le exigieron más "intensidad" y métodos "más modernos" al preparador físico de Martino. Otras voces, en cambio, afirman que los referentes apuntaron a más "calma" en los meses previos a Brasil 2014.

Lo cierto es que el talento de Messi estaba intacto, pero esa explosión no aparecía como antes, sobre todo en los partidos decisivos. El año de Martino en el Barcelona vio a un Messi ausente dos meses por lesión —hacía cinco temporadas que no le sucedía eso— y con llamativas ausencias en partidos clave.

Hasta que llegó el 23 de marzo de 2014 en el estadio Santiago Bernabéu: Messi anotó tres goles y dio una asistencia para el triunfo de 4-3 del Barcelona en una locura de partido, una maravilla para los sentidos, aunque el fútbol no fuera perfecto.

Gente que habló con Messi en aquellos días asegura que antes de aquella tarde el "10" insistía en que haría un partidazo en el templo blanco, que demostraría que era capaz de jugar y brillar cuando se lo propusiera.

Peligrosa apuesta en un año que terminaría sin títulos para el Barcelona, con Martino eyectado del equipo y un Messi desatado en un ámbito insólito: el de las declaraciones públicas.

Eran las cuatro y media de la mañana del 20 de mayo en el aeropuerto de Ezeiza y un grupo de periodistas esperaba a Messi, que llegaba de España para incorporarse a la concentración argentina. Horas antes se había anunciado que el Barcelona elevaba su sueldo hasta los 20 millones de euros anuales, el mejor sueldo de las Ligas líderes en Europa. Pareció no importarle, porque el enojo del argentino hacia la dirigencia azulgrana seguía ahí.

"Muchas veces dije que el Barcelona es mi casa, pero el día que la gente no quiera más que estemos ahí, no voy a estar. Quiero mucho a este club y si hay gente que no me quiere, que duda de mí y prefiere que me vaya, no tengo ningún problema".

El discurso estaba bien estudiado, la intención era clara: "Uno está dentro de la cancha, a veces escucha el murmullo y por eso digo, que sí es así y me tengo que ir, no tengo problema. Pero mi casa es siempre Barcelona".

Messi, qué duda cabía, no llegaba en la mejor de las situaciones al Mundial. Alejandro Sabella tenía el desafío de arreglar todo en tres semanas.

El Mundial venía siendo una delicia. Partidos de ida y vuelta, muchos goles, resultados que cambiaban en el tramo final y momentos lujosos. En un informe emitido un mes después de la final, un grupo técnico de la FIFA definiría lo visto en Brasil 2014, un Mundial marcado por un "fútbol ofensivo de alta calidad, excelentes jugadores y, en general, por una filosofía futbolística constructiva".

La FIFA no hablaba de Argentina, la selección que con más claridad justifica el "en general" con que se matizan las conclusiones del informe. Se lo vio ya desde el inicio, con diez partidos para disfrutar... hasta que en el undécimo llegó Argentina.

Sabella sufrió incontables noches de insomnio antes del debut del 15 de junio, pero muy probablemente en ninguna de ellas imaginó el asombroso partido ante Bosnia: Brasil 2014 venía a velocidad 4G —aún no existía el 5G, el 4G era la gran novedad—, con imágenes brillantes y descarga rápida de goles. Entró Argentina al Maracaná y todo se volvió analógico, casi blanco y negro.

Antes del partido muy pocos sabían quién era Sead Kolasinac, y el propio central bosnio no imaginaba que debutaría en un Mundial marcando un gol en el Maracaná. Un gol en contra, el más rápido de la historia de las Copas del Mundo.

Kolasinac, que nació en Karlsruhe —corazón de la Selva Negra— y llegó a jugar para la selección juvenil alemana antes de decidirse por Bosnia fue, junto con Messi, el hombre que le marcó el camino a la Argentina en el Mundial. Puede decirse que el "10" le debe una.

El capitán argentino lanzó un centro, Marcos Rojo lo peinó, la pelota cayó donde estaba Kolasinac, le dio en el pie y se convirtió en gol cuando el reloj marcaba apenas 128 segundos de juego.

Alivio para Argentina, tragedia para el bosnio y cierta deshonra para el Maracaná, acostumbrado a otras cosas: el último gol que se había visto allí en un Mundial fue aquel de Alcides Ghiggia a los 79' del decisivo partido con Brasil, el tanto del 2-1 para el "Maracanazo". Un mundo de diferencia entre 1950 y 2014.

¿"Mató" al partido el gol en contra de Kolasinac? Imposible de comprobar, pero fue decisivo para torcerle el brazo a Sabella. Con el "colchón" del 1-0 caído del cielo, Messi pudo enviarle sutiles —y no tan sutiles— señales a su entrenador. No estaba cómodo con el sistema, no le gustaba jugar así, quería otra cosa.

Y cuando algo no le gusta, Messi siempre encuentra la manera de hacerlo saber. Alguna vez, tras una dura derrota ante el Real Madrid, le dijo a Josep Guardiola que había errado por completo en la formación del equipo. Ese domingo en el Maracaná ni siquiera necesitó hablar para confirmar que mandaba como nunca en la selección argentina.

Messi y Alejandro Sabella estaban de acuerdo en el deseo de ganar el Mundial, pero no coincidían en cómo hacerlo. Tras meses de debate con el dilema "ataque a pleno" o "equilibrio", Kolasinac volcó el debate a favor de Messi, partidario de jugar con un equipo ofensivo y no con el cauteloso esquema planteado por el entrenador Sabella. El Mundial era sin embargo largo, y se guardaba aún una asombrosa metamorfosis en el juego argentino.

No podía saberlo Messi en las catacumbas del Maracaná al hablar tras el partido: "Cuando jugamos los cuatro salimos con todo y generamos más peligro".

Es imposible saber si Argentina hubiese jugado mejor de no haberse encontrado con el regalo de un gol apenas salía del vestuario, pero sí es bastante razonable pensar que no podía hacerlo mucho peor. Kolasinac prácticamente "narcotizó" a los argentinos y desacreditó el planteo de Sabella, que se encontró así sin argumentos apenas comenzado el torneo.

"¿Consultó con su capitán el cambio táctico del segundo tiempo?", se le preguntó a Sabella. El técnico respondió con una evasiva, pero la realidad fue que Messi encontró mejores socios en Gago e Higuaín que en los del primer tiempo. Gago le dio más pases que Javier Mascherano en todo el partido, y tras una doble pared con Higuaín, el "10" marcó un gran gol para el 2-0.

Aún impactado por el decepcionante debut, Diego Latorre dio su opinión bajando en un ascensor rumbo a la sala de prensa.

"Le dicen sistema, pero es la idea. El patrón de juego debe ser el del segundo tiempo. No es algo caprichoso, sino que los jugadores se sienten más cómodos así", dijo el ex futbolista, que estaba en Brasil como comentarista para una cadena de televisión.

Sergio Romero, el arquero argentino, coincidió. "El 4-3-3 arrancó en Barranquilla y nos hizo disfrutar durante tres años. Ojalá que contra Irán encontremos nuestro esquema y podamos jugar mejor que hoy".

Aquel 15 de noviembre de 2011, Argentina comenzó con un 4-4-2. Tras el primer tiempo, Colombia estaba en ventaja de 1-0. Sabella hizo ingresar a Agüero, amigo y socio de Messi desde el título juvenil de 2005 en Holanda, y los albicelestes lograron una gran victoria de 2-1.

Todo cambió desde entonces, Argentina puso la quinta velocidad y dominó las eliminatorias con autoridad.

El debut ante Bosnia no era comparable, porque aquella Argentina jugó un gran fútbol en Barranquilla, con Messi convertido en un huracán. En el Maracaná sólo ofreció una ráfaga, la de su gran gol.

Sabella tuvo la humildad y la inteligencia de admitir errores de su parte. "En el segundo tiempo pudimos plasmar el juego que nos ha caracterizado y que por una disposición mía en el primer tiempo no pudimos".

Que Messi caminara por la cancha durante largos ratos no era necesariamente lo importante, al fin y al cabo el por entonces cuatro veces Balón de Oro camina con frecuencia en los partidos. Lo suyo no es correr, lo suyo es aparecer para el pase, la combinación o la definición letal.

Lo que sí es cierto es que en aquellos primeros 45 minutos lo de Messi fue llamativo. Sabella, desde el banco, no podía ignorar las señales que le estaba enviando su as de espadas. Señales nada novedosas, por otra parte: en los meses previos al Mundial, Sabella buscó convencer a Messi de que un equipo ultraofensivo era inconveniente en un Mundial. Lo habló en profundidad con Mascherano, confiando en el vínculo del "jefecito" con su compañero del Barcelona.

Pero en aquella tarde-noche de junio ya no había nada que conversar. Se estaba jugando. Muy mal.

Messi no mostraba ni explosión, ni cambio de ritmo, ni claridad. Encimado por dos o tres rivales cada vez que la pelota merodeaba su zona, la desconexión de Messi era acompañada de una depresión que en aquel primer tiempo estuvo en el peor de los mundos: endeble atrás, nula en el medio e inexistente adelante.

Sabella diría después que se equivocó al apostar por un 5-3-2 ante Bosnia, un equipo debutante en el Mundial. Todo el país sabía que Messi quería un 4-3-3, también el técnico, que en los días previos al debut enfatizó en que lo que importa no es "la cantidad, sino la calidad".

El público del Maracaná estaba atónito. ¿Así pretendía llegar Argentina al tricampeonato? Todo parecía distinto antes de comenzar. El templo del fútbol brasileño estaba tomado por miles de argentinos y los botines del "10" del Barcelona se hundían en el césped a las 18:22, ese mismo césped que pisaría cuatro semanas después en la final. Corriendo cinco metros por delante del resto del equipo, Messi entró con toda la energía y autoridad que después no se le vería en el resto del partido.

En casi todo el partido, y hay que recalcar el "casi". Se llevaban 65 minutos de juego y las venas de Messi se hincharon al borde de la explosión. El argentino, que no anotaba en Mundiales desde hacía 623 minutos y ocho años, impedía que su sequía personal llegara al octavo año y cerraba el ciclo iniciado el 16 de junio de 2006 en Gelsenkirchen, con su gol en el 6-0 a Serbia.

Cuando todos se estaban preguntando qué le sucedía al zurdo —abúlico y desconectado—, el "10" se enchufó. Conectó con Higuaín e hizo la más "messiánica" y reconocible de sus jugadas, esa diagonal desde la derecha que destruye defensas y le dio fama en sus primeros años, antes de que Josep Guardiola comenzara a probarlo en el centro del ataque. La boca llena de gol, el cuello hinchado por la sangre que subía enloquecida desde un corazón que bombeaba euforia, la camiseta estirada y el córner como escenario del festejo con todo el equipo. El único buen momento de Argentina en la plana noche del Maracaná.

Sabella había hecho ingresar en el segundo tiempo a Higuaín en lugar de Hugo Campagnaro y a Fernando Gago como sustituto de Maxi Rodríguez. El mediocampo que le gusta al "10" y los "cuatro fantásticos" adelante: Messi, Sergio "Kun" Agüero, Ángel Di María e Higuaín.

"Esto es fútbol, y a veces cuesta", argumentaría Sabella. Messi fue en cambio contundente: "Somos Argentina y tenemos que estar bien nosotros sin fijarnos quién tenemos enfrente". El "10" sorprendió al día siguiente del partido al hablar en una conferencia de prensa. "Jugamos como estamos acostumbrados y como nos gusta", añadió acerca de aquel segundo tiempo, muy malo para Argentina, pero un alivio tras una primera parte aun peor.

"En el primer tiempo me costaba agarrar la pelota y cuando la agarraba estaba lejos del rival y no había descarga para ir adelante. Perdí varias y no podía hacer el partido que yo pretendía, no podía hacer las cosas".

Sutil —o no tanto—, Messi buscó una justificación para el "error" de Sabella: "Por ser el primer partido, y por lo mismo que nos pasa a los jugadores, a él también le habrá pasado de no querer regalar nada y no dejar escapar los tres puntos. Creo que él también se dio cuenta de que nos hacía falta gente arriba para llegar un poco más y así fue, con la entrada de 'Pipa' (Higuaín) tuvimos muchas más ocasiones".

Y por si no le quedaba claro a su técnico: "Los delanteros nos sentimos más cómodos con los dos arriba y yo atrás, nos es más fácil salir de contra y (Ángel) Di María que se suma cuando salimos por la velocidad que tiene. En el primer tiempo quedamos con el 'Kun' (Agüero) lejos de todo, nos metíamos un poquito atrás y quedábamos separados. Hicimos cosas que no estábamos acostumbrados. Tenemos varios sistemas y en un partido podemos ir pasando de uno a otro, lo importante es que sepamos cómo se juega con todos los sistemas. Todavía hay muchas cosas para mejorar".

Dos verdades, porque Argentina jugaría aquel Mundial con varios sistemas y, sin dudas, tenía mucho que mejorar.

"Qué lindo seria ser cinco segundos Messi y saber lo que se siente". La frase de Javier Mascherano se conoció durante el Mundial, aunque databa de varios meses antes. La confesión aparece en "Messi", un filme presentado en medio del torneo en un shopping center de Río de Janeiro.

El "jefecito" no podía saberlo, pero en la recta final del Mundial, lo que millones de argentinos querían era otra cosa: saber qué se siente ser Mascherano.

"Hoy, ¡hoy!, vos te convertís en héroe". La frase, lanzada hacia arriba, hacia los 192 centímetros de Sergio Romero desde los 175 centímetros mascheranianos, arrasó en Twitter, sí, pero sobre todo le dio contenido a la épica argentina. No se eliminó a Holanda en semifinales en la tanda de penales porque sí, no atajó Romero gracias a la suerte dos lanzamientos.

Si todo eso pasó es porque Mascherano estaba ahí.

Cultor del perfil bajo y alérgico a la demagogia, el central del Barcelona y mediocampista de Argentina se convirtió a su pesar en héroe y referente para todo un país. El jugador que siempre aportó más pasión y cerebro que talento, dio a entender después del Mundial que no comparte esa pasión de sus compatriotas por el "huevo, huevo, huevo".

"Creo que los argentinos en los últimos años hemos celebrado más a la gente con sacrificio que al talentoso, y creo que en eso nos equivocamos. En realidad, al que tiene talento tenemos que disfrutarlo porque es algo que viene con la naturaleza y no se puede trabajar ni adquirir. Uno nace con talento o no nace".

La frase no desentonaría en una entrevista en *El Gráfico*, pero fue publicada en *Caras*. A Mascherano, que para ese entonces llevaba años viviendo fuera del país y tenía el aprendizaje de mirar Argentina desde afuera, le gustaría que su país celebrase el talento y la capacidad para unirse en pos de un objetivo. El "huevo,

huevo, huevo" es, en su opinión, secundario. Lo dijo una hora después de la final, con el dolor de la derrota atenazándole el rostro.

"En un país donde a la gente le cuesta mucho creer, la gente ha vuelto a creer en nosotros, en un equipo. Me quedo con esa tranquilidad. No soy de los que piensan que perdiendo una final está todo mal, analizo las cosas desde otro lugar. Lógico que la ilusión era llevar la copa a Argentina, pero en un fútbol en el que año tras año vemos que han empeorado las cosas, ojalá que esto sirva de envión para que muchas cosas se solucionen".

Protagonista de la caída por penales ante Alemania en 2006 y de la derrota por goleada de Sudáfrica 2010, Mascherano rescató la imagen de una Argentina diferente, aunque sin "Maracanazo".

"Jugamos una final de igual a igual a un equipo que en teoría era una bestia, había jugado 45 minutos de una semifinal, nosotros jugamos 120...".

¿No se sintió campeón? Sí, se sintió campeón en el Maracaná.

"Yo también lo sentía, y seguramente era hoy el día. Va a ser muy difícil encontrar algún otro campeonato en el que se vuelva a dar todo como se dio. Pero a pesar de la tristeza, hay cosas en mi vida que analizo más allá de que una pelota vaya adentro o afuera. Estos 34 días me han convencido de que se puede, que juntos somos una masa, somos imparables. Llegamos acá desde muy abajo con muchas falencias y terminamos jugando una final contra Alemania con opciones muy reales de ganarla. Junto a mis compañeros he vuelto a creer que con la selección se podía".

Ni el supuesto penal del arquero alemán Manuel Neuer a Higuaín lo sacó de su discurso: "Ya está... ¿Va a cambiar algo? Como sabemos ganar, también tenemos que saber perder. El árbitro no influyó en nada. Esto es un juego, se gana y se pierde".

Un juego demasiado importante: "Ahora hay que pasar la noche como sea, porque va a ser muy difícil dormir".

Mascherano venía en un crescendo tenso, y no sólo en el campo de juego. El "jefecito" discutió en la noche previa a la final con dirigentes de la AFA y alcanzó sus límites: no podía entender que tras un Mundial en el que la aparición de entradas de la AFA en el mercado negro había sido pan de cada día, a la hora de la final no hubiese suficientes tickets para los familiares de los jugadores. O que se los intentara conformar con ubicaciones lejanas mientras las mejores iban a manos de otros. Mascherano amenazó aquella noche con no volver a jugar nunca más en la selección argentina, algo que bien podría haber concretado ganando el Mundial. Ahora, en el nuevo ciclo de Gerardo Martino, los argentinos y él mismo quieren más.

En aquella noche previa al partido de su vida, Mascherano no sólo se peleó con Luis Segura y otros dirigentes, también tuvo tiempo para llamar a la periodista Verónica Brunati y hablar media hora con ella.

No tan conocida en aquel entonces por el público argentino, Brunati tenía un nombre bien ganado en España, porque escribía desde Buenos Aires para "Marca", el diario más leído del país. En aquellos días, sin embargo, buena parte de los argentinos repararon en su nombre a causa de una tragedia personal, la muerte de Jorge "Topo" López, también periodista, pero sobre todo su esposo y el padre de sus hijos.

El "Topo" murió en la madrugada del miércoles 9 de julio en un accidente en las calles de São Paulo, horas antes de que Argentina superara a Holanda. Un auto en el que huían tres delincuentes embistió el taxi en el que iba hacia su hotel.

Si había un jugador con el que el "Topo" había trabado relación, ése era Messi. Comenzó en el Mundial juvenil de Holanda 2005 y creció con los años, porque López se instaló en Barcelona a seguir la carrera ascendente de la "pulga". Estar en el Mundial era para el periodista de "Olé", "La red", "Sport" y "As" una obligación, aunque no un placer: quería dejar Brasil cuanto antes, no se sentía cómodo. Si se quedaba allí era sólo para ver campeón a Messi.

Mascherano, que conforme avanzaba el Mundial dio la impresión de tener siempre claro dónde ubicarse y qué hacer en la cancha, demostró que también sabía ubicarse fuera de ella. Y que del rectángulo no lo sacarían ni desmayado.

Pudo pasar durante aquel tenso choque con Holanda, cuando la cabeza del "jefecito" chocó con la del duro holandés Georginio Wijnaldum. Quedó tan conmocionado, que pareció que el partido llegaba a su fin para Mascherano. Oscar, su padre, sabía que eso era imposible: "No lo sacaban ni loco de la cancha, se estaba jugando algo importante".

Tenía razón Oscar Mascherano. Tras el partido, su

hijo miró con leve desesperación a un grupo de periodistas, esbozó una sonrisa cansada y rogó: "Dejame
disfrutar un poco... ¿¡Sabés lo que esperé esto!? Es mi
primera vez, seguramente mi única".

Cuando Mascherano decía "esto" se refiere a la selección en la final del Mundial de fútbol el domingo ante
Alemania. Y cuando ya bien entrada la noche del miércoles rogaba que lo dejaran "disfrutar un poco", que no
le preguntasen aún por la final, pocos tenían más derecho a plantear el pedido: sin él, Argentina quizás habría
viajado a Brasilia para jugar un partido de alucinante
anticlímax, un choque con Brasil por el tercer puesto.

Hubo un instante clave en el 0-0 entre argentinos
y holandeses en São Paulo, resuelto en un 4-2 en los
tiros desde el punto del penal. Una jugada que se enca-
minaba a ser gol de Arjen Robben con los 90 minutos
agotados. Era el 1-0 para Holanda, el pase a la final y la
frustración argentina. Era el regreso de aquel tanto de
Denis Bergkamp en el minuto 89 de los cuartos de final
de Francia 98 que puso a la "oranje" en semifinales y
envió a la albiceleste de regreso a casa.

Pero Mascherano no es Roberto Ayala, el infortu-
nado marcador burlado por Bergkamp en aquella ardiente tarde sobre el Mediterráneo francés. Bajo la fría
lluvia de São Paulo, el jugador del Barcelona estiró su
pierna derecha al límite y desvió con lo justo el toque
de zurda de Robben, la situación más clara de gol en
todo el partido.

Tan al límite, que un gesto de intenso dolor se adue-
ñó enseguida del argentino. Y un par de horas más
tarde era una cierta vergüenza lo que se apoderaba del
hombre del Barcelona.

"Me abrí el ano. Qué querés que te diga... Y por eso el dolor. No quiero ser grosero".

No lo era, ni quería serlo. Se advertía en su voz queda, en la forma en que lo dijo. De todos modos, difícilmente un argentino le hubiera echado en cara grosería alguna a un hombre que 11 años antes debutaba en la selección, a un futbolista que jugó con la albiceleste antes que con la camiseta del primer equipo de su club, River Plate. Al único argentino que cuenta con dos oros olímpicos en fútbol.

Mediocampista defensivo en el fútbol argentino y en la selección, Mascherano aprendió cosas nuevas en el Barcelona, donde Guardiola lo reconvirtió en central. Tras un inicio complicado en el Mundial, la salida de Fernando Gago del equipo titular y el ingreso de Lucas Biglia y Enzo Pérez le permitieron algo tan sencillo como complejo: hacer de Mascherano, quitar en el medio y apoyar a la defensa. En los primeros partidos se había repartido en demasiadas labores, pero en las rondas de eliminación directa por fin pudo ocuparse de lo que mejor sabe.

Entre esas virtudes se cuenta la de la arenga, aspecto clave para una Argentina que jugó en Brasil con dos capitanes, aunque desde 2011 el "jefecito" cediera el brazalete a Messi. En un fútbol como el argentino, amante de los mitos y de lo vibrante, Mascherano —que ante Holanda estuvo en absolutamente todos los rincones de la cancha haciendo lo adecuado en el momento justo— adquirió perfil de superhéroe.

El "hoy te convertís en héroe" se viralizó en cuestión de minutos en la Argentina y dio pie a una parafernalia "mascheriana" que llegó a convertir al hombre con la camiseta "14" en un moderno "Che" Guevara del fútbol.

En Twitter, los #maschefacts fueron trending topic. Dos tweets permiten entender lo que se generó.

"Si mandamos a @Mascherano a negociar con los fondos buitres trae vuelto!!!!!", decía uno, bromeando con la delicada negociación judicial en Nueva York de la deuda externa argentina.

Otro apuntó a una herida abierta en la historia argentina, la Guerra de las Malvinas: "Mascherano no te recupera la Malvinas, te conquista Inglaterra".

"Me da vergüenza", diría días después Mascherano, que también intentó situar en su justa medida lo hecho en aquella jugada de Robben.

"Cuando él toca (la pelota) me hace ganar un segundo más a mí. Lo pierde él y lo gano yo".

Robben, que ya había sufrido una situación parecida cuatro años atrás al fallar un mano a mano clarísimo en la final de Sudáfrica 2010 ante el español Iker Casillas, habló con resignación tras el partido: "No pude hacer mucho. Debí corregirme porque estaba perdiendo el equilibrio. Quería ir por afuera, pero estaba adentro y él llegó justo a tiempo con su quite".

Ese quite le permitió a la Argentina 30 minutos más de fervorosa disciplina táctica y desembocar en la exitosa tanda de penales, la tercera victoriosa en cuatro partidos por Mundiales. Y allí, en el quite a Robben, en la arenga a Romero antes de los penales y en todas partes, estaba Mascherano.

El ambiente era denso en Río. A un lado, el Copacabana Palace, un hotel que de frente, junto a la Avenida Atlántica, es puro lujo: más de una vez fue elegido como el mejor de América del Sur. Pero Brasil siempre tiene dos caras. Si se rodea el hotel hasta la salida de emergencia trasera, el lujo se transforma en un ambiente sórdido, con prostitutas ofreciendo sus servicios en calles oscuras y peligrosas.

Del otro lado de la Avenida Atlántica, en la arena de Copacabana, la playa urbana más famosa del planeta. Allí, durante semanas, todas las noches, miles y miles de argentinos cantando un tema tremendamente pegadizo: Brasil, decime qué se siente.

No hay que tomarse muy en serio el tema, que presupone que Brasil sufre desde hace décadas por haber perdido con Argentina en los octavos de final de Italia 90. La verdad es que, desde ese entonces, Brasil ganó dos títulos y jugó una final. Y cuatro Copas América contra dos de Argentina entre 1990 y 2014.

Lo cierto es que la canción de cancha era irresistible, se la cantaba con gusto, aunque tuviera poco de cierto, salvo el éxtasis de los argentinos al ganar en 1990 un partido que merecían perder ante el rival de toda la vida.

Pero el rival aquel domingo 13 de julio de 2014 no era Brasil, era Alemania. Viejo conocido de Argentina en las finales: la derrotó 3-2 en la de México 86 y cayó 1-0 en la de Italia 90.

La final del 13 de julio de 2014 en el Maracaná fue una muy especial en la historia de los Mundiales. Fue justo que la ganara Alemania. Y habría sido justo que la ganara Argentina. Eso habla de una muy buena final.

No, en cambio, de una final feliz para Lionel Messi, que comenzó el torneo encendiendo a la selección argentina con un grito de "gol" desde las vísceras y lo cerró convertido casi en una figura de cera, mudo y encerrado en sí mismo: otra vez un enigma.

En una final enormemente igualada, la diferencia estuvo en un "crack". Mario Götze hizo lo que tiempo antes hacía Messi cuando los momentos clave pedían un plus.

Argentina había tenido ese plus de Messi en los primeros tres partidos con sus cuatro goles, lo tuvo con el pase-gol a Ángel Di María ante Suiza en octavos y también con su decisiva intervención en la jugada del gol ante Bélgica en cuartos. En las semifinales y la final, en cambio, lo que se vio fue a un Messi devaluado.

Un Messi que cerró el Mundial con jugadas clave, pero sin partidos brillantes, un Messi desinflado en el final y al que la tensión pareció superarlo: se notó en el ingreso al campo de juego tanto en la semifinal como en la final, se advirtió con el regreso de las arcadas y esos intentos de vómitos en el choque con Alemania.

Joseph Blatter, el presidente de la FIFA, echó sal sobre la herida cuando se le preguntó por la elección del argentino como mejor jugador del certamen.

"¿Tengo que ser diplomático o decir la verdad?", repreguntó. "Yo mismo estuve un poco sorprendido cuando vi subir a Messi como mejor jugador del Mundial", añadió el suizo, que entregó el premio a un Messi devastado y mudo.

Dos años después de aquella final brasileña, uno de los autores de este libro se encontró con Blatter en Zurich. El ex presidente de la FIFA contó más detalles de lo que vio de Messi tras el partido, durante esa extraña entrega de un premio que no le interesaba.

"Messi hablaba solo, se decía a él mismo una y otra vez: 'El mejor, pero no el campeón'".

Poco después Messi desmentiría haber pronunciado esa frase, dijo que era una "mentira" de Blatter.

Pero no era mentira que fuera el mejor y no el campeón. Le dolía en el alma.

Para llegar a ese premio, Messi se benefició de un buen inicio del Mundial y de la ausencia de las grandes estrellas —ya fuera en la cancha o en el gol— en los tramos decisivos. Thomas Müller, Arjen Robben o James Rodríguez tenían argumentos para obtener ese premio decidido por una comisión técnica del ente rector del fútbol mundial, pero no fueron suficientes. Lo llamativo fue que la propia FIFA, en otra medición que publicita, el "índice Castrol", no incluyera a Messi en el equipo.

Algo fue claro a lo largo de Brasil 2014: Messi perdió chispa, frescura, aquel arranque brutal que anulaba cualquier marca por más dura y pegajosa que fuese. Y algo quedó claro también en la final: Messi perdió puntería. Dejó de meter lo que antes metía.

Fue llamativa la respuesta del argentino en las catacumbas del Maracaná cuando se le mencionó su no acierto en la ocasión más clara que tuvo.

"La mía, la del 'Pipa' (Gonzalo Higuaín), la de Rodri (Palacio)... Creo que tuvimos todos", dijo el capitán del equipo.

Messi siempre tuvo una virtud: no soporta perder, y se las arreglaba casi siempre para ganar. En 2014 seguía sin soportarlo, pero lo hacía desde la impotencia y la frustración.

Una de las personas que mejor lo conoce, alguien

que lo siguió en infinidad de partidos, comentó años después con uno de los autores de este libro aquel gol que Messi se perdió en una trepada por la izquierda: le pegó mal y débil, sin inquietar a Neuer. Precisamente desde esa posición en la que se había cansado de meter goles.

"Creo que se apuró a pegarle a la pelota", dijo el íntimo de Messi.

¿Se lo dijiste alguna vez, analizaron qué pasó en ese tiro?

"No, creo que le sigue doliendo demasiado como para hablarlo".

CAPÍTULO 26

Nada es imposible

"¿El técnico? Estaba peleado con todos. Y no entendí ese invento del 'falso nueve', que no existe... Lo más increíble es que si Sampaoli ponía dos líneas de cuatro cuando estábamos 2-1 arriba contra Francia aguantábamos y estábamos en la final".

El que habla no es Messi, pero es caso como si lo fuera. Lo conoce y lo entiende como pocos. Habla después de Rusia 2018, un Mundial que fue una locura para Argentina. Jorge Sampaoli, su entrenador, perdió poder e imagen aceleradamente ante los jugadores, que terminaron autogestionándose.

Sampaoli había llevado a Chile al título de la Copa América tras una exitosa carrera como técnico en la Liga de ese país. Aquel histórico título chileno implicó derrotar a la Argentina de Messi en una final por penales en 2015. Llegó al cargo con la imagen de amante del buen fútbol y hombre criterioso, pero al poco tiempo se vio que a Sampaoli se lo habían devorado su propia ambición y su inseguridad.

Autoerigido en representante de un difuso progresismo que no era tal, comenzó a hablar de muchos temas, no necesariamente sobre fútbol, y cuando el tema era el fútbol, la impresión que dejaba era la de un hombre que hablaba demasiado, que hablaba de más.

Argentina no fue para él lo mismo que Chile, y es un misterio qué pesó más en un inicio, si sus inseguridades y sus ansias de impresionar como un hombre profundo, o la sospecha y desconfianza de sus jugadores. Mauricio Macri, por entonces presidente argentino, lo recibió en audiencia y dejó este comentario a sus íntimos: "Hablamos de fútbol, pero la primera parte de la charla consistió en instrucciones de su parte acerca de cómo debía gobernar".

Curioso, porque Sampaoli no se gobernó a sí mismo, y mucho menos a la selección.

Tres meses antes del Mundial, Sampaoli publicó un libro de título ciertamente pretencioso: *Mis latidos. Idea sobre la cultura del juego.* El libro terminó siendo un bumerán. En él, el técnico se extendía en su alergia a la planificación y el sopor que le genera leer o escribir: "Yo no planifico nada. Todo surge en mi cabeza cuando tiene que surgir. Brota naturalmente en el momento oportuno. Odio la planificación. Si planifico, me pongo en el lugar de un oficinista".

Otro ejemplo: "Tal vez mis charlas suenan a las de un tipo súper estudioso. Nunca fui estudioso. Ni en el colegio, ni en la facultad, ni en el curso de entrenador. Yo no puedo leer un libro; veo dos hojas y ya me aburro. Escribo tres cosas en un papel y me cansé".

El poco crédito con que Sampaoli llegó al Mundial se derrumbó cuando el árbitro marcó el final del partido en el que Croacia goleó 3-0 a Argentina, en el segundo partido de la fase inicial.

En algunas librerías de Buenos Aires apareció su libro con un cartelito mordaz: "Antes, 275 pesos, ahora, tres".

El final para Argentina llegó en los octavos de final tras un adrenalínico y agónico triunfo sobre Nigeria que le permitió acceder a esa instancia. Francia ganó aquellos octavos de final por 4-3 tras ir en desventaja de 2-1 en un partido extrañísimo, pero atractivo por sus vaivenes y goles espectaculares.

Tras el partido, Didier Deschamps se apartó del eufórico festejo de sus jóvenes jugadores para acercarse a un futbolista que parecía petrificado. Llegó desde atrás, por eso Messi no sabía quién lo estaba consolando. No podía ser Sampaoli, que apenas terminó el partido se fue al vestuario. El abrazo del técnico francés fue genuino, un gesto noble de alguien que en 1998 fue campeón mundial, ese objetivo que volvía a escapársele al argentino.

Rusia 2018 entró en la historia como el Mundial más incomprensible en la carrera del crack del Barcelona, y no sólo por el adiós en octavos de final. Consuelo de tontos: si pasaron veinte años y nadie sabe a ciencia cierta qué le sucedió a Ronaldo en la final de Francia 98, bien pueden pasar años hasta tener claro qué le pasó a Messi en la peor Copa del Mundo de su carrera. Las tres semanas en Rusia abollaron de forma importante su imagen de mejor jugador del planeta. Que Cristiano Ronaldo siguiera su camino un par de horas después sólo habla de lo competitivo que es el fútbol de hoy.

Brasil 2014, un Mundial de siete partidos para la Argentina, mostró a un Messi que fue de mayor a menor. Sin él no se hubiera superado la fase de grupos, pero con él no se pudo imponer una ventaja decisiva en la final. Rusia, en cambio, fue otra cosa, un casi permanente querer y no poder. O peor: la impresión de que por momentos lo abrumaba la certeza de que el asunto no tenía solución. Es bien cierto que la selección de Sampaoli fue caótica y cayó como pocas en el pecado habitual con Messi, el de no saber qué hacer con él, el de no hacerle llegar la pelota en el momento y el lugar adecuados. Pero a esa altura de los tiempos, con casi 13 años en la selección, Messi debía tener cierta idea concreta de cuál es el problema.

Lo llamativo, entonces, fue que no le encontrara al menos algo que se acercara a una solución. El "10" sólo brilló ante Nigeria, con un gol y un enorme despliegue de fútbol cuando el equipo estaba contra las cuerdas. Tuvo de aliado a Ever Banega, algo que no sucedería en los octavos de final ante Francia. Lo más llamativo, sin embargo, fue lo sucedido tras lanzar mal un penal en el debut ante Islandia. Messi entró en días de silencio e introspección, que se profundizaron con la derrota por goleada ante Croacia. Todo un enigma.

Pero Messi es mucho Messi, como dio a entender Paul Pogba en aquellos días rusos: "Hace 15 años que lo veo jugar a Messi. Aprendo de él y me hace amar al fútbol. Siempre va a ser mi ídolo".

A diferencia de Sudáfrica y Brasil, cuando su entonces novia fue una visita y una presencia frecuentes, Lionel Messi vivió Rusia 2018 lejos de Antonela Roccuzzo. Su esposa y sus tres hijos recién lo visitaron al final tras no haber estado ni en los tres primeros partidos, ni en su cumpleaños. La familia Messi alegó una gripe y resfrío de un par de los más chicos para demorar el viaje desde Rosario, primero, y desde Barcelona, después. Antes de que comenzara el Mundial se filtró un video en el que Messi bromeaba con su compañero y amigo Sergio "Kun" Agüero. ¿Influyeron realmente en su ánimo todas las especulaciones que se desataron a partir de las "cositas lindas" de las que ahí se hablaba, y que nadie puede afirmar categóricamente en qué consisten?

Otra pregunta que nunca tuvo respuesta.

Tres años más tarde, Ángel Di María aclaró algunas cosas, y apuntó a la mala relación entre el entrenador y su mano derecha, Sebastián Beccacece.

"Lo que pasó es que a veces Sampaoli decía una cosa y Beccacece otra. Entre ellos no tenían buena comunicación. Por momentos parecía que estaban peleados entre ellos porque uno comía antes que el otro".

"Hubo muchas cosas ahí en el medio que fueron pasando y que a uno, como jugador que está ahí, las ves y te afecta un poco todo. Parece que no, pero te afecta bastante. Por eso fue un Mundial en el que sinceramente me fui desilusionando por todo lo que pasó".

Tras la derrota por goleada ante Croacia, que incluyó un error inaudito del arquero Guillermo Caballero, el equipo le lanzó un ultimátum a Sampaoli, admitió Di María.

"Hablamos con él para que las cosas estén claras. A partir de ahí las cosas salieron mejor pero ya no venían bien y, cuando no vienen bien, es imposible que salga de la mejor manera. Son cosas del fútbol, ya pasó".

Sí, Rusia pasó, como pasó también la Copa América

2019 en Brasil, en la que Argentina llegó hasta las semifinales para perder 2-0 ante el local un partido que controló en su inicio.

Ese equipo era dirigido por Lionel Scaloni, un ex jugador de larga carrera en el Deportivo La Coruña que estaba interinamente al frente de la selección argentina. De 41 años en aquel torneo, Scaloni era un hombre al que muchos comenzaron despreciando, pero que tenía cosas de las que sus antecesores en el puesto no podían jactarse: no solo jugó en Newell's, el equipo de los sueños de Messi, en su época de futbolista. Eso, al fin y al cabo, era algo que también había hecho, y con infinita mayor notoriedad y peso, Gerardo Martino. No: Scaloni, además, había compartido la selección con Messi y un Mundial, el de Alemania 2006.

El tiempo fue pasando y el técnico interino se convirtió en definitivo, para asombro de muchos. La Asociación del Fútbol Argentino (AFA) le puso por encima a César Luis Menotti, campeón mundial dirigiendo a Argentina en 1978, como director de las selecciones nacionales, pero poco y nada se supo de los aportes del veterano entrenador.

Scaloni se consolidó sobre la base de algo insólito: era el primer técnico en mucho, pero mucho tiempo que contaba con el respaldo genuino de los jugadores. Eso le sirvió para quedarse con el puesto ya en forma definitiva. Un gran logro para él, ya que llegó a la cima sin pasar por la base: no había dirigido nunca a un equipo.

De eso también se valió la Asociación del Fútbol Argentino (AFA) para cerrar con él un contrato por

500.000 dólares anuales. Otro argentino, Ricardo Gareca, cobra 3,8 millones por dirigir a Perú.

Con históricos de la selección que comenzaron a retirarse, desde Gonzalo Higuaín a Javier Mascherano, se fue consolidando un grupo de jugadores más jóvenes que no cargaban con la mochila de escalar hasta finales para luego perderlas.

Y entonces sucedieron dos cosas.

El mundo se paralizó, y con él el fútbol, con la pandemia del covid-19 en marzo de 2020.

Y el mundo se paralizó con la muerte de Diego Maradona en noviembre de ese mismo año. El mundo, no el fútbol. Maradona había sido demasiado grande como para limitarlo al fútbol.

Tenía 60 años. Cuando murió, su corazón tenía el doble de peso y tamaño de un órgano sano. Su vida fue extraordinaria, pero tras su muerte, nada cambió: Maradona seguía sorprendiendo.

Su velatorio incluyó el asalto de decenas de personas a la Casa Rosada, la sede del gobierno argentino, que se llenó de gases lacrimógenos al igual que la Plaza de Mayo de balas de goma. Y mientras las fuerzas de seguridad intentaban dispersar a los intrusos, una pregunta crecía: ¿murió el gran ídolo argentino antes de tiempo?

Las autoridades argentinas fueron incapaces de contener a los violentos de perfil barra brava que presionaban sobre la verja que rodea la Casa Rosada. Una vez que entraron a la sede de la presidencia, varios de ellos se refrescaron en la fuente ubicada en el Patio de las Palmeras, el corazón del edificio, mientras el féretro de Maradona era trasladado a otra zona, presuntamente más segura, del palacio presidencial. Tal fue el caos de un velatorio mal organizado: Alberto Fernández, el presidente, cedió la Casa Rosada para que los argentinos despidieran a Maradona, pero Claudia Villafañe, la ex esposa del futbolista, decidió que todo terminaría a las cuatro de la tarde. Con decenas y decenas de miles de personas haciendo una cola de hasta tres kilómetros de largo, estaba claro que era una mala decisión.

El gobierno presionó todo el día a Villafañe para extender el horario, y cuando por fin se había acordado que fuera hasta las siete de la tarde, que tampoco era una solución, porque el homenaje podría haber durado tres días, la Casa Rosada sucumbió a la violencia. Todo un símbolo: Argentina tiene un serio problema irresuelto de violencia en el fútbol, y este se hizo presente con toda su potencia en el lugar desde el que se gobierna el país. Que en la madrugada ingresara a la Casa Rosada Rafael Di Zeo, uno de los jefes de la barra brava de Boca, ya había sido una señal. Di Zeo tiene prohibido ir a los estadios, pero pudo pasearse sin problemas por la sede del gobierno.

Promediando la tarde, el presidente Fernández salió a la explanada de la Casa Rosada a intentar ordenar, megáfono en mano, a una multitud enardecida. No lo logró.

La muerte de Maradona estará abonada a la polémica por mucho tiempo. Alfredo Cahe, su ex médico, dio a entender claramente que el ídolo podría hoy seguir vivo. Sin embargo, la autopsia al cuerpo de Maradona confirmó el frágil estado de salud del ídolo.

La pandemia del covid arrasaba en esos días en Argentina, pero el gobierno la ignoró y autorizó una ceremonia funeraria en el centro político del país, la Plaza de Mayo.

Miles de personas pasaron aquella cálida noche de noviembre en la calle para ser de los primeros en ingresar, a las seis de la mañana, a la capilla ardiente. Otras llegaron a Buenos Aires tras recorrer cientos de kilómetros desde diferentes provincias del país.

Con la Casa Rosada cubierta de banderas de las múltiples facciones peronistas, el presidente Fernández dejó sobre el ataúd una camiseta de Argentinos Juniors —su equipo, en el que Maradona brilló a los 16 años— y un pañuelo que simboliza a las Madres de la Plaza de Mayo. Horas más tarde, la vicepresidenta Cristina Kirchner depositó un rosario sobre el cajón, que a última hora fue trasladado al cementerio de Bella Vista, donde están enterrados los padres de Diego.

Rocío Oliva, una de las ex parejas de un Maradona que tuvo entre ocho y diez hijos, fue rechazada en las puertas de la Casa Rosada y obligada a hacer la fila. Entre los que despidieron a Maradona se contaron ex jugadores como Oscar Ruggeri, Jorge Burruchaga, Sergio Batista, Javier Mascherano, Maxi Rodríguez y Gabriel Heinze.

Y al final del día, inagotables, los poderes maradonianos generaron una pequeña crisis diplomática. Emmanuel Macron, el presidente francés, le dedicó un poético texto a Maradona —"La mano de Dios había depositado a un genio del fútbol en la tierra"—, pero entre las frases incluyó una crítica a su pasión por Fidel Castro y Hugo Chávez. Desde Caracas salió una furiosa reacción de boca del canciller Jorge Arreaza. Una vez más, *only* Maradona.

Flashback.

Son las 3.30 de la madrugada en Cuba, y en las afueras de La Habana una palmera doblada por la fuerza del huracán Michelle amenaza la integridad de una casa. Diego Maradona marca el número privado de Fidel Castro y le dice que su habitación está a punto de ser destruida. A los 10 minutos, desafiando la fuerza y los peligros del viento, un grupo de cuatro operarios corta la palmera y soluciona el asunto. Sonriente, Maradona mira a los dos amigos que lo acompañan en esa estancia de desintoxicación de las drogas y los desafía: "¿Vieron que era cierto que Fidel es amigo mío?".

Aquello fue en 2001. Un Maradona en lucha contra la cocaína, pero pletórico. Diecinueve años después, el que para muchos es el mejor futbolista de todos los tiempos, se apoya en los hombros de Mariano Israelit, íntimo amigo que vio cortar aquella palmera en La Habana. Están en una casa en las afueras de Buenos Aires y a Maradona, que está a sólo ocho meses de su muerte, le faltan las fuerzas y le cuesta sostenerse de pie. Logra sin embargo abrazar a su amigo y le dice en un susurro en la oreja: «No me abandonen, no me dejen solo».

"Esas fueron las últimas palabras que me dijo en persona. Me corrió un escalofrío por la espalda", dice Israelit a uno de los dos autores de este libro. Testigo del Maradona brillante, veloz y portentoso, Israelit, al momento de la charla de 53 años, vivió también el Maradona oscuro, embotado y derrotado. Productor de televisión, a Israelit le da pudor que lo definan como el mejor amigo del "10", pero no duda en decir que es el más antiguo, el que más tiempo pasó junto al hombre adorado en La Bombonera, el Camp Nou, el San Paolo y el Sánchez Pizjuán.

Israelit se hizo amigo de Maradona en 1982, el año de la Guerra de las Malvinas. Siete años más joven, él era amigo de Hugo, uno de los hermanos del futbolista. Iba a comer y cenar con frecuencia a la casa de los Maradona, hasta que un día se atrevió a subir a la habitación de quien ya era una estrella y pedirle que le firmara un póster. Se hicieron amigos, hasta que el fútbol y la vida los separó.

Volvieron a encontrarse en 1997 en el VIP de una discoteca. "Y a partir de ahí no nos separamos más".

Hay muchas cosas que Mariano hoy no entiende. Una de ellas es la pésima atención médica que recibía un hombre que era multimillonario. "Cuando yo viví con Diego en Cuba teníamos un listado y un pastillero de remedios que tenía que tomar. La pastilla para el corazón la tenía que tomar por el resto de su vida, y me entero por los audios de que no estaba tomando nada para el corazón. Y delante de su casa tendría que haber tenido permanentemente una ambulancia, pero no había nada".

Cuando Israelit dice "los audios", se refiere a la fenomenal filtración de audios de WhatsApp intercambiados por Matías Morla, el poderoso abogado de Maradona, y Leopoldo Luque, el neurocirujano que estaba, cuando se desencadenaron los hechos, a cargo de la salud del campeón mundial de México 86.

En los audios se habla de Maradona con desprecio, otras veces con cariño, pero casi siempre en tono de hartazgo. El ex futbolista había cambiado de residencia dos veces en los últimos años, siempre en barrios privados en la periferia de Buenos Aires.

"Escucho los audios de Luque, que decía ser su amigo, y la forma en que habla de él... ¡Yo no trataría a un amigo así nunca! Y estamos hablando de un Maradona que hizo fortunas. No puede ser que Diego viviera en las casas que vivía... He ido a una casa en invierno y llovía, entraba agua a las habitaciones. Para mí Diego debía tener la mejor casa, con aire acondicionado y calefacción central, pero vivía con ventiladores y estufas de cuarzo. Parecía que las casas se las buscaba el enemigo...".

El entorno que rodeaba a Maradona tampoco era el adecuado, y varios de sus integrantes están siendo investigados por la justicia argentina. Amigos y parientes de una ex novia, un kinesiólogo que no tenía título y un hombre de confianza que le daba cerveza y marihuana para que se durmiera y no molestara. Casi todo funcionaba así, porque todos eran conscientes de que Maradona era la gallina de los huevos de oro, como dijo su ex esposa, Claudia Villafañe.

"A veces yo llamaba 30 veces hasta lograr que me atendiera él. Bloqueaban mi número en su celular, le cambiaban el número y no me avisaban... Lo mismo les hacían a los compañeros de Diego de la selección de 1986. Ellos se creían Maradona. Todos ellos sentían que podían hablar en nombre de él, decidían en nombre de él".

Maradona estaría en una pésima forma física y mental, pero eso no impedía que se diera cuenta de que lo estaban manipulando, dice su amigo, que vuelve a recordar el "no me abandonen".

"Una vez habíamos hecho un asado con algunas de sus hermanas y sus sobrinos y se armó un lío porque, sus hijas, Dalma y Gianinna, le habían regalado un altar con recuerdos de la madre. Diego lo tenía con él en su habitación. A los tres meses el altar apareció prendido fuego".

Rocío Oliva, la mujer de la que estaba enamorado Maradona en los años finales de su vida, "era la que dirigía todo" en las casas. "Ella lo llevaba en la dirección que quisiera. Y tuve una pelea con Rocío por una ex novia de Diego, Laura, a la que conoció como camarera en *La Diosa*, aquella discoteca en la que nos reencontramos en 1997. Diego me pidió que le pasara su número, pero cuando Rocío se enteró, me echó la culpa a mí. Y no dije nada, son los sacrificios que se hacen por un amigo".

Israelit se emociona. Recuerda historias de todo tipo. Cuando Fidel Castro le perdonó a su amigo una factura telefónica de 15.000 dólares y cuando junto a otro amigo se tomaron un avión a Cochabamba, en Bolivia, para rescatar de un hotel paupérrimo a un Maradona que había ido a jugar un partido homenaje para terminar siendo estafado. Israelit conoció la personalidad de Maradona como pocos, y es por eso que le duele en el alma que el 25 de noviembre de 2020 falleciera rodeado de oscuridad.

"Un mes antes de morir, en octubre, quiso reunir a todos sus hijos para el cumpleaños número 60. Diego junior, el hijo italiano, tenía covid y no pudo venir. No poder juntar a todos sus hijos lo deprimió mucho. Estaba triste. Diego no merecía morir así. Murió solo, porque los que tenía al lado eran gente que no lo quería".

Messi no pudo despedirse de Maradona. En una entrevista con el periodista español Jordi Évole contó cómo fue que se enteró de la noticia.

"Estaba acá en mi casa, me llegó un mensaje de mi papá y enseguida puse la tele, empecé a ver cosas y me enteré de todo".

"Es una locura, la verdad que no lo podía creer. Si bien todos sabíamos que Diego no estaba bien, nadie imaginaba que iba a pasar eso que pasó y nadie lo esperaba, nadie puede creer hasta el día de hoy que Maradona esté muerto, que Diego no esté más y que haya pasado de verdad. Fue algo terrible y en ese momento una locura".

Entonces Évole lanzó una pregunta que hizo temblar por dentro a Messi.

"Se los ha comparado mucho a ti y a Diego. ¿Tú te imaginas un funeral como el de Maradona?"

"No, la verdad que no lo imagino, ni quiero pensarlo".

Hay algo que Maradona nunca pudo hacer: ganar la Copa América, que es el torneo de selecciones más antiguo del mundo. Tampoco lo pudo hacer Pelé.

Messi llevaba perdidas tres finales en el torneo: 2007, 2015 y 2016.

Le costó, sufrió, llegó incluso a decir que se retiraba de la selección y pareció que nunca lo iba a lograr. Pero un día sucedió, y el escenario fue el mejor posible: ganó la Copa América en Río de Janeiro y ante Brasil.

Siete años después llegaba la esperada revancha del Maracaná.

Una revancha que nunca debió ser en ese estadio ni en 2021, porque el plan original era que aquella Copa América se celebrara en 2020 y en una doble sede: partido inaugural en Buenos Aires y la final en Barranquilla. Pero la pandemia y un ambiente social muy caldeado llevaron primero a la renuncia de Colombia y luego a la de Argentina.

Dos semanas antes del torneo, la Conmebol se había quedado sin sede. Y entonces apareció Brasil. En un momento especialmente grave de la pandemia, el gobierno de Jair Bolsonaro impulsó el torneo. La Conmebol le debe un favor eterno.

Y quizás Messi también, porque el torneo le llegó en el momento justo. Hacía rato que era un hombre: casado y con tres hijos, había intentado irse del Barcelona y ni había podido, había intentado ganar el Mundial y ese momento no había llegado, aunque tan cerca había estado.

Y tras una Copa América en la que el debut marcó un empate con Chile, el verdugo en las finales por penales de 2015 y 2016, victorias ante Uruguay, Paraguay, Bolivia y Ecuador, así como un triunfo por penales ante Colombia en las semis, la historia volvía a llevarlo al Maracaná.

El 13 de julio de 2014 no había podido superar a Alemania.

El 10 de julio de 2021 el desafío se llamaba Brasil.

En frente, aquel jugador que había generado tensiones al llegar en el 2013 al Barcelona y ocho años después era uno de sus mejores amigos: Neymar.

Pero la amistad se congela durante una final. Messi no podía volver a perder una, y sus compañeros no querían verlo perder otra más.

Antes de salir al campo de juego, Messi hizo lo que unos pocos años antes odiaba hacer: hablar, pararse frente a sus compañeros y arengarlos antes de un gran partido.

"No voy a decir exactamente qué dijo, pero realmente uno quería salir a comerse la cancha. Da gusto estar en esta selección, escucharlo, verlo jugar es muy lindo", confesó el defensa Lisandro Martínez, por esos días jugador del Ajax, en una entrevista con TNT Sports.

Alejandro "Papu" Gómez, jugador del Sevilla en aquellas semanas de la inolvidable Copa América, se extendió en el comportamiento de Messi durante una entrevista con *La Nación*.

"Lleva el apellido Messi y muchos creerán que se comporta de manera diferente. No. Ahora, ojo, es un líder absoluto, es un capitán con todas las letras. Porque lo demuestra, porque da el ejemplo. Siempre lo quieren comparar con Diego, quieren que grite y que se pelee, y Leo no es así. Pero si lo tiene que hacer puertas adentro, lo hace. Lo que pasa es que Leo no lo va a sacar a la luz nunca y no va a vender humo. Cuando se tiene que enojar y te tiene que decir algo, te lo dice entre cuatro paredes. Está en una edad distinta, y muy linda, de madurez total, y quizás sabiendo que son sus últimos años, es un Leo más abierto, que interactúa muchísimo más con todos. Y esa madurez la disfrutan los más chicos, y la disfrutamos todos".

Es otro Messi. Pero hay más, está el detalle de qué dijo Messi antes de salir a buscar la victoria y el título ante Brasil en el Maracaná.

"Empezó a hablar y... la verdad, las palabras justas no me las acuerdo, porque enseguida, yo ya estaba llorando. Dijo algo de los esfuerzos, de las familias... y se me caían las lágrimas como a un nene... Estábamos todos esperando esa final, los días y las horas previas no se nos pasaban más, teníamos la adrenalina a full, y Leo se puso a hablar, Fideo (Di María) también..., y hoy no puedo reconstruir qué dijeron, solo me acuerdo que yo no paraba de llorar".

Así, llorando, felices y energizados, los jugadores argentinos pisaron el Maracaná. Así, el gol de Ángel Di María a los 22 minutos de juego suena perfectamente lógico: energía, velocidad, belleza y precisión en una jugada. El pase de Rodrigo De Paul y la definición de Di María es una de esas jugadas y goles para ver una y cien veces.

"Fue un pase de Rodri. Antes del partido le había dicho que el lateral (Renan Lodi) se dormía un poco a veces en la marca. Fue un pase perfecto, la controlé, me quedó de sobrepique y terminó como contra Nigeria en los Juegos Olímpicos", explicaría Di María después.

Ausente en la final de 2014 por lesión, nadie puede aventurar qué hubiera pasado de haber sido parte ente Alemania. O sí, quizás se pueda: Argentina hubiera estado mucho más cerca (sí, más cerca aun) de alzar la Copa del Mundo, porque Di María había sido un jugador fundamental durante todo el torneo.

Messi lo tenía bien presente, y como capitán encontró el momento y las palabras justas para motivar a su compañero y amigo: "(Leo) me dijo que la iba a tener, que esta era mi revancha, la que no pude jugar, la de Chile, la de Estados Unidos, el Mundial acá (Brasil 2014). Se dio, estuve. Qué hubiera pasado si hubiera estado en las otras finales. El fútbol es así, las revanchas son así y se ve que tenía que ser hoy".

Tenía que ser ese día, tenía que ser ahí. Tenía que quebrarse Messi, arrodillado sobre el césped para convertirse en el eje de los festejos: sus compañeros estaban felices por haber ganado el primer título de la selección en 28 años, pero estaban eufóricos por haber contribuido a dárselo a Messi. La alegría por el logro del capitán superaba a la propia, porque ayudar a Messi a ganar ese trofeo no se comparaba con nada.

¿O no, Messi?

"Confiaba mucho en este grupo, que se hizo fuerte desde la Copa América pasada. Es un grupo de personas muy buenas, que siempre tiró para adelante, nunca se quejó de nada. Estuvimos un montón de días encerrados, sin poder ver a la familia, a nadie", recordó el capitán con la copa ya en sus manos.

"Soñé muchísimas veces con este momento. Necesitaba sacarme la espina de poder ganar algo con la selección después de haber estado tan cerca durante años. Sabía que en algún momento se iba a dar y creo que no hubo uno mejor que este. Soy un agradecido a Dios por regalarme este momento, en Brasil, ganándole a Brasil. Pensé mucho en mi familia, en mis viejos, mis hermanos, a quienes muchas veces les tocó sufrir, igual que yo o peor. Muchas veces nos tocó irnos de vacaciones después de una derrota y los primeros días eran tristes, sin ganas de nada. Esta vez será diferente".

"Siempre que se gana hay que aprovechar el envión. Es más fácil cuando acompañan los resultados, hay que aprovecharlo. Sobre todo a esta camada de jugadores. Cuando terminó la Copa América pasada, yo les dije que ellos eran el futuro de la selección. Y no me equivoqué, me lo demostraron ganando esta copa".

Messi no se olvidó de Scaloni, el héroe inesperado del fútbol argentino.

"Esto es mérito de él, todo lo que hizo y construyó. Su proceso de tres años siempre fue en crecimiento. Supo armar un grupo espectacular, ganador. Hace tiempo que la Argentina no era campeona de América. Y hoy lo consiguió de la mano de él".

El "10" volvería a Brasil menos de dos meses después para un partido por las eliminatorias. A los cinco minutos de iniciado el partido en São Paulo, cuatro funcionarios de la Agencia Nacional de Vigilancia Sanitaria (Anvisa) detuvieron el juego por la presencia de cuatro argentinos que se desempeñan en la Premier League del fútbol inglés. Un momento insólito, pero en el que los brasileños estaban amparados por las leyes.

El fútbol, sin embargo, siempre da revancha. A la semana siguiente, en el estadio Monumental en Buenos Aires, Messi marcó tres goles para el 3-0 sobre Bolivia. Terminó el partido, un periodista de la televisión local le hizo una pregunta inofensiva y el capitán de la selección se largó a llorar. Lloró, lloró y lloró.

Lloraba de alegría, porque el estadio estaba rendido a sus pies y el país entero había dejado de discutir a Messi.

Lloraba de alegría, porque diez años antes, en el estadio de Colón de Santa Fe, se había despedido de la Copa América en casa rodeado de la hostilidad general de sus compatriotas, de sus coprovincianos.

Lloraba porque sumaba ya 79 goles con la selección, una cifra nunca antes alcanzada en una selección sudamericana.

Lloraba porque acababa de quebrar el récord de 77 de Pelé.

Lloraba porque en esa noche de septiembre en Buenos Aires, semanas después de haber dejado su casa de más de media vida, Barcelona y el Barcelona, sentía que la casa que siempre lo obsesionó, el lugar que siempre buscó era finalmente suyo.

Lloraba, en definitiva, porque se daba cuenta de que las cosas volvían a ser como en aquella infancia en la que le daban un alfajor por cada gol que convirtiera. Volvía a descubrir que, si uno se llama Lionel Andrés Messi, nada es imposible.

CAPÍTULO 27

Messi, más que un club

Nada es para siempre, pero a Lionel Messi le costó entenderlo. Y cuando lo entendió, las cosas fueron más difíciles de lo que se esperaba.

Buena parte del mundo del fútbol llevaba años atrapado en la idea de que, para Messi, no existía mejor lugar que el Barcelona. Messi también estaba atrapado en ese análisis que ignoraba que Josep Guardiola se había ido hace rato y que todo había envejecido mal en el Camp Nou: los jugadores, los dirigentes y los propios hinchas.

El Barcelona, que tan feliz lo había hecho y al que tan feliz había hecho, lo estaba convirtiendo en un futbolista mortecino, en un jugador por debajo de lo que es y podía ser, en un hombre que ya no era feliz en la cancha. ¿Y para qué se juega al fútbol si no es para ser feliz? Vale para todos, también para Messi.

Ojo: el asunto no pasaba por el dinero que ganara o dejase de ganar, tampoco por el dato de haber sido máximo goleador y asistidor de la Liga española 2019/2020.

Todo muy bien, pero Messi no juega al fútbol para eso. Messi está más allá de los números.

Messi juega al fútbol para divertirse y ganar a lo grande, y eso era algo que en el pandémico 2020 el Barcelona ya no le podía garantizar, porque hacía rato que había dejado de ser un equipo ganador. Lo que venía garantizando, de hecho, eran frustraciones de nivel pavoroso en las cuatro temporadas anteriores en la Champions League, la verdadera medida de Messi junto con el Mundial.

Parte de la "culpa" estaba en el propio Guardiola, que había malacostumbrado a los catalanes: sostenía que había solo una manera legítima de jugar al fútbol. Un modo de jugar que a él le funcionaba porque ganaba y no paraba de ganar, y tenía a los mejores jugadores y en su momento cumbre. Pero nada es para siempre, y comparar al Barcelona de 2015 en adelante con el de 2008 a 2012 tenía bastante de ejercicio masoquista. El problema es que todos —dirigentes, aficionados, jugadores y medios de comunicación— estaban aún subyugados por los años de Guardiola y no aceptaban nada que contradijera el dogma.

Lentamente, el Barcelona y su gente dejaron de ser felices. Y como Messi juega al fútbol también para ser feliz, todo cerraba: Josep María Bartomeu debía convertirse a mediados de 2020 en el hombre que nadie quiso ser nunca en Barcelona, el presidente que le ponía fin a la historia de Messi con el club. Él y Ronald Koeman eran los grandes perdedores de una historia de la que salían ganando el propio Messi, la selección argentina y, todo indica, el fútbol europeo.

Aquel burofax que Messi le envió al Barcelona en agosto de 2020 diciéndole que se iba terminó como terminó: mal. Su contrato con el club no estaba bien hecho, y debió quedarse un año más. Fue Joan Laporta, entonces, el presidente que se desprendió de la máxima figura en la historia del club en agosto de 2021.

El impacto fue enorme en un club asociado por más de 15 años al éxito, pero que tiene un historial de victimismo que se extendió por décadas. Un victimismo del que hace unos 30 años lo sacó Johan Cruyff, y que Messi enterró más profundamente aún con su fabulosa década y media vestido de azulgrana.

Fue recién en 1992 que el Barcelona ganó su primera Copa de Europa. Difícil situación, porque el Real Madrid ya había ganado seis. Que con Messi sumaran cuatro en 2006, 2009, 2011 y 2015 —debieron ser más—, le reforzó la autoestima como nunca al club. Hasta que volvió a hundirse y dudar progresivamente con el triplete de títulos en la Champions del Real Madrid (2016, 2017 y 2018), que llegaron en paralelo con seis años de debacles ante el Atlético de Madrid, la Juventus, la Roma, el Liverpool, el Bayern Munich y el Paris Saint Germain.

La posibilidad de que Messi juegue algún día en el Inter Miami de David Beckham es real, pero prematura. Europa sigue siendo su lugar. Lo dejó claro Aleksander Čeferin, presidente de la UEFA, durante una entrevista en su oficina de Nyon con uno de los autores de este libro.

—¿Qué tan europeo es Messi?

—Creo que es mitad europeo.

—¿Eso cree? ¿Mitad y mitad?

—Sí, mitad y mitad. Es un gran jugador, un disfrute para los sentidos. Es un distinto, nació para jugar al fútbol (...). Nuestro producto es un producto global.

Puedes pensar lo que quieras, pero la Liga de Campeones se ve en todo el mundo. Cerca del 70 por ciento de la audiencia es de fuera de Europa.

En aquellos días del fracasado "burofax", no pocos medios argentinos optaron por el titular fácil y directo: "Arde Barcelona". Cayeron en la bien conocida tentación de no dejar que la realidad arruine un buen titular, porque fue evidente que Barcelona no ardió, aunque perfectamente lógico era que lo hubiera hecho aquel martes del impacto "messiánico".

Es lo que hubiera sucedido en Argentina, en Italia, en Inglaterra, incluso en Alemania. ¿O qué más se necesitaba para que ardiera Barcelona? Lionel Andrés Messi anunciaba que se alejaba montado en un burofax para instalarse en comarcas muy lejanas a España y Cataluña. Messi, el hombre más importante en la historia del Fútbol Club Barcelona, con perdón de Cruyff, Guardiola y quien se quiera sumar.

Solo unas pocas decenas de aficionados gritaron su descontento en aquellas noches ante la verja del Camp Nou, y esa imagen casi sin pasión en una de las semanas más tristes de la historia del club confirmaba que se estaba ante un ciclo terminado.

Es cierto: era agosto, había una pandemia y la gente hoy comparte sus enojos en las redes sociales y ya no en las calles. Pero el Barcelona es frío, frío como pocos de los grandes clubes de fútbol.

Messi jugó durante 17 años en el primer equipo del Fútbol Club Barcelona, más de una década y media en la que el estadio lo premió siempre con un cántico notable por lo poco imaginativo y estimulante: "¡Meeeeeeeeeeeeeessi, Meeeeeeeeeessi!".

Y eso era todo. Una década y media y desde el corazón del Barça no surgió nada más que el alargar la "e" del apellido del ídolo. Un gesto de admiración, es cierto, pero insuficiente cuando lo que se tiene en casa es al mejor futbolista del planeta, quizás de la historia.

Messi habrá jugado casi toda su vida en Barcelona, pero conocía desde hacía mucho otros mundos. Sabía cómo suena y vibra un estadio en Italia, en Alemania, en Inglaterra o en Argentina. Sabía que el Atlético de Madrid, el Athletic Bilbao o el Sevilla son diferentes dentro de España. Sabía que si algún día juega en Newell's Old Boys de Rosario sentirá otra cosa, sabía que las sensaciones del Camp Nou no podrán compararse con las del Estadio Marcelo Bielsa. Sabía que las gradas le pueden aportar algo nuevo, una novedosa caricia a su alma de futbolista. Y un entrenador que lo ordene y lo ponga en caja, que es algo que también se necesita de tanto en tanto cuando se es un genio.

Sí, el fútbol se vive de manera diferente en el Camp Nou, y eso no es bueno ni malo, simplemente es así.

Malos son los extremos de degradación del fútbol argentino, adicto a la violencia y cada vez más inclinado a disfrutar con la desgracia del rival antes que con la felicidad propia. Pero entre la nevera catalana que llegó a apelar a una "grada de animación" para darle más ambiente al estadio y el desquicio argentino hay varios otros niveles, niveles saludables y estimulantes.

Messi se merece un estadio que, para ponerle la piel de gallina, no necesite de una remontada como aquella del 6-1 sobre el PSG, en marzo de 2017. Un estadio incondicional para que su ídolo, el "10", el mejor, salga ya ganando apenas pone un pie en el césped.

Está claro que el Barcelona le dio mucho, muchísimo a un Messi que llegó a España a los 13 años buscando un futuro que su país no le daba. Y está claro lo que no le dio. Ahora bien, ¿en qué falló Messi? Tomás Abraham, filósofo argentino e incondicional seguidor del fútbol, cree tener la respuesta. Y cae en una referencia inevitable: Diego Armando Maradona, que también pasó por el Barcelona, aunque en una versión incomparablemente menor a la de Messi.

"A mí me gustaba el Maradona jugador, yo lo vi debutar, no como tantos otros que dicen que lo vieron. Aparte de ser jugador transmitía energía a sus compañeros. En un equipo uno transmite algo. A eso me refiero, no a un caudillo. Quiero jugadores con personalidad. Pero acá nos arrodillamos ante el ídolo, estamos acostumbrados a la idolatría. ¡Basta de eso! ¡Basta! Prefiero que no juegue Messi. Y yo a Messi lo adoro, lo adoro, lo sigo desde los 17 años. Pero idolatría, no".

Ya no habrá idolatría en el Barcelona, donde no pocos consideran al argentino un "botifler", un traidor con todas las letras. Y eso que las cosas pudieron ser infinitamente peores que la amarga salida en dos pasos entre agosto de 2020 y agosto de 2021.

Parte de la decisión de Messi de dejar de ser un Bill Murray del fútbol, de bajarse de ese "Día de la marmota" en el que vivía desde hace rato tenía que ver con la selección argentina, con la necesidad de que su carrera no se termine sin alzar un trofeo con ella.

Tres finales de la Copa América y una del Mundial, todas perdidas entre 2007 y 2016: una tortura para Messi. Pero nada es para siempre. Llegó Brasil 2021 con el ansiado título de la Copa América y aparecía Qatar 2022 en el horizonte.

¿El último Mundial?

Es difícil responder que sí. Y es relativamente sencillo decir que no. Si ninguna lesión grave se interpone, pensar en un Messi jugando el Mundial de Estados Unidos, Canadá y México 2026 no es una locura. La preparación física, la experiencia y la medicina están de su lado, y el Mundial norteamericano no dejará pasar la oportunidad si ve que existe. El negocio es demasiado grande, y no es lo mismo un Mundial con Messi que sin él.

El último Mundial en Estados Unidos, el de 1994, tuvo a Maradona. Y todos saben lo que sucedió.

Hay mucha historia por delante aún.

Y hay mucha historia antes del salto de Messi al PSG. Nada es para siempre, pero esto viene durando bastante.

CAPÍTULO 28

¡Oh la la, París!

Que el debut de Messi en Francia llegara en la tierra del champagne es (¿alguna duda?) de las cosas más lógicas que le hayan pasado en su carrera.

Nunca el Stade de Reims había atraído tanta atención. Sin embargo, el club del este de Francia, capital de esa muy noble bebida que es el champagne, tuvo sus días de gloria mucho tiempo atrás, en los años 50. Seis títulos de liga y dos finales de la Copa de Europa de Clubes Campeones gracias, entre otras cosas, a los goles de Just Fontaine, al talento de Raymond Kopa y a la visión de un entrenador extraordinario, Albert Batteux. El público de Reims siempre tuvo debilidad por los argentinos desde que Carlos Bianchi vistió su camiseta en los años 70. En cuatro temporadas, el que años después sería ídolo de Boca Juniors como entrenador dejó su huella al marcar 105 goles en 124 partidos.

Todo muy bien, pero lo que sucedió con la presencia de Messi estuvo más allá de cualquier dimensión conocida.

Domingo 29 de agosto de 2021. Stade Auguste-De-laune en Reims. 22:07 horas.

Con el número 30 a la espalda, Messi entra en el partido en lugar de su amigo Neymar Jr. Tras un breve pero caluroso abrazo, trota hacia el centro del campo, se rasca suavemente la cabeza y momentos después toca su primer balón, que pasa en un solo toque al pequeño italiano Marco Verratti.

Finalmente, tras casi tres semanas de histeria mediática y futbolística, el seis veces ganador del Balón de Oro jugaba su primer partido con su nuevo club, el París Saint Germain. Un evento que estaba siendo observado en todo el mundo. Los 20.525 espectadores que llenaban el estadio tuvieron la oportunidad de vivirlo de cerca. Saludaron cada uno de los 26 balones que tocó con un "Messi, Messi" y "Olé" a lo largo de los 25 minutos que estuvo en el campo. Su padre, Jorge, también hizo el viaje. No quería perderse este momento tan especial. Seguro que se frotó los ojos al ver a su hijo con la camiseta del PSG y no con la del Barça. Hacía poco más de tres semanas, Lionel se preparaba para su decimoctava temporada con los colores blaugrana. Pero tres semanas en el fútbol es una eternidad. Y en ese tiempo, Messi dejó el Barcelona, aterrizó en París y pisó por primera vez un campo de la Ligue 1, esa Liga francesa en la que no parecía probable que jugara alguna vez. Ese 29 de agosto fue, por lo tanto, una fecha histórica para Messi, el fútbol mundial y la Ligue 1.

Sobre el césped, su actuación fue modesta para un jugador de su calibre: 25 minutos de juego, 26 toques de balón, 21 pases, 20 de los cuales fueron acertados, y 3 faltas (co-récord del partido). El argentino comenzó su aventura parisina con prudencia: jugó con sencillez y no se lanzó a los locos arabescos que tan bien se le dan. Aquella tarde fue Kylian Mbappé quien brilló para dar la victoria a los parisinos: un doblete para un 2-0. Sin embargo, con el pitido final, las cámaras y los jugadores presentes en el campo se precipitaron hacia LA estrella. El arquero del Reims, Predrag Rajkovic, llegó a pedirle al argentino una foto con su hijo de pocos meses, que su mujer publicó con gusto en las redes sociales. Messi es una estrella de rock. Y ese primer partido anuncia una temporada excepcional para la Ligue 1. Se espera que todos los estadios que acojan al PSG agoten las entradas. En Reims, Alexandre Jeannin, responsable de la venta de entradas del club, explicó a L'Equipe: "El fin de semana anterior al anuncio de Messi, vendimos en cuatro días tantas entradas (6.000) como en tres semanas. El número de solicitudes fue excepcional, es difícil de cuantificar. Y hemos tenido unas ventas increíbles en el servicio de venta de entradas en línea, con compras procedentes de todo el mundo: de Chile, Corea del Sur, Tailandia, Egipto e India, lo cual es una primicia. Y lo mismo ocurre con los medios de comunicación: se batió el récord de acreditados en el estadio Auguste-Delaune. Databa del 2 de marzo de 2013, con 114 periodistas y fotógrafos incluidos para ver el debut de David Beckham.

Pero el 29 de agosto de 2021, casi 130 medios de comunicación de todo el mundo abarrotaron el palco de prensa y el campo del estadio. Incluso el Washington Post y Forbes estaban allí.

El primer partido de Messi en el PSG tiene un impacto increíble. El club, muy orgulloso de su nueva estrella, se divirtió estudiando la impresión que causó el debut de su nuevo número 30.

Se generaron 8.500 artículos en 115 países.

En total, el número de personas que potencialmente entraron en contacto con la información sobre el debut de Messi en París alcanzó los 8.400 millones.

El número de interacciones (shares, comentarios) del público expuesto a los posts del PSG sobre Messi fue de 14 millones, un aumento del 50%, según el club parisino.

Y en la televisión, pocas veces un partido de la Ligue 1 fue seguido con tanta atención en todo el mundo. En España fue el programa de televisión más visto del país en la noche del domingo. Y pensar que antes el público español podía disfrutar en persona de la zurda del genio argentino cada fin de semana...

El gran debut de Lionel Messi puso así el broche a tres semanas locas y acabó con cierta idea de romanticismo en el fútbol. Es cierto que Messi se ganaba la vida más que cómodamente en el Barcelona, y cuando el 1 de julio quedó libre, se creía que allí seguiría.

Desde abril, Jorge, su padre y representante, había estado discutiendo los contornos de este nuevo contrato con la nueva dirección del club. Consciente de la crisis económica que sacudía en esos días al gigante español, Messi había acordado un importante esfuerzo financiero. Las dos partes habían acordado un contrato de cinco temporadas, hasta 2026, valorado en 350 millones de euros. Se trata de una cantidad impactante, 70 millones de euros al año, pero la temporada pasada Messi había cobrado unos 138 millones de euros, todo incluido.

Se estaba rebajando el sueldo a la mitad.

Joan Laporta, de vuelta en la presidencia tras su elección en marzo, dijo que él se encargaría de hacer feliz a Messi en ese club y de que se retirara allí. Pero con el correr de los días el club se fue dando cuenta de lo complicada que era su situación. Impulsado por la Liga, el Barça sabía que su salvación pasaba por aceptar las condiciones de una nueva sociedad económica creada por la misma Liga, en la que el fondo de inversión CVC invertía 2.700 millones de euros, de los que 284 irían directamente a las arcas del Barça. Esto era suficiente para ver un futuro y, sobre todo, para tener suficiente efectivo para pagar por su número 10. Pero los dirigentes catalanes finalmente reconsideraron su postura porque no querían hipotecar sus derechos televisivos durante 50 años, que era lo que preveía el acuerdo.

Feliz por haber ganado al fin un gran trofeo con la selección argentina, Messi regresó de sus vacaciones el miércoles 4 de agosto y estaba a punto de retomar los entrenamientos, previstos para el viernes 6 de agosto. Ese mismo 4 de agosto, sin embargo, Laporta se puso en contacto con Jorge Messi para comunicarle que el Barça no firmaría el acuerdo con CVC y que, por tanto, el club no podía prolongar económicamente la aventura de su hijo.

Padre e hijo entraron en shock. No se lo esperaban.

La noticia aún no era oficial, pero Jorge no perdió el tiempo y llamó a primera hora de la tarde de ese mismo día a Nasser Al-Khelaïfi, presidente del PSG, para anunciarle que estaba dispuesto a entablar conversaciones con él. Y las negociaciones comenzaron. Al día siguiente, 5 de agosto, exactamente a las 19:33 horas, el Barça emitió un comunicado en sus plataformas digitales: Messi se iba.

"El Barça quiere agradecer calurosamente al jugador todo lo que ha aportado a la institución y le desea lo mejor en su vida personal y profesional", cerraba el comunicado.

Impresionante: tras 21 años en el Barcelona, Lionel Messi, de 34 años, ya no era jugador blaugrana. La noticia dio rápidamente la vuelta al mundo y enseguida surgió la pregunta: ¿dónde jugará Messi? Se mencionan regularmente tres clubes: el Manchester City, el Chelsea y el PSG. Lionel, su mujer y sus allegados se inclinan por la última opción. Jorge y Al-Khelaïfi seguían negociando. Lionel se recluye en casa de Castelldefels. Tardará unos días en dar su versión de los hechos.

El domingo 8 de agosto, hacia el mediodía y vestido con un traje oscuro, Messi se presentó ante la prensa en el auditorio 1899 del club catalán. Se quitó la máscara y las lágrimas brotaron. En la primera fila, sus tres hijos y su esposa, Antonela, estaban allí para apoyarlo. Con el paso de los años, Messi se volvió un hombre más seguro de sí mismo y ya no es ese niño tímido. Puede hablar y habla. Y dice esto:

"Hola a todos, en los últimos días he estado pensando en lo que podría decir. Es muy difícil para mí después de tantos años aquí. No estoy preparado para esto. Me convencieron de continuar. Llevo aquí desde los 13 años, he pasado 21 años con mi familia en esta ciudad. Estoy agradecido al club y a todos mis compañeros. Siempre he dado todo por este club, desde que llegué. Me voy del club después de no ver a los aficionados durante un año y medio a causa de la pandemia y quería despedirme como es debido. No me doy cuenta de lo que está pasando. La idea de dejar este club todavía no se me ha pasado por la cabeza. Tengo que empezar de cero. Todo es difícil. Es duro para mi familia y también para mis hijos porque se han criado aquí. Tengo que aceptarlo y seguir adelante. Cuando me enteré de la noticia, se me heló la sangre. Estaba muy triste y era difícil. Todavía me siento mal, pero lo importante ahora es que mi familia y mis parientes están bien. También quería contar mi versión de la historia porque para mí todo estaba resuelto. Me bajé el sueldo un 50 por ciento e hice todo lo posible para quedarme y no sé si el club hizo lo mismo. Pero ahora continuaré mi carrera en otro lugar. Me encanta jugar al fútbol, es mi pasión. Me gustaría terminar mi carrera, divertirme y ganar trofeos. Me gustaría ganar otra Liga de Campeones e iría a un club que sea capaz de ganarla".

Ese club es el PSG. Entre bastidores, las negociaciones avanzaron con velocidad. El club de la capital francesa y el clan Messi llegan rápidamente a un acuerdo para un contrato de 2 temporadas más uno en opción acompañado de un salario XXL de 40 millones de euros netos al año. Ese acuerdo pronto sería oficial, para demostrar que nada es eterno en el fútbol.

Durante su larga estancia en Cataluña, Messi había hecho historia en numerosas ocasiones. Pero hay un récord en particular, sus 672 goles en 778 partidos. Mejor que "O rei" Pelé en el Santos, que entre 1956 y 1974 marcó 643 goles en 656 partidos.

Pero el Barcelona era pasado, y su llegada a París

le demostró a Messi que no se había equivocado. Los aficionados llevaban varios días esperando su llegada. Unos 120.000 siguieron la ruta de su jet privado en la aplicación Flightradar24, el más famoso rastreador de vuelos de aviones. Así, tras pasar por la aduana, Lionel Messi, con una camiseta de "París", se esforzó por saludar a los miles de aficionados que habían hecho el viaje desde la ventanilla del aeropuerto de las afueras de París. Muchos de ellos también lo esperaban en el estadio con todo el material de los buenos aficionados: humo, cánticos y pancartas.

Hasta la llegada de los qataríes en 2011, el PSG sólo había ganado dos títulos, en 1986 y 1994, aunque en la escena europea fue muy valorado como un equipo legendario que incluía jugadores que marcaron la historia del club: Bernard Lama, Alain Roche, Ricardo, Le Guen, Guérin, Valdo, David Ginola o George Weah. Después, los parisinos tuvieron un largo período de marcha en el desierto hasta la llegada de los qataríes en junio de 2011. Desde entonces, con la ayuda de los petrodólares, el club acumuló una impresionante sucesión de éxitos, con 27 trofeos, incluidos seis campeonatos, y una nueva imagen más glamourosa y muy parisina. En París, el fútbol paso a ser también un estilo de vida. Es el primer club del mundo que se equipa, por ejemplo, con la marca Jordan desde 2018. Y esta tendencia le permite ir más allá del fútbol y llegar a un público más joven, más de la calle, más de la moda y traspasar las fronteras de Francia. Gracias a sus estrellas y a su marketing, el PSG se ha convertido en una marca global e internacional. Y la llegada de la estrella indiscutible del deporte mundial lo ayudará sin duda a establecerse en nuevos territorios y a ser más visible y más deseado.

La llegada de Messi permitió al PSG mostrar también su visión moderna de los negocios, así como su saber hacer en materia de comunicación digital. Sólo en agosto de 2021, el PSG ganó 17,8 millones de seguidores en las redes sociales, especialmente en Instagram (12,2 millones). El día de su fichaje y presentación en el Parque de los Príncipes, el club ganó 8,2 millones de seguidores. Gracias, por supuesto, al aura y la fama del crack argentino, pero también a los numerosos contenidos realizados para la ocasión. El servicio digital del club, que funciona en seis idiomas (francés, español, inglés, árabe, indonesio y japonés), supo aprovechar el momento único que fue la llegada de Messi a París.

En un mes, el PSG se convirtió en la marca francesa más seguida en Instagram (más de 49 millones de seguidores en aquel irrepetible agosto de 2021) por delante de Chanel, Louis Vuitton y Dior. El club incluso registró dos nuevos socios. Christian Dior, una de las marcas de lujo más conocidas del mundo, se convirtió en la marca que viste al club, en lugar de Hugo Boss. Y luego, en un registro completamente diferente, el PSG firmó una asociación con Crypto.com, la principal plataforma de criptomonedas del mundo.

¿La duración del contrato? Tres años. ¿El importe? Veinticinco millones de euros.

Todo gracias a Messi, parte de cuyo salario se pagaría en criptomoneda. Nada que preocupe al PSG, que a partir del fichaje del argentino subió su propio "cachet" de manera impactante.

Apenas llegó a París, Lionel Messi se instaló con su familia en el Hotel Royal Monceau, un palacio situado en el octavo distrito de la capital. Al día siguiente, 11 de agosto, llegó la presentación.

Era la primera vez que lo hacía, ya que nunca había sido transferido de un club a otro. Con un poco de retraso y acompañado por Al-khelaïfi, ocupó su lugar en la sala ante un centenar de periodistas de todo el mundo. Durante media hora, el qatarí y el argentino respondieron a las preguntas.

"Siento una inmensa felicidad. Tengo el mismo deseo que el primer día. Es una experiencia nueva, pero estoy preparado. Mi sueño es volver a ganar la Liga de Campeones".

El PSG marea, tiene uno de los planteles más impresionantes de Europa: Navas, Donnarumma, Hakimi, Serio Ramos, Marquinhos, Kimpembe, Verratti, Wijnaldum, Paredes, Gueye, Di María, Icardi, Mbappé, Neymar Jr. y Messi.

El club quiere ganar todo. Y no tiene excusas para no hacerlo. Sin embargo, en los primeros intentos, ya con Messi a bordo del barco, el título de la Champions League se mantendría como un imposible. El karma del PSG.

Tras la conferencia de prensa en la mañana, Messi continuó su maratón mediático. Incluso tuvo el honor de ser entrevistado en el noticiero nocturno, el de las 20:00 horas, de TF1 y France 2, que garantizan una audiencia masiva.

Fue la primera vez que un futbolista lo hizo, nada sorprendente en un país en el que el fútbol no está tan arraigado en la sociedad como en España, Italia, Inglaterra, Alemania o Argentina. Una prueba más de que Messi es mucho más que un futbolista.

Un golpe celestial para los qataríes, que en el año previo a su Mundial en casa están dispuestos a todo. Y Messi era una oportunidad que no podían dejar pasar, explicó a uno de los autores de este libro un hombre de gran conocimiento del emirato y de la familia que lo controla.

Los qataríes llevaban ya 10 años en París y el fichaje de Messi los puso en otra dimensión: todos hablaban de ellos. Y hablaban bien, muy bien.

Para Messi y su familia, una nueva vida, una nueva aventura. Pocos días después de su firma, el astro argentino acudió en persona a inscribir a sus dos hijos mayores, Thiago y Mateo, en las categorías inferiores del PSG. Thiago, nacido en 2012, jugaría con los sub-10 del club, mientras que Mateo, nacido en 2015, lo haría con los sub-7.

Siete años. A esa edad, Lionel Andrés Messi no tenía ni idea de que un día se convertiría en una estrella única del fútbol mundial. Vivía a 11.000 kilómetros de la capital parisina, en un modesto barrio de la ciudad de Rosario.

CAPÍTULO 29

El tercer hombre

Lionel Scaloni podrá haber pensado muchas cosas sobre Diego Maradona, pero nunca acusarlo de ambiguo.

"Tenemos al muchacho este, Scaloni, que no tiene la culpa él de estar ahí. A Scaloni lo empujaron ahí, el problema es que se crea técnico mañana Scaloni y quiera ir al Mundial. No, no Scaloni, vos podés ir al mundial de motociclismo, al de fútbol no. A mí me da mucha bronca que tengamos que depender de un jugador que no sé si tendrá título y dejemos al Tata Martino que se lo lleven los mexicanos".

Sin fútbol, quizás incluso sin motociclismo, Scaloni se hubiera vuelto a su casa en Mallorca y Argentina habría tenido otro seleccionador nacional en Qatar 2022.

¿Podría Argentina haber sido igualmente campeona sin Scaloni al mando? Imposible saberlo, aunque lo razonable es pensar que no. En el éxito de Lionel, ese que por tanto tiempo buscó, fue fundamental el otro Lionel: Messi y Scaloni, Lionel y Lionel, una sociedad que funcionó muy bien.

El "consejo" de Maradona en noviembre de 2018 era una Caja de Pandora de la que brotaban múltiples asuntos. El desprecio público por un colega, la incapacidad para hacer autocrítica después de su desastroso paso por Sudáfrica 2010 y la apuesta —lógica, razonable— por un Gerardo "Tata" Martino que terminaría yéndose del Mundial en primera ronda, dirigiendo a un México que por enésima vez cayó en una instancia clave con Argentina.

Motor anímico de un gran Deportivo La Coruña, Scaloni fue desde joven una esponja que absorbía conocimientos. Le gusta demasiado el fútbol, y sabe que el fútbol se vive dentro y fuera de la cancha. Mientras estuvo adentro, corrió y pensó hasta donde su juego se lo permitió. Cuando estuvo afuera, estudió dos años en la escuela de entrenadores de la Federación Española de Fútbol (RFEF) y siguió en detalle y en persona el fútbol de primer nivel en Europa.

La base del Scaloni exitoso como entrenador es el Scaloni exitoso como jugador, en especial en su paso, entre 1998 y 2005, por el Deportivo La Coruña que dirigía el español Javier Irureta. Heredero de aquel "Superdepor" de los brasileños Bebeto y Mauro Silva en los años 90, el Depor de Irureta ganó la Liga española, la Copa del Rey y dos Supercopas, además de jugar cinco temporadas consecutivas de la Champions League. La Copa del Rey ganada en el estadio Santiago Bernabéu al Real Madrid en el día exacto del centenario del club blanco fue un hito.

Scaloni fue parte de ese proceso: jugó 301 partidos y llegó a ser capitán. En La Coruña, una ciudad de 250.000 habitantes en el norte de España, lo adoran.

Irureta, ya retirado, tiene bien presente a Scaloni. Una carrera que comenzó en 1995 en Newell's Old Boys de Rosario —el equipo del corazón de Messi— y terminó en 2015 en el Atalanta. Fue lateral derecho, fue mediocampista, pero fue, sobre todo, un motor en sus equipos. No en vano muchos los apodaron "caballo".

El Irureta de hoy, ya septuagenario, abunda en elogios cuando se le habla de aquel jugador tan profesional como sanguíneo. "Es un tipo fenomenal, un gran profesional y, aunque casi todo el mundo destaca su carácter, yo me quedo con que siempre ha sido un hombre muy aceptado por el vestuario. Es un animador, un motivador nato. No le vale otra cosa que no sea ganar", dijo en 2016 al periódico *Estadio Deportivo*.

"Desde muy joven ya se le veía que tenía vocación de entrenar", añadió el entrenador español. "Analiza muy bien a los jugadores rivales y ve el fútbol muy rápido. Era un jugador que ayudaba mucho al entrenador y que se ganaba siempre el respeto de sus compañeros por su forma de ser y por su carácter ganador".

En otra entrevista, con el sitio *90min.com*, Irureta se extendió más en detalle acerca de la personalidad de Scaloni.

"Aportaba mucho al equipo. Cuando estábamos en el banquillo, era capaz de salir hasta el banderín del córner para protestar al árbitro. Había que contenerlo un poco, je. Fue un jugador que, en las reuniones, en el vestuario era un muy buen compañero y que ayudó mucho en esa trayectoria que vivió en el Dépor. Yo creo que el club también le ha servido para su experiencia de ahora como entrenador".

Scaloni le daba alegría al vestuario. "Me acuerdo de que traía canciones de Argentina al vestuario. Cuando fuimos campeones ponía la canción de La Mosca que decía algo así como 'yo te quiero dar, algo de corazón...'. Esa la metía todo el tiempo en el autobús. Era muy animoso y a mí me gustaba eso, porque no se enfadaba cuando no jugaba. Para mí son valores que son muy buenos para llevar a un equipo a conquistar cosas importantes".

Más de dos décadas después, La Mosca, una banda argentina, volvería a ser importante para Scaloni con el hit "Muchachos", la banda sonora de la consagración en Qatar.

Aquel Scaloni jugador vivía pendiente de todo. "Estaba el balón en un lado y él miraba lo que estaba haciendo el adversario. Siempre me ayudaba como entrenador y me decía 'mire' todo el tiempo. Era muy atento, creo que eso le ha servido y eso lo traslada a la selección".

¿Es Scaloni su gran orgullo como entrenador?, le pregunta el periodista. Irureta no duda. "Sí. ¿Quién no se apunta a un entrenador que ha ganado la Copa América? Scaloni es una referencia, creo que algo de mí ha podido llevar. Cuando estoy con mis jugadores me cuentan que han sido felices en ese momento, que eso es lo importante".

Irureta hablaba del Scaloni ganador de la Copa América 2021 en una final en el Maracaná sobre Brasil. No sabía que lo mejor estaba aún por venir.

Otros protagonistas de aquellos años en Galicia que formaron a Scaloni como jugador, persona y en parte como futuro técnico tienen recuerdos un tanto diferentes a los de Irureta. Es el caso de Alfonso Andrade, periodista de *La Voz de Galicia*, que durante Qatar 2022 escribió un artículo poniendo en duda parte de la mitología en torno al entrenador argentino.

"Veo las comparecencias en rueda de prensa del seleccionador argentino, Lionel Scaloni, que está a un pasito de ganar el Mundial de fútbol, y la verdad es que no salgo de mi asombro. Escucho sus intervenciones repletas de sensatez, sus alegatos a favor de la racionalidad, sus llamadas a la mesura para contener a una afición que se enciende con facilidad, y sigo sin dar crédito.

Me gusta el discurso moderado del técnico albiceleste, pero me cuesta identificarlo con el muchacho visceral y altanero de aquel Deportivo del cruce de siglo a quien llegué a conocer bien cuando yo me ocupaba de las crónicas de los partidos del equipo coruñés. No es que se parezca poco al actual, es que está en el extremo opuesto. Aquel Lionel del Dépor era una persona cabal, de eso no hay duda, pero era joven, todo humo... Exhalaba rebeldía y hacía todo lo posible por airearla.

Una parte de aquel vestuario (supongo que como todos) era muy crítica con el entrenador, Javier Irureta, acusado de limitar el potencial del equipo con sus planteamientos; algo que siempre me pareció injusto (...). Y si yo volviese a tener delante a Lionel en una rueda de prensa, le preguntaría qué piensa hoy de Irureta. No tengo claro qué me respondería, pero cómo cambia la perspectiva de un futbolista cuando pasa a ser entrenador".

Scaloni, que ingresando a la tercera década del siglo XXI mantenía la misma estampa que el jugador de veinte años antes, fue parte del cuerpo técnico de Jorge Sampaoli en aquel malhadado Mundial de Rusia 2018. A la vuelta del mundial, Sampaoli aún confiaba en mantener el puesto, pero se negó a cumplir con el compromiso que la AFA tenía con el torneo de L'Alcudia, en Mallorca. Scaloni se hizo cargo de aquello, secundado por Pablo Aimar, y Argentina terminó ganando ese torneo internacional Sub 20.

A las burlas de Maradona acerca de la capacidad de Scaloni se le sumaron incontables críticas, descalificaciones e ironías de no pocos periodistas argentinos. Era lógico preguntarse si una selección bicampeona del mundo podía ser dirigida por alguien sin experiencia al frente de un equipo de primera división, mucho menos de una selección. Lo que no era lógico era burlarse de un hombre que, hablando poco, trabajaba mucho y cobraba menos que cualquier seleccionador nacional de la región, muy por debajo de un entrenador de las grandes potencias, entre las que se cuenta Argentina. Quizás ese era su pecado en un país en el que hablar mucho siempre es un punto a favor.

El gran punto a favor de Scaloni llegó en cambio por el lado de los jugadores. Muchos de los que habían jugado en Rusia ya no estaban, pero quedaban los suficientes para recordar aquellas semanas con Sampaoli al frente. Scaloni, en un grupo técnico que en la primera línea completaron Pablo Aimar, Walter Samuel y Roberto Ayala, conectó generacionalmente con los jugadores, pero también en cuanto a carácter.

Generacionalmente, porque tenía 44 años cuando dirigió el Mundial, el entrenador más joven (e inexperto) del torneo. Esa corta edad le permitió dirigir a alguien con quien había compartido un Mundial como jugador. Messi, en Alemania 2006.

El carácter también jugó un rol. Si Maradona en 2010 y Sampaoli en 2018 eran pura verborrea, Scaloni era infinitamente más sobrio, aunque no se rehusara nunca a entrar en el debate con los medios y explicar en qué creía. Hasta que un día, un periodista español le pidió un mensaje para la reina de Inglaterra, que estaba celebrando setenta años en el trono.

"Sí, por qué no, la felicito desde el lugar que me toca".

Responder a esa pregunta era casi más difícil que decidir los titulares para el debut en el Mundial. Pero Scaloni estaba preparado: fue campeón mundial Sub 20 en 1995 en una selección dirigida por José Pekerman en la que también estaban Aimar y Samuel.

Ser "hijo" de Pekerman te eleva en lo futbolístico, pero también en lo personal. El veterano entrenador lo comprobó en persona en las gradas de los estadios qataríes, siguiendo a esos chicos que él hizo grandes.

Llegó ese debut y Argentina perdió. Derrota en el primer partido en Qatar 2022 ante Arabia Saudita, una catástrofe deportiva similar a la del debut en Italia 90 ante Camerún, aquella asombrosa caída por 1-0 en el estadio de San Siro.

Catástrofe similar... ¿o peor? ¿No era acaso peor?

Era peor, sí. Es cierto que aquella Argentina de Diego Maradona y Carlos Bilardo llegaba como campeona del mundo en México 86, pero también llegaba remendada, repleta de lesiones y sin convencer con su juego en los meses previos. La Argentina de los dos Lionel, la de Messi y Scaloni, llegaba en cambio con el envión de haberle ganado la final de la Copa América a Brasil en el mismísimo Maracaná y la "Finalíssima" entre Europa y Sudamérica con un 3-0 a Italia en Wembley. Llegaba con un invicto de 36 partidos y convenciendo, ilusionando. Casi nadie, en cambio, veía con ilusión el Mundial de Italia treinta y dos años antes.

Tanta expectativa, tanta confianza, incluso tanta alegría por lo que pudiera llegar a pasar terminaron pesando demasiado para una selección que perdió ante un equipo con el que nadie la imaginaba derrotada. Ni siquiera lo imaginaban los propios saudíes. Mohammed Bin Salman (MBS), el muy controvertido príncipe heredero, decretó feriado tras el impacto deportivo más importante en la historia de su país.

Pero un tropezón no es caída, suele decirse. En la debacle convenía recordar la opinión de Messi sobre su entrenador: "Prepara muy bien los partidos. Tiene un cuerpo técnico muy bueno que no deja nada librado al azar. Cada detalle de cada partido te lo hace saber. Y después pasa".

La frase del "10" tenía muchas lecturas, una de ellas con un hilo conductor directo a Josep Guardiola. Más allá de que en el tramo final en el Barcelona la relación entre técnico y jugador se deteriorara, una de las cosas que Messi siempre valoró del español fue que antes de los partidos les explicara a sus jugadores lo que sucedería en la cancha, lo que haría o intentaría hacer el rival y lo que debían hacer ellos para superar el desafío. Guardiola acertaba, casi invariablemente. Y por primera vez en su vida en la selección, Messi se encontraba con un entrenador que entendía el fútbol europeo —porque había sido parte de él— y que por lo tanto entendía a los jugadores de la selección, en la que todos jugaban en Europa, con excepción del arquero suplente Franco Armani.

La historia marca que Argentina fue campeona en 1978 con un técnico, César Luis Menotti, y en 1986 con otro, Carlos Salvador Bilardo.

Si había que elegir una palabra para definir a Menotti, "elegancia" no era una mala opción. Si se hacía lo mismo con Bilardo, "picardía" estaba lejos de ser una exageración.

Y a Scaloni, el tercer hombre, ¿a qué palabra asociarlo?

CAPÍTULO 30

Decisiones

Lionel Messi es un peligro. Para sus rivales, claro, pero a veces también para sus compañeros.

Puede dar fe el talentoso Paulo Dybala, un jugador que futbolísticamente tiene unos cuantos puntos de contacto con el "10". Eso, parecerse al mejor de todos, salvando las enormes distancias que deben salvarse, lo ha condenado a un papel de segundo rango en la selección argentina.

Carlos Mac Allister, un lateral izquierdo que jugó en la selección, además de en Argentinos Juniors y Boca, no quería ese destino para Alexis, uno de sus tres hijos futbolistas junto con Kevin y Francis. Le vio futuro de selección a Alexis y decidió alejarlo lo suficiente de la zona que Messi suele merodear. No le alcanzaba con que llegara a la selección, quería que fuera protagonista en ella.

"Busqué que juegue de volante interno, de pivote central, y no tan de punta, porque el que juega tan de punta en la selección termina compitiendo contra Messi. Detalles que no se ven y que es importante trabajar", explicó Mac Allister a los autores de este libro.

—¿Se refiere al caso de Paulo Dybala?

—Tal cual.

El fútbol es espontaneidad, talento, inspiración... y también trabajo, diseño, planificación. A un jugador se lo puede diseñar, dependiendo de las decisiones que se toman, el futbolista puede ir en direcciones muy diferentes.

Bastante tiempo antes del Mundial, en la computadora de Alexis Mac Allister aparecía cada diez semanas un estudio muy detallado: en él se lo comparaba con los seis mejores jugadores de la Premier League en su puesto y con aquellos futbolistas con los que competía por un lugar en la selección que se preparaba para disputar Qatar 2022.

El informe era estimulante: acercándose el Mundial estaba muy bien situado en el universo de la Premier y era el argentino que más minutos jugaba en su equipo.

Mac Allister, jugador del Brighton, terminaría siendo fundamental para Argentina en el Mundial, con un gol de fuerza y talento para poner el 1-0 ante Polonia y encaminarse a la victoria en el grupo. Aquello lo consolidó como titular, un logro que no fue casualidad.

Mac Allister padre buscó que su hijo llegara más lejos que él. Lo impulsó a que saltara a la Premier League, aunque fuera en un equipo chico, y fue diseñando un camino hacia la selección que le garantizara no solo llegar, sino también jugar.

Cuanto más cerca estuviera del ataque, más peligroso era el futuro para Alexis, creyó su padre. Así fue como

Alexis se transformó en un volante dinámico, potente y con llegada, pero siempre volante. Tanto Messi como Mac Allister y Dybala terminarían siendo campeones del mundo, aunque el grado de protagonismo del último fuera claramente menor al de sus dos compañeros. Es cierto que no fue poco ingresar en la semifinal y la final desde el banco y convertir con seguridad su penal en la definición con Francia. Es cierto que llegó con lo justo al Mundial, recuperándose de una lesión. Pero Dybala paga sus similitudes con Messi. ¿Era realmente ese un peligro para Mac Allister? Debatible, pero su padre dice que buscó evitarlo. Y funcionó.

Funcionó a partir del segundo partido, el duelo con México, porque Mac Allister inició el Mundial en el banco.

Su debut como titular llegó en el siguiente partido, ante México. Un partido que no pocos medios mexicanos vendieron como "clásico", algo que desafiaba al sentido común y a la historia: el guion de los choques entre la celeste y blanca y el "Tri" fue siempre el mismo, el de la ilusión mexicana hasta que llegaba el mazazo argentino en forma de goles. Victorias que a veces no le hacían justicia a lo sucedido en el partido, basta con recordar el 2-1 argentino en los octavos de final de Alemania 2006. El gol de la victoria, el de Maxi Rodríguez, fue elegido como el mejor de aquel Mundial. A México solo le quedó el consuelo de haber jugado un enorme partido en Leipzig.

Tras el choque en Doha, ni siquiera eso. Lo más recordado del paso de México por Qatar 2022 fue el arrebato nacionalista del boxeador Canelo Álvarez, que siguió un guion similar al de los partidos entre mexicanos y argentinos: fuegos de artificio y entusiasmo, primero, y evidente derrota, disculpas incluidas, luego. Messi ni siquiera necesitó reaccionar ante la demagogia del campeón mundial: Canelo lanzó golpes al aire para terminar cayendo de espaldas sobre el ring de las redes sociales.

Mac Allister padre se emociona al recordar lo que se desató a partir de la derrota argentina ante los saudíes.

"Fijate el increíble paralelismo que hay con lo que sucedió en 1990 tras la derrota con Camerún: aquella vez Bilardo hizo cinco cambios, sacó a todos los grandes y entraron todos los pibes. Scaloni también hizo cinco, pero entraron todos los pibes y salieron todos los grandes".

Lo de "grandes" y "pibes" en 1990 es un tanto excesivo, pero es cierto que Bilardo rejuveneció algo el equipo entre el primero y el segundo partido.

Treinta y dos años más tarde el cambio fue más radical, y podría decirse que valiente. En una selección en la que diecinueve de los veintiséis jugadores convocados debutaban en Mundiales, había un riesgo real en apostar por los jóvenes para enderezar el rumbo de un barco averiado tras la derrota inicial.

"Ojo: la mayoría de los pibes que jugaron el Mundial tienen un valor agregado, que es el haber jugado en Boca o River. Eso les da una seguridad y una competitividad muy importantes. Enzo (Fernández), Alexis, (Nahuel) Molina, Julián (Álvarez)... Todos tenían ese valor agregado para la selección".

De Mac Allister se mofaron en programas de gran audiencia en la televisión por su decisión de irse al Brighton. Para Mac Allister padre estas críticas son producto de una falta de visión.

"Jugar en la Premier League es como estudiar en Harvard. El que lo quiera entender, que lo entienda. La Premier es la Liga más rápida del mundo, una Liga hipercompetitiva".

Tener ritmo, jugar cada semana en su equipo, es fundamental para los jugadores que ambicionan ser protagonistas en el Mundial. Aunque hay, como en todo, excepciones. La de Julián Álvarez, adorado en River y relegado a la suplencia por Josep Guardiola en el Manchester City.

Antes del Mundial, Álvarez casi no jugaba en el City. Todo un riesgo, todo un temor. Y otra vez la excepción: las cosas le salieron demasiado bien a Álvarez, fue no solo una de las figuras de Argentina, sino del torneo. Su primer gol ante Croacia es parte de la épica más grande del fútbol argentino: corrió de área a área pelota al pie, en una arremetida impactante en la que los rebotes lo ayudaron dos veces. Ese gol a los 39 minutos del primer tiempo fue el 2-0 para encaminar un 3-0 a Croacia que fue catarsis futbolística para el país, humillado cuatro años y medio antes en Rusia por los muchachos de Luka Modric. Tan especial fue el gol de Álvarez, que un diseñador (@tomyontherocks) le puso un marco dorado a una extraordinaria foto cenital que registra la definición ante un arquero entregado y un defensor boca abajo en el césped. Subió la foto a sus redes con una descripción tan sobria como perfecta: "Una obra de arte". El brasileño Ronaldinho, en la tribuna del estadio Lusail, se rompió las manos aplaudiendo a la "Araña".

La épica desatada a partir de ese gol y ese partido aflora también en detalles inesperados, y tendrá efecto por décadas: cinco bebés nacidos en la provincia de Salta el domingo 18 de diciembre, el día del tricampeonato, fueron bautizados con el nombre de Lionel Julián. En esas semanas, además, cientos y cientos de bebés fueron bautizados Lionel o Lionela.

Tras el Mundial, Guardiola mostró alivio por ver que "la Araña" Álvarez volvía a sonreír: "Echaba de menos esta felicidad. Antes del Mundial estaba algo triste. No triste: desanimado, porque no estaba jugando demasiado. Lo que pasó en el Mundial nos ha ayudado mucho".

Lo de Álvarez es ley de fútbol: es el entrenador quien decide si se juega. Con Guardiola jugó poco, pero Scaloni, enfrentado al fracaso, decidió jugarse por un joven de 22 años con el acné invadiendo aún el rostro.

Suplente en aquella derrota ante los saudíes, Álvarez ingresó en el segundo tiempo, pero no pudo cambiar la dinámica. Sí lo hizo al entrar como recambio a los 18 minutos del segundo tiempo con México. A Messi comenzó a llegarle la pelota, y Messi encontró con quién asociarse. Ese partido le cambió la vida a Álvarez, que ya no saldría del equipo, al que le aportó una dinámica, frescura y fuerza de gol claves para el éxito.

Mac Allister padre apunta al mérito de Scaloni: "Tuvo la valentía de deshacerse de jugadores que lo habían llevado a la gloria y meter a jugadores, pibes, que no habían sido parte del proceso. Sacó del equipo a Paredes, a Papu Gómez y a Lautaro Martínez, que ganaron la Copa América y puso a pibes que ni siquiera habían jugado la Copa América. Una decisión muy difícil para la que hay que tener mucha personalidad".

Es así: tomar decisiones es la principal misión de un entrenador. Decisiones que se basan en un trabajo previo suyo y del resto de su equipo. Cuando más y mejor se haya trabajado, más probable es que esas decisiones sean la etapa final y coherente del trabajo, y no puras apuestas sin sustento.

Scaloni tenía un plan. Un Plan A. Y cuando vio que no funcionaba, existió un Plan B, un plan que confiaba en la juventud, algo tampoco tan descabellado en una selección que, de veintiséis convocados, tenía diecinueve jugadores que nunca habían jugado un Mundial.

"La gestión del entrenador muchas veces tiene que ver con cuestiones que no son técnicas ni deportivas, sino con el manejo de grupo", cree Mac Allister, que antes que nada quiere ganar: "En el fútbol está esa teoría de 'morir con la de uno', pero yo prefiero ganar con la de otro".

La de otro técnico, por ejemplo. Fue el caso de Messi, que llegó a un PSG con un compatriota al frente, Mauricio Pochettino, que en septiembre de 2021 también se refirió al karma de los técnicos, al peso de tener que tomar decisiones.

"Estamos aquí para tomar decisiones. A veces pueden gustar, a veces no", dijo en septiembre de 2021 tras cambiar a Messi en el minuto 76 de un 2-1 sobre el Lyon. El gesto de Messi al dejar la cancha, una mezcla de incredulidad, enojo y desprecio mirando de soslayo a su técnico, fue una síntesis de lo profundamente arraigada que tiene la convicción de que él debe jugar siempre. Siempre y los 90 minutos completos. La posibilidad de preservarse, de no jugar todo el tiempo, es algo que a Guardiola le costó hacerle entender a Messi. Y lo logró sólo a medias. Los sucesivos entrenadores del rosarino sufrieron el mismo proceso, y llamativamente fue un francés sin gran cartel, Christophe Galtier, el que al frente del PSG comenzó a dosificar a Messi con más frecuencia que sus antecesores. Galtier terminaría siendo un hombre fundamental a las puertas del Mundial, alguien al que Scaloni le debe un agradecimiento: en vez de consolidar a Messi como una especie de doble cinco de lujo, un mediocampista más cerca de las habilitaciones que del gol, lo devolvió al extremo derecho, aquel patio de su casa, aquella zona que lo hizo brillar como futbolista.

Galtier le dio a Messi toda la libertad para buscar y llegar al gol. Y en el Mundial se vieron los efectos de esa decisión.

CAPÍTULO 31

La gloria

Un día de 2013, la vida de Eliana Pantano comenzó a cambiar. Pantano es artesana y vive en Llavallol, en el sur del gigantesco conurbano que rodea Buenos Aires. Su especialidad es hacer réplicas de trofeos, réplicas tan perfectas que hasta la Confederación Sudamericana de Fútbol (Conmebol) le pidió una de urgencia en 2016 cuando se rompió el original, cuando se rompió la mismísima Copa Libertadores.

Aquel día de 2013, Pantano le entregó a Diego Maradona una réplica del trofeo ganado en México 86. Maradona estaba feliz. Y la artesana, ni hablar.

En 2022, Pantano recibió un pedido para elaborar dos réplicas que alguien quería llevar a Qatar para tenerlas durante el Mundial. El matrimonio de Paula Zuzulich y Manuel Zaro mostró una y otra vez el trofeo durante el torneo. Nada extraordinario: es habitual ver en los Mundiales réplicas del trofeo de la Copa del Mundo. Es, al fin y al cabo, un objeto estético y sensual, portador de una mística única. Y mientras se dilucida quién se lleva el verdadero trofeo, los hinchas celebran con uno tan parecido como falso. La diferencia con esas copas es que la réplica de Pantano era muy buena y pesaba apenas un kilo menos que la real, que supera por poco los seis. El trofeo de la artesana argentina se paseó feliz por Qatar, celebrado por hinchas que ansiaban verlo en su versión auténtica y alzado por Messi en la tarde del 18 de diciembre de 2022.

Aleksandr Ceferin, un abogado esloveno que desde 2016 preside la UEFA y que tiene estrechos vínculos con Argentina, estaba en el estadio el día de la final. Amigo de Hernán Zupan, un empresario que es cónsul honorario de Eslovenia en Buenos Aires, Ceferin visitó cuatro veces Argentina, jugó en la quinta de Zupan con jugadores de la primera división de River y se confesó potencial hincha millonario. Como presidente de la UEFA, Ceferin deseaba la victoria de Francia, pero como conocedor y amigo de la Argentina, el éxito de Messi lo conmovió. No tanto, en cambio, ciertas actitudes de "Dibu" Martínez. Su imagen en los festejos en Buenos Aires con un muñeco marioneta que simulaba a un Mbappé bebé dio la vuelta al mundo. También aquella en la que aparece consolando al delantero francés, instantes después de cerrada la final, junto al presidente Emmanuel Macron. Pero pesó mucho más la imagen negativa que la positiva.

"Martínez hizo un buen trabajo, pero sus reacciones fueron primitivas, no me gustaron", admitió Ceferin a los autores de este libro. "Si ves cómo reaccionó durante los penales... No puedo entender que se burle de Mbappé, lo de la marioneta y cosas así. Eso no es deportividad, fue primitivo y no me gustó".

Hugo Lloris, el arquero de Francia en la final, piensa de forma muy similar a Ceferin.

"Hay cosas que no sé hacer. Hacer estupideces en el arco, desestabilizar al rival jugando al límite, no sé cómo hacerlo. Soy demasiado racional y honesto para ir a ese terreno", le dijo a *L'Equipe* en una entrevista en la que confirmó su retiro de la selección.

Hubo otro momento en el que Martínez desconcertó a propios y ajenos. El diario *La Nación* lo reflejó con elogios: "Genio y figura. Emiliano 'Dibu' Martínez, el heroico arquero de la selección nacional recibió el premio al mejor portero del Mundial de Qatar 2022 tras la final de esa Copa en la que la Argentina derrotó por penales a Francia para consagrarse campeón del mundo. Martínez tomó el trofeo que le otorgó la FIFA —que representa la mano de un arquero— y, alejado de cualquier solemnidad, luego de recibirlo se lo llevó a sus partes pudendas, tal como hiciera en su momento con el trofeo de la Copa América, un torneo que ganó también la selección en julio de 2021".

Ceferin no concuerda en absoluto con *La Nación*. "En la entrega de medallas del Mundial (Martínez) se puso el trofeo de mejor portero en los huevos... Una cosa repugnante, eso no se hace. ¡Ganaste la Copa del Mundo! Demuestra algo de grandeza, demuestra que no eres un primitivo. Puedes ser un arquero perfecto, pero si no eres buena persona...".

Al presidente de la UEFA, que destaca la "humildad" de Messi, le hubiera gustado sin embargo que el capitán argentino frenara a Martínez cuando se burló de Mbappé: "Debería haber dicho algo, decirle que dejara de hacer eso, que mostrara algo de respeto. Al final, Messi juega todo el año con Mbappé".

Cuatro semanas después de la final de Doha, Messi volvió a verse con Mbappé. Christophe Galtier, el entrenador de ambos en el PSG, notaba algo en el argentino: "Lo veo más relajado, se calmó desde que ganó el Mundial".

Pero el morbo de los hinchas y del periodismo estaba ahí: ¿cómo se saludarían las dos estrellas tras una final que había dejado tanto para comentar?

"El abrazo entre el campeón mundial de 2022 y su homólogo de 2018 fue cálido", escribió el diario *Le Parisien*. Ese encuentro fue el 13 de enero de 2023 en un entrenamiento del PSG. Mbappé venía de unos días de vacaciones en Estados Unidos, donde se dedicó, entre otras cosas, a ver partidos de la NBA.

Sus compañeros le dedicaron un pasillo de honor a Messi en su primer día de entrenamiento tras el Mundial. La recepción de los aficionados franceses fue, en cambio, fría en el inicio y más calurosa luego. Tras su brillante Mundial, Messi continuó anotando goles en el PSG. ¿Cómo mostrarse distante con semejante regalo del fútbol? Ceferin, maravillado aún por la actuación de Messi en Qatar, no entendería ese desafecto.

"No sé cuándo fue la última vez que vi jugar así a Messi. Defendía, atacaba, corría, mostraba tanta motivación... Era increíble, se veía lo motivado que estaba. Sin él, Argentina no hubiera llegado ni siquiera a cuartos de final. Cuando no sabes qué hacer en la cancha, le pasas la pelota a Messi. Yo estaba seguro de que la final, que fue fantástica, estaba terminada, de que la copa ya era de Messi. Y al final fue merecido, Argentina fue mejor que Francia".

"Fue además un Mundial muy bueno, el hecho de poder ver tres partidos en un día lo hizo único. Eso fue imposible en Rusia y no será posible en el próximo Mundial. Lo que fue diferente en Qatar en comparación con otros Mundiales es que no se veían muchos aficionados en las calles, probablemente porque no se podía encontrar alcohol en la ciudad, así que se quedaban en las fan zones".

Ceferin cree que Messi se está beneficiando de ventajas que no tuvieron ni Pelé ni Maradona. "Ahora los jugadores están más protegidos que antes, el entrenamiento es mejor, la preparación es mejor, los árbitros los protegen. Lo que le hizo Goikoetxea a Maradona en 1983 fue para enviarlo por años a la cárcel".

"Ves a Messi, Modric, Benzema, Cristiano, Ibrahimovic jugando a una edad avanzada... Esto nunca había pasado. Hoy la ciencia ayuda.

Y no se puede decir que la vida de Maradona fuera tan sana como la de Messi. Y Pelé y Maradona tampoco eran superricos, no como los jugadores de ahora. Eran otros tiempos".

Carlos Mac Allister coincide con Ceferin: "A los dos jugadores más famosos del mundo, Cristiano y Messi, les levantas la remera y físicamente están impecables. Un jugador que tenga 38 o 39 puede seguir siendo competitivo. Hoy están infinitamente mejor cuidados que hace quince o veinte años. Messi está hoy mejor que hace diez años. Yo lo vi a Messi en la concentración y daba placer verlo acompañado por su familia, sus hijos. Bien cuidado, un pibe más".

Superricos, los jugadores estelares de aquel Mundial callaron ante la situación del iraní Amir Nasr-Azadani, condenado a veintiséis años de cárcel por apoyar las protestas que sacudieron el país persa en 2022. Inicialmente se había anunciado que sería condenado a muerte. Fue estruendoso el silencio de colegas de todo el mundo que lo enfrentaron en el campo de juego o simplemente compartieron con él el Mundial.

"Los jugadores deberían haber protestado enérgicamente", cree Ceferin. "Deberían hacer algo y no hicieron nada. Es realmente increíble lo que ocurre en Irán".

El "dueño" de la Champions League hace una diferencia entre Irán y Qatar, porque cree que el Mundial ayudó a cambiar cosas en el emirato.

"El Mundial también fue bueno porque en Qatar hay una línea clara, una pirámide de responsabilidades, se sabe quién manda. Y eso es una ventaja. Creo que el Mundial fue un éxito para Qatar y contribuyó a mejorar la situación de los trabajadores inmigrantes. Es decir: gracias a que hubo un Mundial allí, la situación es mejor hoy. No es perfecta, seguro, pero tampoco lo es en Europa, ¿no?".

Todo un debate el que plantea Ceferin, aunque difícilmente alguien esté en desacuerdo si se dice que el Mundial fue un gran éxito de imagen y relaciones públicas para el país del Golfo Pérsico. Fue el centro del mundo por un mes, y tras unos pocos días iniciales de publicidad negativa, el fútbol tomó el centro de la escena.

En el recuerdo, la extrañísima conferencia de prensa

de Gianni Infantino, presidente de la FIFA, horas antes del inicio del torneo

"Estoy aquí para que me crucifiquen, estoy aquí para eso. Pero no critiquen a Qatar, dejen que la gente disfrute el Mundial".

Infantino, suizo-italiano, se presenta con frecuencia desde la presidencia de la FIFA como la encarnación de una fuerza del bien.

"Europa, Occidente, han dado muchas lecciones, demasiadas. Creo que teniendo en cuenta lo que nosotros, los europeos, hicimos en los últimos tres mil años, debemos disculparnos por los próximos antes de comenzar a dar lecciones a los demás".

La frase del jefe del fútbol mundial era toda una provocación al mundo europeo, esencialmente anglosajón, que se empeña en contarle las costillas a la FIFA: ¿así que Qatar es una dictadura en la que miles y miles de personas murieron al construir los estadios? ¿Así que en Qatar los gays están en peligro? ¿Así que las mujeres son discriminadas? ¿Y qué me dicen acerca de los inmigrantes subsaharianos que mueren en el Mediterráneo en su intento de entrar a la fortaleza europea? ¿Qué me dicen de lo que sufrieron las mujeres y los gays hasta hace bien poco en tantos países europeos?

En esto último coinciden Infantino y Ceferin, habitualmente enfrentados en prácticamente todo: Europa no está en condiciones de dar lecciones sin hacer autocrítica. En los casi siete años que llevaba como presidente de la FIFA, Infantino había ganado en seguridad y dotes histriónicas.

"Hoy me siento qatarí", dijo al grupo de asombrados periodistas. "Hoy me siento árabe. Hoy me siento africano. Hoy me siento gay. Hoy me siento discapacitado. Hoy me siento un trabajador migrante".

Todo, aderezado con pausas, silencios y miradas con gesto serio que denotaban que el jefe del fútbol mundial había preparado a conciencia su discurso.

"Por supuesto que no soy qatarí, no soy árabe, no soy africano, no soy gay, no soy discapacitado. Pero me siento así, porque sé lo que significa ser discriminado, ser intimidado, como extranjero en un país extranjero. De niño me acosaban, porque era pelirrojo y tenía pecas, además de ser italiano, así que imagínate".

La equiparación de aquel pelirrojo con pecas con lo que se le critica al anfitrión del Mundial fue calificada de "bizarra" por *The Guardian* y llevó a burlas de muchos periodistas. Alertado de que se había dejado algo en el camino, Infantino añadió una "sensación" más en su colección de personalidades múltiples: "¡También me siento mujer!".

Mezclar deporte y política suele llevar a complicaciones, pero ignorar que ambos están vinculados, y que en las cabezas debe haber algo más que una pelota, lleva a complicaciones aún mayores.

Lo sabe bien Tamim bin Hamad Al Thani, el emir de Qatar, un pequeño país que en un par de décadas se convirtió en un jugador global de creciente influencia. Entre noviembre y diciembre de 2022, a sus 42 años y con la inestimable ayuda de la pelota, Al Thani coronó su obra.

Monarquía hereditaria asentada sobre una de las mayores reservas de gas del planeta, Qatar es un país en el que la mujer tiene menos derechos que los hombres y está subordinada a él, un país donde la mayor fuente de ley es la familia reinante, un país en el que si se pertenece a la comunidad LGTBIQ+ (y no se es millonario) la vida puede ser muy difícil, por decirlo suavemente.

Un país en el que hay una estadística aún en discusión: ¿cuánta gente murió en la construcción de los fabulosos estadios que por un mes saturaron miles de millones de pantallas en todo el mundo? La cifra conservadora es 6.500. La real, dicen las organizaciones de derechos humanos que siguieron por años el tema, mucho mayor.

Ir a Qatar a encontrarse con una democracia es engañarse a uno mismo. Al menos desde diciembre de 2010, cuando la FIFA le dio la sede del Mundial a dos países no democráticos –Rusia y Qatar—, estaba bien claro qué se encontraría cualquier visitante en las arenas del Golfo Pérsico. Un régimen autoritario, aunque en evolución en los últimos años y al que no se puede comparar con Arabia Saudita, donde rige una interpretación muy dura del Islam.

En Qatar (es mejor decir en Doha, el país es básicamente una ciudad Estado) hubo estadios como nunca antes se vieron en una Copa del Mundo, autopistas perfectas e iluminadas y edificios de un futuro al que la gran mayoría de las ciudades aún no llegaron. Una ciudad servida por el mejor aeropuerto del mundo y que desde hace años busca desesperadamente eso, parecerse a una ciudad.

Hasta semanas antes del Mundial, caminar por Doha era entre imposible e inconveniente. La ciudad, de nueva planta y desarrollada a partir de un núcleo muy pequeño, está hecha para los automóviles. El nuevo paseo marítimo, al estilo de La Corniche de Abu Dhabi, conectó a la ciudad con el Mar Arábigo, que está ahí pero se aprovecha muy poco, y a darle a los residentes y visitantes la posibilidad de caminar varios kilómetros sin ser molestados por los autos. En los extremos y a la vera de ese paseo, fabulosos museos que son subsidiarios de renombrados e históricos museos europeos.

Cultura, deporte y tecnología es el tridente de un país que sabe que en 2050 comenzarán a acabarse las reservas de gas y que el futuro se construirá ya no sobre lo que hay bajo tierra, sino sobre lo que haya nacido sobre ella.

"Qatar 2022 es la mayor campaña de imagen de la historia", escribió en su momento el diario español *El País*.

Era eso y más: el Mundial fue el mayor hito de la corta vida de Qatar como nación independiente. Nunca, en esos cincuenta y un años, el país se sometió a un escrutinio del volumen que implica el Mundial. Y, cuando hay tanta gente mirando, inevitablemente aparecen cosas que no se conocían o imaginaban.

En los días iniciales del Mundial, Qatar parecía ser una Caja de Pandora. Hasta que todo se calmó, el fútbol tomó el centro de la escena y las reivindicaciones sociales y políticas quedaron en tercer plano.

Tanto fue así que, en la ceremonia de premiación, coincidente con el Día Nacional de Qatar, el emir Al Thani hizo algo inédito en la historia reciente de los Mundiales: cubrió la camiseta de la selección campeona con un manto negro, una capa llamada *bisht*. Adidas, que le paga una millonada a la selección argentina y al propio Messi, fue opacada en una de las fotos más codiciadas.

Los orígenes del *bisht* se remontan al siglo v a. C. En sus inicios sirvió de abrigo para los pastores nómadas y los beduinos en una tierra de climas a veces muy extremos: mucho calor de día y frío de noche. Tejido con pelo de camello y piel de cabra, es una tela muy transpirable que puede costar un par de cientos de dólares... o cientos de miles.

El *bisht* que se le obsequió a Messi es un tope de gama, lo mejor de lo mejor. Una forma de la familia reinante de Qatar de demostrar admiración por el mejor del mundo. Y, también, de decirle que ya es uno de los suyos, y no solo por pertenecer al PSG, del que los Al Thani son dueños.

A la distancia, Cristiano Ronaldo tiene que haber envidiado ese momento. El portugués, durante años situado como el gran rival de Messi, se encontró con que su último Mundial sería una pesadilla.

Relegado a la suplencia, mirado con desconfianza por varios compañeros y señalado por el público y los medios como un egoísta, nada salió como Cristiano soñaba. Y en paralelo, Messi fue lanzado hacia las alturas más elevadas posibles del fútbol. Que días después del Mundial, el ex Real Madrid, Juventus y Manchester United fichara por el Al-Nassr de Arabia Saudita y dijera que allí se jugaba un fútbol de gran nivel completó la crueldad del contraste.

Un mes después del Mundial, ese contraste fue más claro aún. Messi llegó a Riad como parte del PSG para jugar un amistoso contra un combinado del Al-Nassr y el Al-Hilal. En ese equipo ad hoc, dirigido por el argentino Marcelo Gallardo, ex y exitoso entrenador de River, jugó Cristiano.

El fútbol se vive de forma diferente en esas tierras. Así, un magnate inmobiliario saudí pagó en una subasta 2,6 millones de dólares por una entrada que le permitiera ver a Messi y Cristiano otra vez en un mismo partido.

Los efectos del primer Mundial de la historia en el Cercano Oriente eran evidentes. Satisfecho, el emir Al Thani se embarcó en un viaje por Sudamérica. Pasó por Brasil y el balneario uruguayo de Punta del Este y llegó a la Argentina con dos barcos de lujo. Pasó unas horas por Buenos Aires, comió en Chui, un restaurante vegetariano que figura entre los mejores de la región, y se fue a la Patagonia, siempre acompañado por el extenista Gastón Gaudio, campeón de Roland Garros 2004 y su nexo con Argentina. El otro es el expresidente Mauricio Macri, al que abrazó en el mismo estadio de la final y al que visitó en su casa patagónica en ese recorrido por Argentina tras el Mundial.

Aunque disfrutó de la suite más lujosa del hotel Llao Llao, sobre el lago Nahuel Huapi en Bariloche, la Patagonia no es necesariamente turismo para Al Thani, sino esencialmente negocio. Hay negocios en Argentina con explotaciones de gas y petróleo en el yacimiento de Vaca Muerta, hay negocios con el litio, del que Argentina tiene grandes reservas, y hay negocios en la montaña, en el esquí, con un resort de lujo, Los Baguales.

La de Baguales es "una suerte de estepa de altura a 1.700 metros sobre el nivel del mar que se carga de nieve buena parte del año", lo que el periodista Gonzalo

Sánchez definió en *Clarín* como "caviar para esquiadores".

La zona está "bajo control de Gaudio y del emir", y se estima que Al Thani es dueño de 28.000 hectáreas. La sociedad comercial que representa al emir "armó un sistema de refugios de lujo, que los intrépidos esquiadores pueden conectar en jornadas de esquí aisladas verdaderamente de todo. 'Todos quieren trabajar para Baguales. Son buenos pagadores, buenos empleadores. No hay nadie acá en el Sur que no quiera ser un proveedor', dicen en la zona", contó Sánchez.

Si el deporte es más que deporte, porque toca aspectos sociales, económicos, políticos, científicos y culturales, el fútbol es una herramienta de efectos e influencias casi infinitos. Lo comprobó Argentina durante el Mundial.

Nofel Wahid es un bangladeshí fanático de la selección argentina de fútbol. En 2014, cuando Brasil perdió 7-1 con Alemania, él y otros compatriotas enamorados de Messi compraban botellas o latas de 7Up y se paraban a beberlas delante de otros bangladeshíes. Hinchas de Brasil, en este caso.

"Bangladesh es un país grande en términos de población, 170 millones, y se puede dividir prácticamente por la mitad en términos de aficionados a Argentina y a Brasil (...). Es algo curioso, ¿verdad? Desafía la lógica, ¿verdad? ¿Por qué este país en medio de Asia, tan lejos de Sudamérica, está tan obsesionado con esta rivalidad futbolística? Es difícil de explicar", dijo Wahid en aquellos días de fiebre qatarí al *Washington Post*.

El fanatismo de incontables bangladeshíes por la Argentina y Messi había vuelto a hacerse patente tras el 2-0 sobre México, cuando decenas de miles de personas salieron a festejar por las calles de Daca, la capital, y otras ciudades del octavo país más poblado del mundo.

Lo mismo se vivió en Haití, el país más pobre de América y uno de los más desiguales del mundo: miles y miles de haitianos, muchos de ellos vistiendo camisetas de la selección, sufriendo el partido y gritando los goles en fiestas callejeras en las que la vista se clavaba no en una pantalla gigante, sino en un pequeño televisor que mostraba las acciones en el Mundial de fútbol de Qatar 2022.

"La de los haitianos y la selección argentina de fútbol es una historia de amor que se remonta a mucho antes de que apareciera Messi", explicó a los autores de este libro el jefe de redacción del periódico *Le Nouvelliste*, Frantz Duval.

"Y aunque es cierto que la mayoría de los haitianos apoyan a Brasil, los que no lo hacen son de Argentina. A fines de los setenta hubo argentinos jugando en el campeonato haitiano, y luego llegó el Mundial 78. Muchos haitianos se enamoraron de Argentina. Y luego llegó Diego Maradona, y luego Messi".

En el caso de Bangladesh, la pasión por el fútbol en un país que ama el críquet comenzó a crecer en los ochenta. Tanto fue así, que Argentina y Brasil se repartían los fans. El hecho de que la Argentina de Maradona derrotara a Inglaterra en México 86 hizo que muchos en el país asiático se volcaran a la albiceleste: estaba muy fresco aún el recuerdo de la independencia y del Reino Unido como potencia colonial.

Y así como sucede en Bangladesh y Haití, también

se da en Pakistán y, en menor medida, en la India: países pobres y muy poblados que disfrutan y sufren en sintonía con argentinos a miles de kilómetros a los que no conocen ni probablemente conocerán.

"El valor del poder blando argentino es, como otras cosas, bastante más potencial que real. Es difícil trasladar atributos positivos de un país, como prestigio, admiración deportiva o talento, a, por ejemplo, más comercio. Pero sí es una excelente base, porque genera conocimiento del país, curiosidad, y predisposición positiva", explicó Tomás Kroyer, que fue subsecretario de Estado de la Cancillería durante la gestión de Macri y tuvo a su cargo la llamada "diplomacia deportiva".

Cuando se habla de *"soft power"* en el Palacio San Martín, la lista va más allá del fútbol, de la selección, de Messi. Aparecen el tango y el Malbec, por ejemplo, el Teatro Colón, el juicio a las Juntas Militares, las Cataratas del Iguazú o la carne. No hay potencia económica ni militar en el sur del sur, pero sí hay poderes blandos que aprovechar.

"Argentina tiene mucho de eso, y no sólo fútbol en cuanto a deportes. Somos referentes en rugby, polo, tenis y bastante admirados en el básquet. Cada uno de esos deportes tiene fanáticos detrás en todo el mundo, que conocen a Argentina por eso".

Pero el fútbol, es cierto, tiene un alcance incomparable. Se ve en el nordeste de Brasil, con niños que visten la camiseta de Messi, y no precisamente la del Barcelona o Paris Saint Germain. O en Santiago de Chile, donde Benjamín, un niño de ocho años, repite orgulloso el nombre completo —"Lionel Andrés

Messi"— mientras pergeña estrategias para hacerse con la figurita que le falta en su álbum Panini, la del ídolo argentino.

El valor del fútbol como "abrepuertas" e igualador es bien conocido por Infantino. La primera vez que expuso ante una Cumbre del G20 fue por invitación del entonces presidente Macri, otro muy buen conocedor de lo que el fútbol permite: ser presidente de Boca por doce años le ayudó a moderar su imagen, hacerse popular y, en última instancia, llegar a la Casa Rosada.

Infantino, que llevaba solo un año y medio en el cargo, dio un discurso a los jefes de Estado y de Gobierno acerca de cómo el fútbol une a los pueblos y del papel que el G20 podría jugar en eso. Lo escucharon con amabilidad, pero sin excesivas pasiones.

Tras el discurso, Infantino entregó, uno por uno, una pelota a cada uno de los asistentes. El cambio fue rotundo. "Eran como niños", reveló el presidente de la FIFA a los autores de este libro. Era el *soft power* de la pelota. Lo tiene la FIFA, pero lo tiene Argentina, también. Y no solo por tener a Messi, hoy, o a Diego Maradona antes y por siempre.

De poder, y no necesariamente *soft*, sabe mucho Al Thani. La visita del emir a Argentina tuvo un *timing* perfecto. Inmejorable. No era lo mismo llegar allí como el anfitrión de la Argentina campeona del mundo que como el testigo directo de una decepción.

Pudo haber sucedido, porque el camino argentino al trofeo tuvo su gran nivel de dramatismo, como corresponde a un Mundial. Tras un 2-0 sobre Polonia para sellar la clasificación ganando el grupo, el partido que se dominaba con un cómodo 2-0 ante Australia en octavos de final se tornó dramático. Un gol en contra de Enzo Fernández a los 76 minutos de juego tras un remate al arco de Craig Goodwin le sumó nervios innecesarios al tramo final del encuentro. Ni hablar de los cuartos de final ante Holanda, cuando tras un sólido 2-0 argentino, Holanda igualó 2-2 a los 83 y 90 minutos con goles de Wout Weghorst, que había comenzado el partido en el banco.

Weghorst, el destinatario del asombroso "andá payá, bobo" de Messi en el post partido de un partido tenso y calentado desde ambos equipos. Sabedor de los peligros de Argentina, el veterano seleccionador Louis Van Gaal había buscado desequilibrar a sus rivales desde los días previos y durante el mismo partido. Lo logró en parte, pero además la estrategia estuvo a punto de salirle bien.

Las semifinales ante Croacia escaparon en cambio a ese guion de una Argentina dominante y en ventaja que luego se veía en problemas para defender la victoria. El 3-0, brillante, fue el prólogo de una aún más brillante final.

Esa semifinal ante Croacia y buena parte de la final ante Francia pueden ser vistas como un mismo partido, uno de los mayores picos de rendimiento de la selección argentina en la historia de los Mundiales: cinco goles en los 126 minutos que van desde el inicio de la semifinal hasta el minuto 36 del primer tiempo de la final, cuando Ángel Di María anotó el 2-0. Un 5-0 que incluyó dos goles de Lionel Messi, dos de Julián Álvarez y uno de Di María.

Fue Argentina en su versión más excelsa. Dos penales anotados magistralmente por Messi y tres goles para seguir viendo por décadas. Como los de Mario Kempes, Diego Maradona o Jorge Burruchaga.

Los dos de Álvarez ante Croacia son asombrosos: el primero, esa arremetida de área a área en la que el delantero está sonriendo antes de definir al gol con sus rivales entre atónitos y desparramados; el segundo, esa incursión eléctrica, potente y sutil a la vez de Messi por la derecha, el "barrio" de la cancha que más frecuentó en su vida. Mareó y anuló al defensa Josko Gvardiol, dieciséis años menor que él y tiró el centro atrás para la definición de Álvarez.

Ya en la final, en el minuto 36, otro gol para enmarcar. Un contragolpe furioso nacido a partir de una gran intercepción de Nahuel Molina, la pelota que llega a Alexis Mac Allister, Messi que la pasa de semitaco a Álvarez, que de primera habilita otra vez a Mac Allister, que corre a toda velocidad y cruza el pase de derecha a izquierda frente al área para un Di María que define magistralmente.

Ver ese gol una y otra vez tiene un efecto terapéutico, reparador para cualquier argentino: es el reflejo de algo muy bien hecho, demasiado bien hecho. Es un euforizante y un ansiolítico a la vez.

Algo bien hecho también por Scaloni, que en esa final sorprendió al ubicar a Di María como extremo por izquierda, y no por la derecha, como era de esperar. Esa decisión táctica descolocó a Didier Deschamps, el técnico rival, y a sus jugadores.

"Esta selección jugó mejor al fútbol que la de antes", cree Mac Allister. "Javier Mascherano, uno de los mediocampistas más importantes en la historia de Argentina, tiene un fútbol completamente distinto al que tiene Enzo Fernández. Eso, a este equipo, le dio otro juego".

La final en su totalidad fue también el reflejo de algo demasiado bien hecho por Argentina. Hasta que Kylian Mbappé apareció en los minutos 80 y 81 para empatar el partido a dos, la selección dominaba el partido con una autoridad, fútbol y presencia que no había mostrado en ninguna de sus cinco finales previas, ni siquiera en la de México 86 ante Alemania, cuando también se adelantó 2-0 antes de que le empataran en dos.

La del estadio Lusail en Doha fue más allá aún que la de treinta y seis años antes en el Azteca de Ciudad de México. Aquella vez Burruchaga pudo clausurar el partido sellando el 3-2. Messi, que nació un año después de la final mexicana, también puso un 3-2 que parecía cerrar el círculo, todo un guiño a la épica maradoniana. Ese, el último de sus siete goles en el Mundial qatarí, puso la piel de gallina a todos los espectadores en el estadio y frente a los televisores.

Iban tres minutos del tiempo suplementario, clausurados ya los 90 reglamentarios con un 2-2. Un remate potente de Lautaro Martínez fue rechazado a medias por el arquero Hugo Lloris. Messi, en una posición incómoda y con la pierna derecha, la menos hábil, metió la pelota un metro dentro del arco. No movió las redes, no, pero el balón entró lo suficiente. Suspenso, el árbitro y el VAR debían validar el tanto. Fue gol, y al festejo de Messi apretando el puño, hinchando el bíceps derecho y gritando hacia la tribuna no le faltó nada: era perfecto, película llave en mano para triunfar como drama épico deportivo en Hollywood.

Pero Mbappé, siempre Mbappé. El delantero acertó otro penal para convertirse en el primer jugador en cincuenta y seis años en anotar tres goles en una final de un Mundial. ¿El anterior? El inglés Geoffrey Hurst en el 4-2 de Inglaterra sobre Alemania en la final de Inglaterra 66. Con una diferencia: Hurst se llevó el trofeo. Mbappé, no.

La definición por penales puso el foco en otro de los grandes protagonistas del título argentino, el arquero Martínez, que en el final de los 120 minutos reglamentarios estiró su pierna izquierda para negarle a Kolo Muani el gol y el bicampeonato a Francia.

Fue la atajada de su vida para "Dibu". Aquel hombre del "mirá que te como, hermano" a los colombianos en la tanda de penales de las semifinales de la Copa América 2021 era otra vez el que tenía en sus manos —literalmente— una parte importante de las aspiraciones de campeón de Argentina.

Lo sabía el escritor argentino Eduardo Sacheri, que en un relato corto publicado tras el Mundial explicó lo que hizo en ese momento: se fue, dejó a su familia viendo la definición. No se sentía capaz de tolerar una definición por penales. El relato se titula "Hoy sí".

"Son casi las tres de la tarde del 18 de diciembre de 2022, hace calor, me incorporo de la silla que ocupo y le aviso a mi familia que no voy a ver la definición por penales. Hace apenas un minuto que el árbitro polaco dio por terminado el tiempo suplementario en el partido entre Argentina y Francia. Hace dos minutos Lautaro Martínez tuvo la oportunidad, tras el centro de Montiel, de poner el 4 a 3 y desatar una fiesta inolvidable. Hace tres minutos que el francés Randal Kolo

Muani tuvo un mano a mano escalofriante que el Dibu Martínez tapó con el pie. Hace diez minutos que Mbappé empató 3 a 3 un partido que hace menos de veinte minutos Messi puso 3 a 2 a favor de Argentina. Y así. Llevo, llevamos, más de dos horas viendo cómo la selección argentina acariciaba la gloria y cómo esa misma gloria, huidiza, se le escurría entre los dedos".

El exceso de drama superó a Sacheri, que se subió al auto a recorrer las calles vacías de una zona suburbana de Buenos Aires. Y no solo a él. Si no se era francés o argentino, la de Doha era una final para gozar del fútbol, seguramente la mejor en la historia de los Mundiales. Pero si se era parte interesada, la final se tornaba por momentos insoportable.

Martínez había atajado dos penales en la definición ante Países Bajos, y le prometió a sus compañeros que haría lo mismo en la final.

Kingsley Coman, que a los 71 minutos había ingresado en lugar de Antoine Griezmann, fue uno de los jugadores más importantes de la final, y no solo porque Martínez le atajara el penal en la definición. Un rato antes, en el minuto 80 del partido, Coman disputó una pelota con Messi en la mitad de la cancha, impuso su físico, se la quitó y dio inicio al contragolpe que terminó con el primero de los tres goles de Mbappé. Si el francés, por entonces de 26 años y jugador del Bayern Munich, no le quitaba esa pelota a Messi, Mbappé no habría logrado ese gol y la final hubiera terminado, muy probablemente, con una plácida y clara victoria de Argentina.

La historia fue otra, una historia de suspenso. Martínez atajó el penal de Coman y Aurelien Tchouaméni falló el suyo. Los argentinos convirtieron todos, con un magistral Gonzalo Montiel en el último tiro: era la victoria, victoria de 4-2 en la definición por penales.

Argentina tricampeona. Sacheri tardó un tiempo en enterarse.

"El muchacho de la bandera como capa ya ha llegado a la altura de mi ventanilla. Nos miramos. Adelanta un brazo a través de mi ventanilla abierta y me apoya la mano en el hombro. Dice cuatro palabras. 'Somos campeones del mundo'. Eso es todo lo que dice. Me largo a llorar. Los cuatro muchachos, como si mis lágrimas los sacasen del pasmo, empiezan a cantar cantitos de cancha. Sonrío entre mis lágrimas y me despido con un gesto. Subo el volumen. Empiezo a tocar bocina, pero ahora con las ventanillas abiertas. Necesito volver pronto a abrazarme con los míos. Acompañarlos en este día que, ahora sí, se convierte en una de las cimas de su vida y de la mía. Y de repente el mundo ha hecho clic y se ha ajustado. Casi nunca las cosas son como sabemos que deberían ser. Hoy sí".

Mac Allister padre no se subió a un auto para evitar ver los penales. Estaba en el Lusail de Doha y se devoró cada segundo de la final.

"Fue una película. Fue como Rocky, que recibe trompadas y termina siendo campeón. Así fue la película de Argentina. El segundo gol fue de película, un gol tremendo de un contenido impresionante. Y después del tercer gol uno ya no sabía si reír o llorar, si tirarse al piso. Todo era cinematográfico. Estando Messi hasta el último momento siempre tenés fe. Y el 'Dibu' hizo un Mundial muy bueno, porque los arqueros de equipos grandes tienen que atajar pocas pelotas, pero que son decisivas. Hubo dos pelotas en dos partidos, contra Australia y contra Francia, que valieron medio Mundial. Si no las atajaba quedaba fuera Argentina".

Nicolás Tagliafico, que en esos meses jugaba en el Lyon de la Liga francesa tras pasos por Banfield, Independiente y el Ajax, fue un agudo cronista de lo sucedido en la recta final hacia el Mundial y en el propio torneo. En una entrevista con *France Football* reveló detalles sumamente interesantes de la intimidad del equipo.

La "Finalissima", esa competición oficial creada por la UEFA y la Conmebol para mostrarle a la FIFA que, unidas, tienen tanto o más poder que ella, fue ganada el 1 de junio de 2022 por Argentina por un contundente 3-0 sobre Italia. La producción de la selección en el estadio londinense de Wembley impresionó, más allá de que Italia, cuatro veces campeona del mundo, llevaba dos Mundiales consecutivos sin ser capaz de clasificarse para el torneo.

"Después de la Finalissima contra Italia estuvimos hablando por el grupo de WhatsApp de la selección, hasta que decidimos reunirnos en Ibiza para celebrar los cumpleaños de Leo (Messi) y Leandro (Paredes, nacidos el 24 y el 29 de junio). Allí nos reunimos unos quince, pasamos el día juntos, con las mujeres de algunos de ellos, nos bañamos en la piscina, el tío de 'Dibu' nos preparó un asado... Al día siguiente incluso tuvimos una sesión de entrenamiento con un preparador físico. Ya estábamos preparados. Somos más que compañeros de equipo, nos vemos y nos conocemos fuera del fútbol. Creo que teníamos esa ventaja incluso antes del Mundial, porque todos estábamos unidos hacia el mismo objetivo, y desde la Copa América sabíamos que teníamos esa fuerza colectiva".

El punteo de Tagliafico, hito a hito en el Mundial, es apasionante.

Contra Arabia Saudita "se cayó el cielo", dice.

"Siempre es difícil entrar en un Mundial. Llevábamos cuatro años esperando este momento y se mezclaban todo tipo de sentimientos: impaciencia, adrenalina, nerviosismo... Queríamos ganar para afrontar los dos próximos partidos con tranquilidad. Empezamos bien, teniendo varias ocasiones, aunque ellos jugaban muy arriba. Marcamos varias veces (el gol de Messi de penal), pero ese maldito fuera de juego (tres goles anulados, uno de Messi y Lautaro Martínez dos veces, tras entrar en acción el VAR) cambió el partido".

"Tras el gol del empate (Al-Shehri, 48'), nos quedamos un poco sorprendidos. Para cuando nos dimos cuenta y volvimos a ponernos en pie... zas, nos dieron un segundo (Al-Dawsari, 53). El cielo se cayó sobre nuestras cabezas. Nos pusimos nerviosos, perdimos nuestro juego. Llevábamos treinta y seis partidos sin perder y hacía siglos que no íbamos por detrás. No sabíamos cómo reaccionar en ese momento, pero esa bofetada nos vino bien, aprendimos mucho ese día, reforzó nuestra unidad y nos ayudó a prepararnos para el siguiente partido".

Del relato de Tagliafico se destaca la reacción de Scaloni en medio de la catástrofe: "Nos tranquilizó diciéndonos: 'Vamos a ganar los dos próximos partidos y clasificarnos'. Estaba tan sereno y seguro de sí mismo que nos convenció. Nuestro sueño no había muerto y nuestro destino seguía en nuestras manos".

La frase de Scaloni entronca con una afirmación que Messi dirigió a los hinchas en redes sociales: "El equipo no los va a dejar tirados".

Pero una cosa es ser confiado, y otra ser suicida. Un mes después de terminado el Mundial, Scaloni se confesó en una extensa entrevista con la radio COPE, de España. Entre las revelaciones, una muy sincera: no apostó a ganarle a México, apostó a un empate.

"En el descanso había que hacerles entender a los jugadores el momento que estábamos viviendo. Estábamos 0-0, a lo mejor era decir ir 'a la carga Barracas' a ganar el partido sí o sí y lo perdíamos. Había que tener cabeza para ver que México nos planteaba un partido cerrado y que, si terminaba empatado, teníamos una chance más. Como DT de la Selección me jode decirlo, pero había que decirles eso. El partido se abrió con el gol de Leo, estábamos convencidos que se tenía que abrir".

Desde el 18 de diciembre de 2022, Scaloni comparte un podio único con Cesar Menotti y Carlos Bilardo, el de los tres entrenadores que llevaron a la Argentina al título mundial.

El de Menotti es un caso muy especial: campeón del mundo como director técnico de Argentina en 1978, era el director de selecciones nacionales en el éxito de 2022. ¿Dos veces campeón del mundo? A sus 84 años, el cargo era más simbólico que real, como él mismo reconoció.

"Mi presencia tiene que ser al principio. Si hacen cosas que no me gustan los llamo. No llegué a hablar con el cuerpo técnico durante el Mundial porque venía todo fenómeno", confesó a la radio uruguaya 1010 AM.

En los días posteriores al Mundial murió Pelé, dos años más joven que Menotti. Pelé y Menotti compartieron unos meses como compañeros de equipo en 1968 en el Santos, y la muerte del brasileño el 29 de diciembre de 2022 golpeó al argentino.

"Para mí fue el más grande de todos", definió Menotti. "Yo a un chico lo preguntaría qué te gustaría tener. Y todo lo que un futbolista quiere tener lo define Pelé, es todo lo que se puede querer".

Bilardo, de la misma edad que Menotti, con el que estuvo peleado por décadas, no habló tras la apoteosis messiánica en Qatar. No podía hacerlo, afectado por una enfermedad neurodegenerativa, el síndrome de Hakim-Adams. Pero una foto junto a su ayudante en México 86, Carlos Pachamé, circuló y se multiplicó en las redes sociales. En ella, el doctor Bilardo posaba junto al trofeo de la Copa del Mundo, treinta y seis años después de haberlo ganado él.

Scaloni, muy buen conocedor de la historia del fútbol argentino y mundial, supo lidiar con un Messi que no siempre fue sencillo de manejar para sus entrenadores. Aunque él tenía una ventaja importante, más allá de compartir nombre: Scaloni y Messi fueron compañeros de equipo y rivales.

"Lo dirijo y lo conozco bien. Fui compañero y fui contrario. El mejor de la historia. Maradona fue genial para nosotros. Si me tengo que quedar, es lógico. Los dos son argentinos, con Leo tengo algo especial. Cuando tengo que hablar algo con él, le escribo. No mucho. Siempre la relación fue buena".

En aquel partido con México, y mientras el empate se mantenía, el gesto de Scaloni era de una muda desesperación en el banco. A su lado, Pablo Aimar se tapaba el rostro en una escena para Pedro Almodóvar: estaba al borde de un ataque de nervios.

Algunos días después, esos nervios y esas emociones se multiplicaron exponencialmente. La charla técnica previa a la final con Francia ofreció escenas conmovedoras.

"Fue muy emotiva. Son cuatro años trabajando para ese momento. Pude decir poco, pero fue emotiva. Preparamos el partido, diciéndoles los que creíamos que debíamos hacer para ganarlo. El agradecimiento a los cuatro años que vivimos. Ahí paré porque no pudimos seguir. Llamamos al cuerpo técnico para que me ayudara, alguno tampoco pudo. Era el momento final".

Estaba claro que el duelo con México por la segunda fecha del grupo era una final, cada partido lo era a partir de la derrota ante los saudíes, totalmente fuera de cálculo. Tagliafico recuerda en detalle esas horas.

"Este es el partido clave de nuestro Mundial. Si perdíamos ese partido, se acabó, estábamos fuera. Había mucha tensión, porque los mexicanos también se jugaban su futuro en la competición. La primera parte fue dura. Sólo había una salida: un golpe de genio de Leo. Y eso es lo que ocurrió. Su gol (68') desbloqueó el partido y cambió la dinámica. En el vestuario, tras la victoria, sentimos que estábamos en el buen camino. Recuerdo que uno de nosotros dijo: "Después de esto,

¡nada nos para! Ese partido nos liberó, fue un gran alivio. Seguíamos vivos. Nos dijimos: 'Ya está, ahora empieza el Mundial'".

El partido de cuartos de final ante Holanda (rebautizada Países Bajos desde hacía poco tiempo) fue uno de los más ricos en historias. Hay antecedentes entre ambas selecciones, desde el 3-1 en la final de Argentina 78, en Buenos Aires, hasta la eliminación por penales en Brasil 2014, lo que le permitió a Argentina jugar la final ante Alemania. Claro, Holanda también amargó a Argentina, lo hizo con un partido ganado en el último instante en los cuartos de final de Francia 98.

Tagliafico inició el partido del 9 de diciembre en el banco. "Entré cuando faltaban 15 minutos, justo después del gol de Leo. Teníamos el control del partido. Los holandeses atacaban por todos lados. Nos enfrentábamos a tres delanteros de 1,90 (Wout Weghorst, Luuk de Jong y Cody Gakpo) y recuerdo que Lisandro (Martínez), que mide 1,70 (1,75 para ser exactos), y yo nos miramos y dijimos: 'Esto va a ser complicado'. Siguieron lanzando centros para intentar marcar de cabeza y acabaron reduciendo el marcador (Weghorst, 83'). En ese momento, pensamos en Arabia Saudita y volvimos a ver los fantasmas de aquel partido, con sus sucesivas oleadas de ataque. Y entonces el árbitro añadió diez minutos de tiempo".

"En la última acción, realizaron una combinación extraordinaria, hay que reconocerlo (amago de disparo de Koopmeiners, que encontró a Weghorst situado cerca de la barrera argentina), e igualaron (90 + 11). Lo peor es que Weghorst había marcado un gol similar con el Wolfsburgo. Si lo hubiéramos sabido... Estábamos desolados, pero, por otro lado, nos dijimos que este partido no se nos podía escapar. Sabíamos que, si lo superábamos, podríamos llegar hasta el final".

"Durante la tanda de penales, nos acordamos de la semifinal de la Copa América contra Colombia (1-1, 3-2 en los penales) y sabíamos que 'Dibu' estaría allí. Sabemos que saldrá con una o dos. En la sesión, ellos (los holandeses) intentaron intimidarnos. Al final, sólo reaccionamos a eso".

Tagliafico se refiere al momento en que Otamendi, Paredes, Pezzella, Montiel, Di María y Mac Allister se burlaron de los jugadores holandeses tras el penal ganador, algo que los argentinos atribuyen a intensas burlas previas por parte de sus rivales. Y luego llegaría el "bobo" de Messi a Weghorst y su enojo con Van Gaal.

"Sabía todo lo que había comentado Van Gaal antes del partido", diría Messi semanas después del Mundial en una entrevista con la radio argentina Urbana Play. "Incluso, algunos de mis compañeros me decían, a propósito: '¿Viste lo que declaró Van Gaal?'. Y cuando termina todo eso, pasó lo que pasó. Eso no me gusta. No me gusta lo que hice. No me gusta el 'andá pa'allá'. Pero, bueno, son momentos de mucha tensión, de mucho nerviosismo y pasa todo muy rápido. Uno reacciona como reacciona, pero no estaba nada pensado. No me gusta dejar esa imagen."

El lateral se enteró de que sería titular en la charla previa al partido final contra Francia. "Jugamos un partido extraordinario. Yo pensaba: '¿De verdad estamos jugando una final a este nivel?'. No teníamos ni idea de que estaba lejos de terminar y de que aún quedaban varios capítulos por delante. No creo que nos relajáramos, pero cuando redujeron el marcador, no tuvimos tiempo de tranquilizarnos y recuperar el ánimo antes de que marcaran otro gol, el del empate".

"No podíamos imaginarnos perder después de jugar así. Pero teníamos la sensación de que el partido se nos escapaba. Teníamos que tomar el control. Queríamos que acabara el tiempo reglamentario e ir al tiempo extra, porque Francia estaba en mejor posición que nosotros. Queríamos empezar de cero, como contra Holanda. Ese tiempo suplementario fue como dos boxeadores en los últimos asaltos, que ya no podían sostenerse sobre sus piernas pero que se enfrentaban golpe a golpe. Le cedí mi puesto a (Paulo) Dybala para la tanda de penales Vi a 'Dibu' parar el disparo de Kolo Muani en una pantalla cerca del banco, detrás de mis compañeros que se habían puesto todos de pie, porque yo ya no podía más. Esa atajada de 'Dibu' nos dio la Copa. Con la ayuda de Diego (Maradona) ahí arriba".

Dos días más tarde, Tagliafico y el resto de sus compañeros estaban en Buenos Aires.

"Después de la final, volvimos al hotel a las 4 de la mañana. Volamos de vuelta por la mañana, hicimos escala en Roma y seguimos celebrándolo en el avión con la copa. Estábamos muertos, no podíamos más. Queríamos teletransportarnos a Argentina. Cuando llegamos a Buenos Aires, tardamos dos horas en llegar al predio de la AFA, que está cerca del aeropuerto, porque había mucha gente esperándonos. Al día siguiente, marchamos durante cuatro horas bajo el sol, pero no podíamos movernos por la multitud que rodeaba el autobús. Tardé más de una semana en superarlo".

"Nunca pensé que vería esto, se quedará conmigo para siempre. Se lo contaré a mis nietos. Había gente hasta donde alcanzaba la vista en la autopista".

La imagen que encontró Tagliafico para graficar el volumen y las sensaciones de la fiesta masiva en Buenos Aires —hasta cinco millones de personas en las calles— es llamativa. Era, dijo "como *Guerra Mundial Z*", en referencia a la película de zombies protagonizada por Brad Pitt en la que la imagen más impresionante es la de una masa de gente —algunos que huyen, otros ya convertidos en zombis— cubriendo por completo Jerusalén.

"Fue un momento histórico, no sólo para el fútbol argentino, sino para todo el país. Nadie quería esta copa más que nosotros. Me casé unos días después y quería que ese día fuera una celebración doble. Con nuestros invitados, bailamos toda la noche con la réplica de la Copa del Mundo".

¡La réplica! Ese falso trofeo seguía paseándose por Doha mientras el torneo avanzaba. Y entró al estadio Lusail el 18 de diciembre, fue testigo del éxito argentino.

Mientras la final se jugaba, la red social WhatsApp registró un récord de 25 millones de mensajes por segundo. Una vez que la final terminó, la foto de Messi alzando el trofeo se convirtió en la más "likeada" de la historia. Al comenzar 2023 acumulaba casi 75 millones de corazoncitos, superando a un rival temible, el huevo, hasta un mes antes el posteo con más "likes" en la historia de la red social Instagram.

Iban ya dieciocho años de Messi en el máximo nivel del fútbol, y el cliché de un sueño que se hace realidad resume impecablemente lo sucedido. Amador Bernabéu es el abuelo de Gerard Piqué, su compañero desde jóvenes en el Barcelona. Bernabéu fue uno de los encargados de insistirle al Messi preadolescente y adolescente en que jugara para España. Messi nunca quiso, siempre dijo que su sueño era ser campeón con Argentina.

Campeón con Argentina, el heredero de Di Stefano, Kempes, Maradona y de tanta historia del fútbol argentino, estaba en el centro del estadio Lusail, en pleno campo de juego, alzando el trofeo de la Copa del Mundo. Lo llevaban en andas sus compañeros, desde allí arriba coronaba y lideraba a una masa de personas formada por integrantes del cuerpo técnico, directivos, periodistas, algún colado y el excéntrico chef turco Nustert Gökce, conocido, más que por la calidad de sus platos, por la forma en que corta la carne y echa sal sobre ella.

Treinta días después de ese festejo, Messi se permitió revelar algunas sensaciones. Nada exagerado, porque él no suele serlo al hablar, aunque ser campeón del mundo es otra cosa. Leyendo el mensaje queda claro que no está escrito por un community manager. Messi escribe como habla. Y entonces dice cosas interesantes.

"Un mes de lo más lindo del mundo y todavía no puedo creerlo. Qué hermosa locura vivimos durante todo ese tiempo que terminamos levantando la Copa que tanto deseábamos todos. Obviamente ser campeones hace que todo sea más lindo, pero qué lindo mes pasé, cuántos recuerdos hermosos que tengo y extraño. Extraño a mis compañeros, el día a día con ellos,

los mates, las charlas, entrenamientos, las boludeces que hacíamos", comienza el mensaje. Estaba claro que, en medio del frío de enero en París y a 11.000 kilómetros de su país, Messi se sentía más argentino que nunca.

"Qué lindo era ver a mi familia disfrutar todos los días de una experiencia inolvidable para todos y qué hermoso era ir a los partidos y ver la locura de la gente en la cancha y en Argentina. Gracias a Dios por tanto. Como lo dije, sabía que me la ibas a dar. Lo que no podía imaginarme era el después de haberlo logrado y no estaba equivocado, porque nunca podría haberme imaginado la locura de la gente en los festejos. Bueno, ya hace un mes que somos... ¡Campeones del mundo!".

Cómo no recordar aquellos festejos, esa masa de gente que llevaba en andas al dios, al rey, al mesías, se movía en forma de procesión. Y Messi, sonrisa y alegría infinitas, alzaba al cielo el trofeo de la Copa del Mundo, besaba ese objeto que ocho años y medio antes, en el Maracaná, casi había atrapado antes de que volara a Alemania.

Alzaba el trofeo de la Copa del Mundo... ¿lo alzaba de verdad?

La respuesta es sí. Y no. Durante buena parte de su recorrido triunfal en la noche del tricampeonato argentino, la FIFA fue inconsciente espectadora de uno de los desafíos más grandes a su historia, a la simbología del Mundial, que es su gran fuente de ingresos. Un desafío inconsciente, pero desafío al fin.

Paula Zuzulich y Manuel Zaro habían logrado ingresar al estadio escondiendo en una mochila el trofeo de cinco kilos elaborado por Eliana Pantano, lo que habla bien del ingenio argentino y mal de la seguridad en la final del Mundial. Dos hombres de *Clarín*, el periodista Gastón Sánchez y el fotógrafo Fernando De la Orden, revelaron la increíble historia, lo nunca visto en una final del Mundial.

"Después del último penal sacamos la copa y empezamos a festejar. En un momento pasa un familiar de Paredes y le gritamos que queríamos que Leandro nos firmara la copa", explicó la pareja.

El familiar del flamante campeón del mundo entró al campo de juego llevando la réplica para iniciar una historia única.

"La copa ingresó, en total, tres veces al campo. La primera vez, cuando se la lleva el allegado de Paredes, se sacan fotos los familiares, va de un lado al otro y la firma Leandro. La segunda vez entra de nuevo, no recuerdo con quién, ahí está más tiempo la copa. Nos la piden para sacarse más fotos entre jugadores y familiares. Y la tercera vez viene un familiar de Guido Rodríguez, ya quedaba poca gente. Y otra vez se sacaron fotos".

Aquella tradición de que la selección que ganara tres veces el Mundial se quedaba con la copa solo se aplicó a Brasil en 1970. El *scratch* se quedó en propiedad la Jules Rimet al ganar el Mundial de México 70. Que trece años después el trofeo de oro macizo fuera robado y fundido disuadió a la FIFA: la copa es suya, el campeón la disfruta un rato y lo que se lleva a casa es una réplica. Una réplica oficial de iguales medidas y peso.

Así, la copa que alzó en 1978 el capitán Daniel Passarella es la misma que alzó en 1986 el capitán Diego Maradona y la misma que alzó en 2022 el capitán Lionel Messi. Se ve claramente en las tres fotos que reflejan esos momentos únicos del deporte argentino.

¿Seguro que fue así?

En el podio, mientras el emir de Qatar le colocaba el *bisht* sobre los hombros, Messi veía de reojo al trofeo dorado. Ese trofeo, que alzó junto a todo el equipo en el escenario montado en el centro del campo de juego, era real, el verdadero, el que vive casi siempre en Zúrich, la sede de la FIFA.

Pero las cosas se complicaron una vez que las celebraciones se desperdigaron y pasaron a estar en manos de los jugadores. Durante casi media hora hubo festejos en los dos arcos, y en cada arco había un trofeo.

Cuando llegó el momento de la foto que destronó al huevo en el podio histórico de los likes, el trofeo que alzaba Messi era una réplica, pero la falsa réplica. En argot argentino, la Copa con la que Messi celebraba el momento más importante de su vida deportiva y una de las cumbres del deporte mundial en décadas, era *trucha*.

Era falsa. Era apócrifa. La que alzaba Messi no era la Copa del Mundo.

Pero Messi era al fin campeón mundial, rey indiscutido de Qatar 2022. Eso era lo importante.

Verdadera, réplica o falsa réplica, la Copa es suya en todas las versiones posibles, y de Argentina por tercera vez.

"Levanté la buena y después en los festejos hubo medio lío, no sabíamos si era la verdadera o no, pero no importaba, puedo decir que es pesadita...", recordó Messi en una entrevista con el presentador radial argentino Andy Kusnetzoff semanas después del éxito en Qatar.

Messi hubiera querido que Diego Maradona le entregara el trofeo. No era posible, pero el capitán de Argentina cree que, "desde arriba", Maradona lo ayudó a ganar.

El trofeo, en su versión auténtica y en su versión falsa, es suyo, nadie se lo puede quitar. Lo sabe el propio Messi, que en esos instantes de alegría sin límites entendió que todo había terminado y, a la vez, que todo duraría hasta el final de los tiempos. Lo supo en una conversación íntima, secreta, entre él y la mismísima Copa del Mundo mientras el estadio y el planeta entero deliraban ante la mejor final de la historia de los Mundiales.

"La Copa me llamaba y me decía: 'Ya está, vení, agarrame que ahora sí podés'."

AGRADECIMIENTOS

¡Qué hermoso es escribir un libro! Hermoso y duro, porque lo normal es que se escriba mientras la vida y el trabajo habitual siguen con la intensidad de siempre. Pero escribir es un placer, claro. Contar algo de lo que sabemos mucho, porque lo hemos vivido y lo hemos visto, porque sabemos cosas que otros no saben... es un lujo. Y que tantas y tantas personas se sumerjan en la historia gracias a nuestro trabajo, un privilegio. Ni hablar de cuando llega el día de la publicación y los comentarios al libro: ese sí que es un gran momento. Todo esto no sería posible si no fuera por los amigos, la familia, los colegas y la confianza de la editorial. Este libro nació como idea en 2011, un año especialmente notable en la carrera de Lionel Messi, y se publicó entre 2012 y 2014 en Francia, España y América Latina. En años posteriores se tradujo al italiano, al húngaro y al checo. La versión francesa fue actualizada y revisada en 2021. Pero la historia de Messi, interminable, plena de sorpresas y giros, obligaba a este libro, el libro del campeón del mundo, el libro del tricampeonato argentino. En él hay todo tipo de historias, pequeños y grandes detalles sobre la vida y la carrera de Messi.

Desde el 18 de diciembre de 2022, Messi es, sobre todo y por encima de cualquier cosa, el campeón del mundo. Pero, a la vez, es más que eso, es mucho más: no se llega a alzar ese trofeo por casualidad, ni sin trabajo y sufrimiento.

Un libro de tanto recorrido obliga a muchos agradecimientos.

A los bares, casas de amigos y habitaciones de hotel de Barcelona, Madrid, Buenos Aires, Zurich, Berlín, Johannesburgo, Río de Janeiro, Moscú, Rosario, París, Doha y Mendoza en los que fue tomando forma.

A Florencia Cambariere, la editora soñada. A Mariano Kairuz, Gonzalo Eltesch, Berta Noy, Miguel Aguilar y Juan Boido.

A nuestras familias y amigos.

Todos supieron comprender y aceptar que los días de un periodista que escribe un libro pueden ser interminables.

Estas páginas son también para ellas y ellos.

ÍNDICE